教 育 循 道

普通高校人文教育理念与思索

张开祝 著

燕山大学出版社
·秦皇岛·

图书在版编目（CIP）数据

教育循道：普通高校人文教育理念与思索 / 张开祝著. —秦皇岛：燕山大学出版社，2023.6

ISBN 978-7-5761-0441-7

Ⅰ. ①教… Ⅱ. ①张… Ⅲ. ①高等学校－人文素质教育－研究－中国 Ⅳ. ① G640

中国版本图书馆 CIP 数据核字（2022）第 258167 号

教育循道：普通高校人文教育理念与思索
JIAOYU XUNDAO: PUTONG GAOXIAO RENWEN JIAOYU LINIAN YU SISUO

张开祝 著

出 版 人：陈　玉			
责任编辑：张岳洪		策划编辑：张岳洪	
责任印制：吴　波		封面设计：刘馨泽	
出版发行：燕山大学出版社		电　　话：0335-8387555	
地　　址：河北省秦皇岛市河北大街西段 438 号		邮政编码：066004	
印　　刷：英格拉姆印刷(固安)有限公司		经　　销：全国新华书店	
开　　本：710 mm×1000 mm　1/16		印　　张：21.25	
版　　次：2023 年 6 月第 1 版		印　　次：2023 年 6 月第 1 次印刷	
书　　号：ISBN 978-7-5761-0441-7		字　　数：350 千字	
定　　价：88.00 元			

版权所有　侵权必究
如发生印刷、装订质量问题，读者可与出版社联系调换
联系电话：0335-8387718

感谢自媒体时代
（代序）

2016年7月18日，我的个人微信公众号"张嘴直说"正式上线。

"张嘴直说"秉承的宗旨是："基于工作和生活的感悟，说说自己可以说的话，写写自己可以写的事，发发自己可以发的图，追求真善美，传播正能量。"

从首篇文章《务必冷静对待调入人才的调动鉴定——由三幅漫画引发的思考》至今，共计推送各类文章近400篇，这些都是自媒体时代带来的"福利"。我不知道读者君是否认可这些文章遵循了预设的宗旨，但我要由衷地感谢自媒体时代！为此，选录其中有关大学教育尤其是人文教育方面的文章56篇，分大学本分、教育行思、师者言表、学以成人、特色润育五章，取名《教育循道：普通高校人文教育理念与思索》编辑出版，以纪念这个伟大的时代。

教育循道者，遵循教育规律行进也。

第一章大学本分，论述和思索的是一般意义上的"大学"本身，表达对大学理想的憧憬与向往；第二章教育行思，论述和思索的是笔者所在的山东工商学院人文与传播学院的工作理念与实践，表达人文教育的崇高与神圣；第三章师者言表，论述和思索的是山东工商学院人文与传播学院教师职业发展的规制，表达人文学科教师立德树人的品格与责任；第四章学以成人，论述和思索的是山东工商学院人文与传播学院学生的教育方向，表达人文学科青年学生化成天下的使命与担当；第五章特色润育，论述和思索的是山东工商学院人文与传播学院特色发展的设定，表达人文学科人才培养的特征与标识。

为便于考察文章写作的时势背景，文末皆标注微信公众号"张嘴直说"推送的日期，并在各章中按日期的先后顺序对文章加以排列。另外，有少部分文章相互之间稍有内容上的相近或相似之处，但为了保证文章的完整性，未作修改、删除等技术处理。

借此,以微信公众号"张嘴直说"上的作品辑录的著作有:《人文道理——一位普通高校人文人的教育理念与思索》《张嘴直说:如何做人做事》《教育循道:普通高校人文教育理念与思索》。这三部著作辑录的作品皆不重复,它们叠加在一起,再加上少数几篇不适宜辑录的文章,便是微信公众号"张嘴直说"的全部作品。

1995年8月,微软发布MSN;1996年11月,以色列Mirabilis公司开发出ICQ软件;1997年,博客的模样基本显现;1999年2月,效仿ICQ的腾讯QQ上线;2006年3月,Obvious公司推出了微博;2011年1月,微信(WeChat)上线……这些技术发布之时,或许我们不会意识到一个新媒体时代的到来,但这就是自媒体时代。

尽管学界对于"自媒体"的含义尚未达成共识,但是"自媒体"至少有两层含义是被普遍认可的:一是"自己",二是"自由"。所谓"自己",主要是指传统媒体时代我们多数人都只是讯息的接收者和事件的旁观者,而在自媒体时代我们每个人理论上都可成为讯息的传播者和事件的在场者,并且这两种角色能够随时转换;所谓"自由",是指自媒体时代的到来意味着公民拥有更大的话语空间和自主性,拥有更大的自由度。仅此两者,就足以使人们对这个自媒体时代表示由衷的感谢!

感谢自媒体时代,它增进了人与人之间的情感交流。人作为一种社会性动物,与他人交流是我们生活的重要组成部分。但是,随着生活压力的增大,生活节奏的加快,我们很少再与远方的朋友互致问候,也很少串门走亲访友,甚至连同家人倾诉心声的次数也是少之又少。以微信为代表的自媒体,为当今社会人与人之间的交流增添了一种有效途径,拉近了人与人之间的距离。微信朋友圈汇聚了自己的生活记录和他人的生活动态。人们通过这个平台,了解彼此的生活近况,即使是分离两地的人们也能将生活展示给对方,使相隔万里的互动成为可能。而它也让我们可以毫无顾虑地进行情感表达,每一次点赞、每一次转发、每一次评论,其实都是一次情感互动,拉近人与人之间的距离,增强彼此之间的感情。

感谢自媒体时代,它给予了我们平等发声的权利和机会。媒介在现代社会中具有社会控制的职能。正如马尔库塞所言:"必须记住,大众媒介乍看是一种传播信息和提供娱乐的工具，但实质上不发挥思想引导、政治控制等功能的大众媒介在现代社会是不存在的。"虽然我们始终相信并支持主流价值观和意识形态的宣传，但是我们也认为千篇一律不如众声喧哗，众口一词不如驳诘辩难，媒介中长期只有一种声音的情况应该有所改变，正如英国哲学家密尔在《论自由》一书中写道："禁止发表不同意见这件事所独有的不幸，就在于它堵塞了获得真理的道路，因为如果真理取代谬误的机会是别人正确的意见，而你禁止别人发表不同意见，那么，也就意味着真理会被你剥夺了；如果别人的意见是错误的，也应该允许别人发表意见，而不应该禁止，因为真理是在同谬误的斗争中产生和发展起来的，所以，应该看到避免错误和得到真理几乎是同样有益的。"在传统媒体时代，千篇一律、众口一词的情况或许难以真正发生改变，但是进入自媒体时代，情况则有了质的不同。自媒体时代的典型特征就是"人人都有麦克风、个个都是传播者"，只要你愿意，你就可以建立属于自己的媒体，除了政治、法律、道德、习俗、规则等的约束外，可以随时随地地表达你自己的观点和意见，传播你自己的理念和价值，营销你自己的产品和服务，而不受传统媒体时段、时长、内容、版面、地域、费用等种种外在因素的限制。并且，自媒体的传播效果丝毫不逊色于传统媒体，就像李开复所说："在微博时代，如果你有100个粉丝，就相当于办了一份时尚小报，可以在朋友圈子里享受被尊重、被阅读的乐趣；如果你有1000个粉丝，相当于一份海报；如果你有1万个粉丝，相当于创办了一家杂志；如果你有10万个粉丝，相当于创办了一份地方性报纸；当粉丝数增加到100万，你的声音会像全国性报纸上的头条新闻那样有影响力；如果你有1000万个粉丝，你就像电视播音员一样，可以很容易地让全国人民听到自己的声音。"

感谢自媒体时代，它为创作者提供了众多舞台。传播学中"把关人"理论认为，传播者不可避免地会站在自己的立场和视角上，对信息进行筛选和过滤，这种对信息进行筛选和过滤的传播行为就叫作"把关"，凡有这种传播行为的人就叫作"把关人"。如果我们将这一理论放诸社会，不难发现"把关"行为在社会中时时刻刻都在发生：编辑对发表作品的选择，导演对电影剧本以及演员的挑选，电视台对电视节目的选择，等等。而谁的文章能发表，谁的剧本被选用，谁能做主演……很大程度上就取决于把关人自己的立场与视角。如果再考虑到诸如金钱交易、暗箱操作等等"黑幕"，那么留给无权无势的普通人的机会可谓少之又少。所以，在以往时代，有创作能力却隐而不彰的人比比皆是。自媒体时代则不同，对于创作者而言，这是一个最好的时代，就像网络红人薛之谦所说："在这个时代，根本就没有怀才不遇。因为这不是80年代，不会有一个非常伟大的诗人在马路边上修轮胎，一修就是一辈子……这个世界上的自媒体，也已经足够承载任何一种形式的才华……"他们不必为没有背景担忧，也不必为获得机会而放弃尊严和底线，自媒体传播成本的低廉和传播速度的快捷让他们能随心所欲地进行创作。同样，他们也不再为"把关人"的审美标准和眼界所束缚，他们创作的作品可以不用通过中间环节直接面对受众，正规杂志发表不了的文章可以在博客、微博、微信公众号上尽情发表，难登正规舞台的节目可以通过各类自媒体尽情表演。自媒体时代才是真正百花齐放的时代！

感谢自媒体时代，它推进了社会的公平正义。无论是2016年的"魏则西事件""罗一笑事件"，还是2017年的"辱母杀人案"，自媒体在维护社会公平与正义中越来越发挥积极作用。以"辱母杀人案"为例，正是数千万民众在微信朋友圈中对该事件新闻报道的刷屏转发，才使得该事件最后出现转机。自媒体上的点赞、评论、转发这种看似简单的方式却形成了无法忽视的力量，倒逼公平正义在上述个案中归位，这是舆论监督的力量，也是自媒体的力量。与此同时，自媒体对于民众关切的社会重大事件的追踪、聚焦，无形中为公平正义培植了肥沃的民众土壤。正如"辱母杀人案"在微信朋友圈中的刷屏，引领民众在愤懑与不安之余，深刻反思法治与伦理、规则与亲情的冲突，反思公权力该如何作为，反思个人安全如何在这个社会中得到保障，这种反思不分群体，不分阶层，一定程度上重申和捍卫了公平正义作为社会发展压舱石的价值！

感谢自媒体时代，它使我曾经的文字和感悟得以"复活"。我毕业于大学的文科专业，专业素养要求必须具有写作能力和思考能力，否则，无以立足于工作岗位。我先后在学校人事处工作了12年，在外语系党总支工作了3年，在党委宣传部工作了10年（其中合署统战部3年），在学报编辑部工作了4年，目前在人文与传播学院又工作了7年。可以说，这些工作岗位都离不开文字，离不开对工作的思考，因而留下了不少文字性材料。这些材料，有的是工作实践，有的是工作感悟，等等。由于传统媒体的局限，它们不是沉睡在故纸堆里，就是封闭在头脑里，无法与经手人以外的人们见面。但是，自媒体时代的"自己"与"自由"，完全可以将这些材料重新加工整理，借助微博、微信、公众号等自媒体平台，使其走出纸堆，走出头脑，变成鲜活的字符，映入人们的眼帘，走进人们的心田。

总而言之，自媒体时代的确是一个自主自立的时代，是一个张扬自我的时代，是一个多元多彩的时代，是一个伟大的时代，是一个值得由衷感谢的时代！

是为序！

张开祝

2022 年 10 月 12 日

目　录

第一章　大学本分

3　愿景：高校教师激励的有效性与长效性的有机统一

9　从"三育人"到"十育人"

14　关于大学本分之断想

18　高等教育为什么是回归而不是前行

28　大学要把教育办到学生成长成才上

30　"大学之治"要回答好的几个问题

32　如何治理大学

36　能不能为大学教师和学生减负

38　高校组织性科研以质量或水平为最高准则

41　经济社会高质量发展需要高质量大学教育

46　家教、家风、家传与大学教育

49　新文科的"新"最应是新时代的"新"

51　大学到底办给谁看

第二章　教育行思

55　我们都遵循和倡导了什么

64　教学与科研：揣着明白装糊涂的三个观点

67　高校就业与专业建设工作需认清和把握好的几个关系

75　文化自信：高校中国传统文化课教育教学的责任与使命

　　——基于习近平关于中华优秀传统文化的重要论述

103　学问的三个层次

106　肩负化成天下之使命必须从中国传统文化出发

108　强化课程思政建设　形成同向同行育人格局

113　我们创造了二级学院学术文化自有品牌

　　　——记"人文讲堂之青年博士论坛"

118　讲好中国故事是我们的使命与担当

121　没有一流的名分但要有一流的气质

　　　——在山东工商学院青年博士论坛人文分论坛上的发言

135　你说，教师和学生容易吗？

138　关于大学生就业那些事儿

143　为经济社会发展培养有知识、有智慧、有使命、有担当的高素质人才

　　　——在烟台市新媒体发展论坛上的发言

第三章　师者言表

151　让青年博士教师成为大学生成长路上的灯塔

153　天下没有白费的努力

　　　——如何做好科研工作

156　我做着，所以我快乐着

158　老师，你的言行真的很重要

161　转变观念　跟上时代　在大变局中求得发展

　　　——2020年及今后需要转变的观念

168　履职尽责为人师　防风化险保平安

174　不断提高育人能力和水平是我们的责任与使命

179　教师的高度自觉是高等教育高质量发展的动力源

189　老师可不可以骂学生

191　人文教师都应是有爱心、有公心、有情怀的人

198　"人类灵魂工程师"小析

　　　——基于大学教师的视角

200　以青春之风采激发青春之动力
　　　——青年教师应当何为

第四章　学以成人

205　在人文的诗书礼乐中升华人生
　　　——为汉语言文学专业自办的《沐风》杂志撰写的卷首语
207　千万不要相信"读书无用"的鬼话
　　　——"聊聊专业阅读那些事儿"笔谈
212　人文人都要成为君子
　　　——在2018级新生见面会上的讲话
221　让青春像季锐凡一样不平凡
224　"六大核心能力"是怎么提出与形成的
233　具有"六大核心能力"必成一流人文人才
　　　——在2019级新生见面会上的讲话
242　"老师，你们的学生是不是很幸福？"
244　学在人文　爱在人文　美在人文　成在人文
　　　——在2020级新生见面会上的讲话
253　"人文四事"详解
263　上大学　立大志　做大人　成大事
　　　——在2021级新生见面会上的讲话
272　做一名顶天立地、名副其实的人文人
　　　——在2022级新生见面会上的讲话

第五章　特色润育

283　建设应用型人才培养特色名校的关键因素
288　何为有特色、开放式、高水平
296　特色之路始终伸向远方
　　　——山东工商学院人文与传播学院之特色理念及实践

305　我们能做什么和可做什么
　　　　——人文与传播学院如何对接财富管理特色建设
309　只要肯干就能够取得骄人的成就
　　　　——"中华财富文化专题"课程建设思路
312　办学特色与办学本色关系视角下的财富管理特色建设
　　　　——以山东工商学院人文与传播学院的设计为例
322　"一体两翼三方向"为财商教育特色大学助力

后记

第一章　大学本分

愿景：高校教师激励的有效性与长效性的有机统一

高等学校是知识创新的重要源头，也是培育创新性人才的重要基地。然而，高校人才培养的质量有赖于教师的工作质量，健全和完善高校教师激励机制对提高教师的工作质量作用重大。传统意义上的教师激励，过多地表现在运用宣传思想工作手段，尽管这种手段是必要的和有效的，但难以做到与长效性的有机统一。愿景作为组织成员共同向往的意境，它可以创造出众人一体的感觉，犹如一种无形的力量，始终激励组织中的每一位成员增强实现组织目标的积极性和创造性。

"愿景"一词属于个人的认知领域，指的是可以见到或感到的景象。彼得·圣吉把这个概念引入到了现代管理学领域。所谓愿景，是指人们对某一工作或事物所向往的前景，是人们为之奋斗并最终希望实现的图景，它是一种意愿的表达，概括了未来目标、使命及核心价值。尽管国内外学者从不同的角度对愿景的基本定义做了阐述，但笔者认为，无论给"愿景"下怎样的定义，它都应该包含两方面内容：一方面，是工作或事物自身的前景；另一方面，是人在工作中所要实现的目标要求。很多时候，高校教师所表现出来的精神风貌和工作状态，是高校为教师的工作、生活、发展所创造的诸多"景象"作用的结果。所以，这里所探讨的"愿景"，主要指的是后者，即为有效和持久地发挥广大教师的积极性和创造性，高校教师激励工作赖以开展的各种外在因素所要实现的目标愿望。

与运用传统的宣传思想工作手段相比，构建高校教师激励愿景有着更为重要的意义。

1. 构建教师激励愿景能够增强高校发展的凝聚力

愿景可以被高校内部的每一位成员所分享，并凝聚每一位成员的力量，它是一股令人深受感召的向心力，把所有不同个性的成员凝结在一起，朝着学校发展目标共同迈进。这种向心力存在于每一位教师的思想意识之中，无须组织的刻意推动就可将分散的个人力量聚集为组织的力量，进而释放出强大的集体能量，激励着高校教师为实现组织的共同目标而不断地学习和奋斗。

2. 构建教师激励愿景能够激发高校发展的创新力

愿景可以激发高校教师的创造性工作。各自拥有强烈目标感的人结合起来，可以创造出强大的综合效应。愿景能够唤起希望，把工作变成追求。在愿景的作用下，高校教师结合教育的特点，通过不断地思考和试验，会创造出新的思维方式、新的行动方式和新的工作方式，从而实现组织的共同价值和个人的人生价值。愿景可以引导教师通过创造性劳动，实现高校创新从单项创新到系列创新、从一次创新到持续创新、从单体创新到群体创新的转变。

3. 构建教师激励愿景能够加大高校发展的驱动力

愿景就像高校发展道路上的航标，无论高校发展到什么阶段，都可以使广大教师看清方向，看清目标，并依据愿景确定自己的行为准则和努力方向。愿景是高校教师真心向往和时刻期待的"前景"，它存在于每个人的心中，因此起着内在的激励作用。愿景一旦建立，就会形成强大的驱动力，激发广大教师为实现学校发展目标而奋发向上、追求卓越。

4. 构建教师激励愿景能够提升高校发展的规范力

愿景能够在本质上揭示目的，规范组织成员的行为，整合组织成员共同奋斗的力量，使之乐于为实现组织的目标而作出贡献。高校教师尽管是有知识、有文化、有素质的群体，觉悟性、达理性都很强，但每位教师都有个性，如果彼此之间不能包容和吸纳，就不能融合为一个整体，也无从相互学习与合作。构建愿景的过程，就是调和差异、相互认同，形成共同追求和共同理想的过程。愿景可以将每位教师不同的心智模式、不同的行为方式有机地融合起来，规范成学校的整体发展活力。

要实现高校教师激励工作的有效性与长效性的有机统一，必须构建教师激励愿景，完善教师激励策略。

1. 体制保持顺畅，机制运转高效

虽然随着社会主义市场经济的发展，我国高等学校一时也没有停止对内部管理体制改革的探索，但其效果仍然差强人意，诸如权力结构、人员结构、组织结构、利益结构等"体制性障碍"仍然存在，从而导致高校内部管理权限不清；由于管理权限不清，导致职责范围不明；由于职责范围不明，导致管理运行不畅；由于管理运行不畅，导致工作开展不顺；由于工作开展不顺，导致思想意识不和；由于思想意识不和，导致人心风气不正。由此可见，高校内部管理体制是高校运行的内在基础，在高校整个管理中起着决定性作用，不仅直接影响到高校管理的效率，更影响着高校事业的发展和广大教师创造性、积极性和主动性的发挥。所以，破除高校内部管理体制性障碍，保持高校内部管理体制的顺畅通达，就成为维护高校教师激励工作有效性和长效性最为关键的因素之一。

机制一般具有整合、动力、定向、调控和发展等五种基本功能。好的机制能事半功倍，坏的机制却使坏者更坏并造成恶性循环。对于高等学校而言，没有高效的运行机制，一切工作都会"按部就班""不紧不慢"，也会像尚待完善的体制一样，给学校的改革发展带来"机制性障碍"。尤其是我国高等教育已进入大众化阶段，高校改革发展出现了多样化趋势，各种不同层次、不同类型、不同体制、不同学科、不同形式的高校相继建立、相互比照，办学资源的竞争日趋激烈，优胜劣汰的局面正在形成，如果不建立一套协调、灵活、高效的运行机制，学校的改革发展就会失去生机和活力，广大教师的进取心和学校的凝聚力就会严重受损。

2. 政策科学合理，制度规范行为

政策是组织在特定时期为实现或服务于一定的目标所制定的行为准则。它有两层最为关键的含义：一是为实现或服务于一定的目标而制定，二是组织或个人行为的准则。但是，政策有合理与不合理之分，也有好坏之别，好的或合理的政策会实现其所承载的目的，坏的或不合理的政策会引起人们思想的混乱。这就要求政策必须保持科学合理，而要想保持科学合理，无论是政策的制定还是政策的本身，都必须遵循目标清晰、信息完备、系统协调、科学预测、现实可行、民主参与、具有权威、稳定可调等原则。

与政策的功能大体相同，制度是人们共同遵守的办事规程和行为准则。制度问题带有根本性、全局性、稳定性和长期性。但是，制度也有好坏之分，好的制度起正向作用，坏的制度起反向作用，正如邓小平同志所说的那样："制度好可以使坏人无法任意横行，制度不好可以使好人无法充分做好事，甚至会走向反面。"所以，要讲求制度的科学性和规范性，要能体现事物发展的客观性，体现人的理想与追求目标的一致性。同时，尊重制度、敬畏制度、遵守制度，是做好一切事情的前提，也是激励广大教师的重要手段。所以，还必须切实维护制度的严肃性和权威性，制度一经形成，就要从根本上规范广大教师的言行，使广大教师的言行自觉地纳入制度的轨道上来。

3. 管理注重柔性，教育着眼关怀

现代社会，人们的思想、观念和行为发生了巨大变化，主要表现在：生活条件普遍改善、文化素质明显提高、民主意识空前增强、竞争精神逐渐形成、公平心理不断升华、完美追求日趋强烈。在这种情况下，如果仍一味地采取强制式的管理方式，让人们被动地服从管理者的意志，就不合时宜了。尤其是工作、生活在高等学校的教师，他们有思想、有文化、有知识、有素质，是觉悟性、自主性、反叛性都相对较高的群体。那种"独裁式"的管理方式，教师是不会心悦诚服的，这样做不但会降低管理者的威信，也收不到预期的效果。因此，面对高校知识群体这一特殊的管理对象，选择一种更加尊重人、理解人、关心人、爱护人，更加强调机会均等、维护人格尊严、自由和谐的柔性管理方式，对于调动广大教师的积极性，发挥广大教师的创造性，凝聚广大教师的力量，会起到事半而功倍的效果。

高等学校的教师是理性的群体，相比其他社会组织成员而言，他们更具人文情怀，对人性更有深刻的体验，对他们的教育更应该着眼关怀。教育着眼关怀，在高等学校，一是要以教师为本，突出广大教师的主体地位，让广大教师在教育过程中体验美好、体验快乐、体验崇高、体验成功；二是要重视教师的发展，注重回报每一位教师的价值创造，发挥每一位教师的聪明才智，用幸福快乐的教师培养幸福快乐的学生；三是要尊重教师的人格，接受教师的偏好，让每一位教师都受到民主平等的对待，让每一位教师的个性都得到合理张扬，让每一位教师都能健康发展。以关怀着眼开展的教育，更能使教师把外在的要求内化为一种自觉行为，更能调动教师的积极性，更能激发教师的创造活力，更能发挥教师的主观能动性，并对组织的管理目标产生高度的认同感。

4. 服务温暖人心，事业讲求回报

服务是高校管理的第一理念。服务到位了，人心就温暖了；人心温暖了，教师的激励工作就好做了。高校要做到服务温暖人心。一是对教学科研的服务要优质化，教学与科研是高校的"主业"，高校的一切工作都必须高质量、全身心地围绕教学、科研来开展，这是大学使命所要求的质的规定性。二是对教学人员的服务要系统化，教师是学校的中坚和核心，他们理应而且必须享受到最高的礼遇和最周全的服务，一切工作都要倾听教师的利益诉求，想他们所想，急他们所急，办他们所需。三是对被领导者的服务要科学化，随着现代社会经济、文化、科技的发展，要保证高校有效地开展活动，必须对高校的一切工作实施科学领导，保证既定目标的顺利实现。四是对离退休人员的服务要细致化，给予离退休人员细致入微的照顾和关怀。五是各项服务都要全程化，把服务贯穿于学校改革、发展、稳定的全过程，渗透于教学、科研、管理的各个环节。无论哪项服务，都要不断树立新的服务理念，不断丰富新的服务内涵，不断构建新的服务模式，不断完善新的服务手段，不断创造新的服务方法，切实把教育就是服务这一理念落实到高校工作的各个层面。

事业讲求回报，就是在现实生活中，一个人所从事的事业除了要对社会发展有影响外，还要能满足人的生理和心理的需要，即要能给人以物质利益和精神利益的报答。与社会其他领域不同，高校教师的劳动不直接参与物质财富的创造，他们所从事的是一项培养人的事业，是通过知识的"付出"，来塑造青年学生的"灵魂"，他们所要求的回报，不仅仅是物质利益的回报，还有一个更高层次的回报，这就是精神上的满足。这种满足，不是得到了多少奖励，获得了多少荣誉，更多的是他们的创造愿望能够得到尊重，创造活力能够得到支持，创造才能能够得到发挥，创造成果能够得到肯定，让他们有着一种教书光荣、创造伟大、知识崇高、人才宝贵的神圣使命感。所以，对高校教师而言，在物质利益得到基本满足的情况下，他们的精神追求才是幸福的更大源泉。

5. 待遇体现公平，情感及时沟通

讲求待遇是一回事，但待遇公平又是另一回事。讲待遇，而不讲公平，同样可以引发诸多思想问题。这就是说，对于教师的待遇，不仅要承认，而且还要处理好，使教师感到待遇公平。好的合理的待遇可以激励教师的积极性，提升教师的凝聚力，可以提高学校的竞争力，同时也可以帮助学校吸引人才、留住人才，另外还可以提高学校在教师和社会公众心目中的形象。不合理的或者是不公平的待遇，不但不能起到激励教师和提升学校凝聚力的作用，相反，还有可能起到破坏作用，造成教师敬业度和忠诚度下降，从而引发一些潜在的不稳定的因素。高校教师作为一个智力密集型群体，要求公平的愿望更加强烈，对公平问题更加敏感。因此，高校在处理教师的待遇问题上，必须遵循公平性原则。

一项政策的出台、一项制度的施行或一项工作的部署，免不了有部分教师对之产生歧义或怀疑，也免不了引起部分教师的反对或抵制。这时候，解决这部分教师的心理疑惑，提高他们的心理认同度，只有与这些教师及时沟通，说明事情的来龙去脉，直接地、面对面地了解他们的所思所想，才能有针对性地去解决问题，化解矛盾。工作讲究人情味既是一种政治修养成熟的标志，更是一种与教师同心同德的具体体现。教育本身就是人与人的交流与互动，无论是教育者还是被教育者，都是活生生的有着复杂意识和炽热情感的人。无论现代教育手段多么先进，都不能否定面对面的教育工作；无论现代传媒多么发达，都不能代替人和人之间的感情交流和融合；无论制度多么完善，都不能忽视人文关怀和道德情感的巨大作用，而且只有当情感本身得到发展提升时，人的思想品质、精神成长才有最基本的保证。所以，情感及时沟通，是释疑解惑、排忧解难的有效手段。

彼得·圣吉在其著名的《第五项修炼》中认为：愿景"让组织有一种共同性，它贯穿整个组织，从而在其各式各样的活动中保持一种连贯性和一致性"，"愿景能够振奋精神，焕发生气，扩张激情，从而能够提升组织，使之超越平庸"，"愿景能够帮助建立支配一切的总目标，这种总目标的崇高和庄严，会带动新的思考方法和行为方式"。由此可见，愿景对事物发展起着至关重要的作用。一所高校风正气顺心齐、团结稳定和谐的局面，是体制、机制、制度、政策、管理、教育、服务、事业、待遇、情感等多种因素共同作用的结果，其中任何一项因素出现问题，都会或多或少地影响教师的思想情绪和行为方式，从而导致人心涣散，队伍不稳，凝聚力下降。这时，如果不从根本上寻求原因，并作出及时的校正，靠说服教育的办法是收不到预期效果的。

（2017年4月1日）

从"三育人"到"十育人"

所谓育人，就是对受教育者进行德、智、体、美、劳等多方面的教育、培养。育人的目的是使教育对象能全方位的发展，使人成长为社会需要的身心健康的人才。育人是各级各类学校的本分，不育人无学校。这个道理，任何人都明白。但是，如何育人？为谁育人？如何育好人？这就来了学问。

为此，笔者利用百度引擎，从"三育人"一直搜索到"十育人"，得到以下不完全的结果：

三育人：

教书育人、管理育人、服务育人

四育人：

（1）教书育人、管理育人、服务育人、环境育人

（2）制度育人、服务育人、活动育人、环境育人

（3）教书育人、管理育人、活动育人、环境育人

（4）课程育人、管理育人、活动育人、环境育人

（5）价值观育人、课堂育人、文化育人、实践育人

（6）科研育人、实践育人、协同育人、文化育人

（7）管理育人、服务育人、活动育人、环境育人

（8）思想育人、管理育人、服务育人、文化育人

（9）文化育人、实践育人、管理育人、合力育人

（10）文化育人、实践育人、课程育人、合力育人

（11）思政育人、文化育人、专业育人、实践育人

五育人：

（1）教书育人、管理育人、服务育人、环境育人、活动育人

（2）教书育人、科研育人、管理育人、服务育人、实践育人

（3）思想育人、实践育人、文化育人、服务育人、组织育人

（4）课堂育人、素质育人、活动育人、关爱育人、合作育人

（5）文化育人、课程育人、实践育人、评价育人、管理育人

（6）教书育人、管理育人、服务育人、环境育人、实践育人

（7）管理育人、创新育人、实践育人、服务育人、环境育人

（8）教书育人、训练育人、管理育人、服务育人、形象育人

（9）思想育人、组织育人、实践育人、文化育人、双创育人

（10）理论育人、环境育人、活动育人、实践育人、机制育人

（11）全员育人、全程育人、全心育人、全媒育人、全域育人

六育人：

（1）教书育人、管理育人、服务育人、环境育人、技能育人、文化育人

（2）环境育人、习惯育人、故事育人、读书育人、经典育人、活动育人

（3）课程育人、文化育人、活动育人、实践育人、管理育人、协同育人

（4）立德育人、教书育人、管理育人、服务育人、文化育人、活动育人

（5）教书育人、管理育人、服务育人、环境育人、文化育人、资助育人

（6）主体育人、课程育人、读书育人、国学育人、自我育人、激励育人

（7）读书育人、经典育人、故事育人、实践育人、习惯育人、环境育人

（8）教书育人、管理育人、服务育人、环境育人、形象育人、实践育人

（9）教书育人、管理育人、活动育人、服务育人、环境育人、就业育人

（10）全面育人、优质育人、科学育人、文化育人、健康育人、开放育人

（11）环境育人、管理育人、课堂育人、故事育人、活动育人、实践育人

（12）管理育人、环境育人、品德育人、文化建设育人、素质培养育人、安全育人

七育人：

（1）教书育人、科研育人、实践育人、管理育人、服务育人、文化育人、组织育人

（2）思想育人、知识育人、文化育人、管理育人、服务育人、榜样育人、环境育人

八育人：

（1）教书育人、科研育人、实践育人、管理育人、服务育人、文化育人、组织育人、网络育人

（2）专业育人、文化育人、科研育人、管理育人、资助育人、环境育人、实践育人、服务育人

（3）教书育人、科研育人、实践育人、管理育人、服务育人、文化育人、组织育人、协同育人

（4）思政育人、组织育人、队伍育人、学术育人、文化育人、资助育人、网络育人、服务育人

（5）教书育人、服务育人、管理育人、文化育人、环境育人、实践育人、党建育人、雷锋精神育人

九育人：

（1）教书育人、管理育人、服务育人、科研育人、实践育人、文化育人、组织育人、网络育人、民族团结进步创建育人

（2）科学理论育人、主题教育育人、节日活动育人、英模事迹育人、文化熏陶育人、阵地活动育人、法治育人、爱心关怀育人、实践育人

十育人：

（1）课程育人、科研育人、实践育人、文化育人、网络育人、心理育人、管理育人、服务育人、资助育人、组织育人

（2）全员育人、全程育人、全方位育人、环境育人、文化育人、实践育人、活动育人、教书育人、管理育人、服务育人

（3）环境育人、文化育人、"规范"育人、管理育人、活动育人、教书育人、特色育人、爱心育人、榜样育人、共同育人

（4）制度育人、班会育人、环境育人、班干育人、活动育人、竞争育人、典型育人、沟通育人、家庭育人、重点育人

（5）教书育人、实践育人、环境育人、管理育人、服务育人、协同育人、榜样育人、网络育人、劳动育人、素质育人

（6）教书育人、科研育人、实践育人、管理育人、服务育人、文化育人、组织育人、网络育人、体育育人、自我育人

（7）教书育人、科研育人、管理育人、服务育人、心理育人、文化育人、实践育人、网络育人、组织育人、自我育人

在上述"n育人"中，除"三育人"外，出自官方文件的还有：

（1）"四育人"之"思政育人、文化育人、专业育人、实践育人"：2016年4月22日，山东省委办公厅、省政府办公厅发布《关于推进高等教育综合改革的意见》（鲁办发〔2016〕19号）提出："以社会主义核心价值观为主线，构建思政育人、文化育人、专业育人、实践育人'四位一体'的德育体系。"

（2）"七育人"之"教书育人、科研育人、实践育人、管理育人、服务育人、文化育人、组织育人"：2016年12月4日，中共中央、国务院印发的《关于加强和改进新形势下高校思想政治工作的意见》（中发〔2016〕31号）提出："坚持全员全过程全方位育人。把思想价值引领贯穿教育教学全过程和各环节，形成教书育人、科研育人、实践育人、管理育人、服务育人、文化育人、组织育人长效机制。"

（3）"十育人"之"课程育人、科研育人、实践育人、文化育人、网络育人、心理育人、管理育人、服务育人、资助育人、组织育人"：2017年12月4日，中共教育部党组印发的《高校思想政治工作质量提升工程实施纲要》（教党〔2016〕62号）提出："充分发挥课程、科研、实践、文化、网络、心理、管理、服务、资助、组织等方面工作的育人功能，挖掘育人要素，完善育人机制，优化评价激励，强化实施保障，切实构建'十大'育人体系。"

除上述之外的其他一切"n育人"都是"民间"的发明创造。

其实，无论多少个育人，完全可以用"全员育人、全方位育人、全过程育人"来概括。既然如此，不知为什么人们还不厌其烦地发明这么多个"n育人"？

如果把以上"n育人"进行综合或者合并的话，可以得出至少"六十七育人"：

教书育人、管理育人、服务育人、环境育人、制度育人、活动育人、课程育人、课堂育人、文化育人、实践育人、科研育人、协同育人、思想育人、合力育人、思政育人、专业育人、组织育人、素质育人、关爱育人、合作育人、评价育人、创新育人、训练育人、形象育人、双创育人、理论育人、机制育人、技能育人、习惯育人、故事育人、读书育人、经典育人、立德育人、资助育人、主体育人、国学育人、自我育人、激励育人、就业育人、全面育人、优质育人、科学育人、健康育人、开放育人、品德育人、安全育人、知识育人、榜样育人、网络育人、队伍育人、学术育人、党建育人、法治育人、特色育人、爱心育人、共同育人、班会育人、班干育人、竞争育人、典型育人、沟通育人、家庭育人、重点育人、劳动育人、体育育人、心理育人、"规范"育人。

如此立体化、无缝隙、零死角、全覆盖的育人体系或育人模式，还是破解不了钱学森之问："为什么我们的学校总是培养不出杰出人才？"问题到底出在哪里？是国家不重视，学校不落实，教师不努力，还是学生不刻苦？正如有人所言：这是中国教育事业发展的一道艰深命题，需要整个教育界乃至社会各界共同破解。

由此，教师要想真正成为令人羡慕的职业，在育人方面任重而道远！

（2018年3月14日）

关于大学本分之断想

2016年12月8日，习近平总书记在全国高校思想政治工作会议上指出，高校立身之本在于立德树人。办好我国高校，办出世界一流大学，必须牢牢抓住全面提高人才培养能力这个核心点，并以此来带动高校其他工作。

教育部部长陈宝生也表示：立德树人要落实在提高本科教学水平上。提高教学水平，基础在本科，基础不牢，地动山摇；没有高质量的本科，就建不成世界一流大学。在"双一流"建设进程中，高校要做到"四个回归"，一要回归常识，教育的常识就是读书；二要回归本分，教育的基本功能就是教书育人；三要回归初心，教育工作者的初心就是培养人才；四要回归梦想，教育梦就是报国梦、强国梦。

由此引发笔者对大学本分的些许断想，录于此求教于方家。

（1）大学里的一切工作，无论是科研工作，还是学科建设工作，其根本任务都是更好地培养人才。除了教学工作，科研工作或者学科建设工作及大学的其他一切工作，都不是大学的中心工作，也不是大学的终极目的。大学的中心工作是教学，终极目的是人才培养。没有教学，没有人才培养，也就没有大学的存在，只有教学和人才培养才是大学的逻辑起点和终点。

（2）大学必须始终把人才培养放在首位，集中人力、物力、财力，拿出每一位教师的看家本领，精心培育好前来求学的莘莘学子，让他们享受应该享受的教育资源，让他们得到应该得到的知识熏陶。这是大学的本分，也是大学的良知。

（3）大学之天性即教学，不抓教学就是对教学行为的放任自流，不抓教学就是对学生和家长的极端不负责任，不抓教学就是教育人的失职，不抓教学就是对教育事业的亵渎。对教学不仅要常抓，而且要常抓常紧，常抓常新。

（4）教育必须守道，育人必须有道。在日常教学和管理的全过程、全环节、全方位中，都要以标准第一、质量第一为原则，绝不能为了迁就学生而降低培养要求，也绝不能以降低培养要求来换取一些功利性指标。

（5）大学的第一要务是教学，教学的第一要务是育人；科研是为教学服务的，并用以丰富教学内容，拓宽教学广度，延伸教学深度，科研不可取代教学而成为大学的第一。所以，大学应当首先以教书育人论英雄，而不是仅以科研作为英雄的标尺；大学如仅以科研论英雄，则大学的本质就会退化、异化。

（6）大学教师的科学研究都应当围绕教学内容来开展，即科学研究必须能促进教学，教学必须为科学研究导航。凡偏离教学内容的科学研究、不能作用于人才培养的科学研究，要么是业余爱好，要么是不务正业，要么是社会服务。

（7）大学里，有些教师只会科研不会教书；有些教师只会教书而不会科研。科研多体现的是自我劳动，教书多体现的是为他人的付出。所以，大学最为高尚的行为是教书育人，唯有教书育人的好坏，才是衡量大学教师称职与否的首选标准。

（8）教学的最终目的并不是要教会学生知识，而是通过大学四年的知识传授，教会学生在大学里掌握、探索知识的能力和方法。因为，走出大学校门的学生，大学里学到的知识要么很快被淘汰，要么很快变得无用，而唯有能力与方法才能伴随学生一生。

（9）大学的职能再怎么丰富与扩充，育人永远是第一职能。无论是中共中央、国务院印发的《关于加强和改进新形势下高校思想政治工作的意见》提出的教书育人、科研育人、实践育人、管理育人、服务育人、文化育人、组织育人等"七育人"，还是中共教育部党组印发的《高校思想政治工作质量提升工程实施纲要》提出的充分发挥课程、科研、实践、文化、网络、心理、管理、服务、资助、组织等方面工作的育人功能，切实构建"十大"育人体系，都把教书育人摆在第一位，都把育人作为最终目的。

（10）教育的本质是育人，不仅仅是为了就业。最起码从有大学那天起，就有教学质量的概念，而无就业率的概念，就是说，教学质量原本就不是为就业率而准备的；还可以说，提高教学质量原本就不是为了提高就业率。所以，就业率和教学质量原本没有天然的、直接的关系，不是教学质量好，就业率就一定能高，两者不恒成正比。

（11）从"三育人"到"十育人"，我国构建起了如此立体化、无缝隙、零死角、全覆盖的育人体系或育人模式，还是破解不了钱学森之问："为什么我们的学校总是培养不出杰出人才？"问题到底出在哪里？是国家不重视，学校不落实，教师不努力，还是学生不刻苦？正如有人所言：这是中国教育事业发展的一道艰深命题，需要整个教育界乃至社会各界共同破解。

（12）大学是研究学问、探寻真理之所。然而，研究学问、探寻真理，需要潜心，需要守静；造就人才、健全人格，需要执着，需要持重。现如今，中国的大学要负责学生"进、管、教、出"全过程，这头要负责学生的教育，那头还要负责学生的就业，要是某专业毕业生的就业率达不到一定的要求，不是被砍掉，就是停止招生，中国的大学有些功利和浮躁。所以，有人说，自打"被考核"上就业率那天起，高等教育就进入了"焦虑期"。还有人问：以就业为导向的高等教育，如何能培养出大师？如何能培养出杰出人才？

（13）大学的水平取决于教师队伍的水平，习近平总书记指出："评价教师队伍素质的第一标准应该是师德师风。"显然，看一所大学教师队伍水平首先应该看其师德师风水平，而不是科研能力。同理，评价一位教师，应该首先看他的师德师风的表现，而不应该看他取得了什么样的科研成果。

（14）一流大学的标准是什么？是学科一流，还是科研一流？这些皆不是！习近平总书记指出："只有培养出一流人才的高校，才能够成为一流大学。"教育部部长陈宝生表示：教学决定生存，学校为教学而建，离开教学，校长就不是校长，教授就不是教授，大学就不是大学。教育部高教司司长吴岩也认为，一流学科不等于一流大学，一流学科的总和也不等于一流大学；一流本科是根本，没有一流本科，建设一流大学是自娱自乐；一流专业是基础，一流专业是一流人才培养的基本单元；只有真的把课程、教师、教学、学生及教学方法技术都在这个专业平台上整合好，把专业建扎实，把一流本科办好，培养一流人才的目标才可能实现。由此可见，只有一流的教学或一流的人才培养才是一流大学。

（15）要提高教学水平，或者说提高人才培养质量，教学与科研不可偏废，既要重视教学，又要重视科研，要"两手抓，两手都要硬"！但是，教育界制定政策的人们偏偏揣着明白装糊涂，原因何在？简而言之，就是"功利"二字！科研呈"显绩"，是客观实在，可统计、可衡量，是显性的、现实的，便可

"急功近利"；教学呈"潜绩"，是主观评判，不可统计、不可衡量，是潜在的、长远的，只能"百年树人"。所以，科研容易被重视、被关注、被赞誉，而教学则往往被轻视、被边缘、被排斥。

（16）大学来不得半点功利，大学如若功利或者唯利是图，就会变得肤浅与浮躁，大学一旦肤浅与浮躁，受影响的可不是几个人、十几个人、几十个人，而是以"代"而论的青年人，或者说是整个民族的未来与希望。所以，大学必须踏踏实实、本本分分教书育人。

（17）所有的人，不仅仅是大学里的人们，都知道有大学、有本科、有学士、有硕士、有博士，但是，何谓大学之"大"？何谓本科之"本"？何谓学士之"学"？何谓硕士之"硕"？何谓博士之"博"？类似这些问题，人们未必能详解其说，就是大学里的人们恐也熟视无睹，或者一知半解，或者模棱两可。故此，我们太应该关注与重视教育的原点，厘清"何以为教""何以为学""何以为校"了。正如新近在我国召开的第二十四届世界哲学大会把主题确定为"学以成人"一样，回归基本了！

（2018年8月15日）

高等教育为什么是回归而不是前行

当下,高等教育领域的热门话题之一是"回归"。那么,为什么是"回归",而不是"前行"或者"再出发"?

一、"四个回归"的提出及内涵

(一)"四个回归"正式写入高等教育发展大政方针

2018年9月17日,《教育部关于加快建设高水平本科教育,全面提高人才培养能力的意见》明确规定:"全面落实立德树人根本任务,准确把握高等教育基本规律和人才成长规律,以'回归常识、回归本分、回归初心、回归梦想'为基本遵循,激励学生刻苦读书学习,引导教师潜心教书育人,努力培养德智体美劳全面发展的社会主义建设者和接班人,为建设社会主义现代化强国和实现中华民族伟大复兴的中国梦提供强有力的人才保障。"同时提出:"经过5年的努力,'四个回归'全面落实,初步形成高水平的人才培养体系。"

这是进入新时代以来,我国最高教育主管部门首次正式把高等教育"回归"问题写入事关我国高等教育发展的大政方针之中,并成为新时代中国高等教育的新理念、新思想、新思路。

其实,高等教育"回归"问题早已引起教育界高层领导和专家学者的高度关注。

(二)教育部部长陈宝生提出大学要做到"四个回归"

2018年6月21日,教育部党组书记、部长陈宝生在新时代全国高等学校本科教育工作会议上作了《坚持以本为本,推进四个回归,建设中国特色、世界水平的一流本科教育》的讲话,他指出:面对本科教育存在的突出问题,必须推进"四个回归",就是要回归大学的本质职能,把"培养人"作为根本任务。一是回归常识,就是学生要刻苦读书学习。二是回归本分,就是教师要潜心教书育人。三是回归初心,就是高等学校要倾心培养建设者和接班人。四是回归梦想,就是高等教育要倾力实现教育报国、教育强国梦。

2016年10月15日,教育部在华中师范大学召开武汉高等学校工作座谈会,教育部部长陈宝生在会上提出:在"双一流"建设进程中,高校要进一步转变理念,做到"四个回归"。一是回归常识。教育的常识就是读书。二是回归本分。教育的基本功能就是教书育人。三是回归初心。教育工作者的初心就是培养人才,一要成人,二要成才。四是回归梦想。教育梦就是报国梦、强国梦。

但是,高等教育"回归"的提法可不是教育部部长陈宝生的专利和首倡,因为在此之前,有多位专家学者对高等教育的"回归"问题有过强烈的呼吁。

(三)著名大学校长强烈呼吁"回归大学的根本"

2015年6月,商务印书馆出版了中山大学原校长、广东省科学技术协会主席黄达人等著的《大学的根本》一书,黄达人教授以"回归大学的根本"为题写了"代前言":"我们呼吁回归大学的根本,'回归'主要体现在三个方面:一是回归大学最本质的职能,也就是人才培养;二是回归大学重视教学的传统,当下,我们必须重新认识到教学才是大学的真正使命与核心竞争力;三是回归大学管理者对大学核心价值的坚守,现代大学面临的选择很多,大学的管理者需要克服浮躁,平心静气地去面对大学这一最根本的使命。"

2013年9月25日,黄达人教授访问了浙江大学校长林建华,最终形成《林建华:大学人才培养职能的回归》一文,收入《大学的根本》一书。针对大学的回归问题,两位著名大学校长,也可以称之为教育家,有这样一段对话:

林:现在大家觉得教学是一个负担了,好像是一件与个人发展没有什么关系的附属工作一样。

黄:你认为把教学当作负担是大学里一个普遍存在的问题?

林:应该是一个比较严重的问题,特别是大学中过分强调论文数量的这种评价导向,非常严重。……无论如何,教育人是大学最重要的职责,也是国家最希望大学做的事情,大学应当使教学和科研保持平衡,这就要从建立良好的教学文化、教学传统来着手,而这是一个很大的问题。

黄:你是觉得这个问题跟我们教育主管部门的评估和指标体系等有关?

林:当然有关。不仅是与教育主管部门的评价有关,还与整个社会的导向有关系，为了尽快提升学校的影响力，学校内部对科研有很重的奖励，这与对教学的重视程度完全不能同日而语。这些因素都使得大家觉得教学不重要了。……实际上如果我们不能把人才培养放在第一位，是很难成为世界一流大学的。

黄：有人就认为，科研实力是话语权，一边讲人才培养如何重要，一边又认为科研实力是敲门砖，很矛盾。

林：其实，这就涉及"大学的回归"这个问题了。

黄：丢掉的东西要捡回来。

林：对，但这个回归挺艰难的。从大的方面说，……面对未来的挑战，大学必须要创新。但大学更要守正，要坚守大学的核心使命，坚守大学的核心价值。人们经常会犯的一个错误是"走得太远，忘记了为什么出发"，大学需要经常反思自己存在的真正意义。学校要真正把培养人作为自己的核心使命，学校的综合改革方案要以人才培养为切入点，系统梳理影响提高培养质量的各种因素，形成一个战略地图。

2009年6月2日，学者兼作家马国川采访了华中师范大学原校长章开沅，最终形成《回归大学主体，回归教育本性》一文，收入《大学名校长访谈录》一书。章开沅校长指出："我认为首先要对教育本身有一个正确的认知。教育的对象是人而不是物，……教育的起点与归宿都是爱，都是人性的完善与提升。所谓'以生为本'，就是以人性为本。现今教育各方面的各项重大措施都名之为'工程'，实际上是忘记了人性不同于物性。学校不是工厂，教育更不同于制造业的生产流程。说到底，教育是细致的教化，而不是简单的制作。"他指出："教育的根本毕竟是人格的养成，这已经是人所共知的常识。……与其主观武断地通过行政命令推行一个紧接着一个的折腾大学师生的所谓'创新'或'跨越'，倒不如让大学保持相对的安宁，也许顺乎自然的'萧规曹随'，比'开辟新纪元'之类的豪言壮语更有利于高教的发展。"他强调："我认为当务之急是两个回归：一是回归大学主体，一是回归教育本性。而关键肯定是体制改革，让大学独立自主地按照教育自身的规律来办好教育。"

（四）著名专家、学者疾呼"让教育回归常识"

2006年4月，当代著名学者、专家周国平先生曾为曹保印《聆听教育的真声音》一书作序，序言的题目就是"让教育回归常识，回归人性"，其中疾呼：

"教育的基本道理并不复杂，其主要使命就是提供一个良好的环境，使受教育者所固有的人性特质得到健康的生长，成为人性健全的人。……令人震惊的是，我们的教育在做着与常识相反的事情，这么多的家长和老师在做着与常识相反的事情，而大家似乎都停不下来，被一种莫名的力量推着继续朝前走。当此之际，我愿借本书呼吁：本书所涉及和未涉及的无数悲剧事件早已敲响警钟，应该结束这种大规模的愚昧了，让教育回归常识，回归人性，回归教育之为教育。也许，我们还来得及。"

（五）本节小结

恕笔者视野狭窄，再往前就没有查到确切的有关教育"回归"的话题。但以上所述，足以证明高等教育的回归已经成为上上下下的共识，高等教育已经到了需要"回归"的时候了。

二、为什么是回归而不是前行

（一）为什么是回归

1. "回归"的定义

"回归"的含义有两层，一是回还，返回；二是后退，倒退。在"四个回归"中，"回归"的含义是指第一层，其近义词有归回、回来、归来、回到，反义词有逃离、叛离、背叛。

2. 教育部部长陈宝生："本科教育是大学的根和本"

教育部部长陈宝生在《坚持以本为本，推进四个回归，建设中国特色、世界水平的一流本科教育》讲话中说：从历史、现实和未来看，人才培养是大学的本质职能，本科教育是大学的根和本。本科教育在高等教育中是具有战略地位的教育、是纲举目张的教育。我们一定要把本科教育放在人才培养的核心地位，一定要把本科教育放在教育教学的基础地位，一定要把本科教育放在新时代教育发展的前沿地位。推进四个回归，就是要回归大学的本质职能，把"培养人"作为根本任务。高校要调整思路，把人才培养的质量和效果作为检验一切工作的根本标准。教学、科研等都要积极服务于这个中心、这个根本，不能搞成两个或者几个中心；高校的办学目标和各类资源都要主动聚焦到这个中心、这个根本上来；高校的标准和政策都要充分体现到这个中心、这个根本上来。

3. 浙江大学校长林建华："国家最需要大学提供的就是人才"

在《林建华：大学人才培养职能的回归》一文中，林建华校长说："我们现在常说，大学有四项功能。其实，大学最早的功能只有培养人，随着社会发展和要求，增加了科学研究、服务社会、文化传承等。但人才培养始终是大学最核心的功能，国家最需要大学提供的就是人才。社会服务当然很重要，我们要为地方服务，要为国家经济转型作贡献，这些都很重要。但是，比较一下就清楚了，学校做的研究对地方、国家经济上的直接贡献，与其培养出来的大批学生相比（如果这批学生你用心培养了），哪个更大？显然，大批的学生对社会的贡献，会成百上千倍地放大。人们常说硅谷是靠斯坦福大学产生的，但在我看来，硅谷实际上是斯坦福大学的毕业生创造出来的，它依托了斯坦福，但更多的是斯坦福培养出来的人才创造了硅谷。"

"只有我们真正用心把学生培养好了，创新国家等这些目标才能实现。大学的最重要目标是培养学生，发文章这个贡献相比培养学生来说，是比较小的。这是从国家的角度来考虑人才培养的重要性。从学校本身声誉的角度考虑，人才培养也是最重要的。……很多大学之所以著名，我们之所以能记住这些学校，因为是它们培养出来的人。大学培养出来的人在国家发展当中所作的贡献，是大学最直接、也是最重要的声誉。北大、清华、浙大都是这样，正是培养的人对国家社会所作的巨大贡献成就了这些学校。相反，如果我们现在没有把人培养好，几十年后人们就会指责我们。现在一些部门热衷于用教师的文章和奖励来评价学校，说成是绩效评价，这只会越搞越糟。"

（二）为什么不是前行或者再出发

1."前行"和"出发"的定义

所谓"前行"，就是向前走，往前走，而且该词语往往带有目标明确、勇往直前的意味。与"前行"近义的是"出发"。所谓"出发"，有两层含义：一是离开原来所在的地方到别的地方去；二是考虑或处理问题时以某一方面为着眼点。此处的含义是前者。我们往往说某某工作或事业要再出发，再出发就是到了一个地方去，还要再到这个地方去或者再到另外一个地方去。

2. 大学教育偏离第一职能——人才培养

高等教育本来有一个职能——人才培养，后来又有了第二职能——科学研究，再后来又有了第三职能——社会服务，再后来又有了第四职能——文化传承与创新，到如今又有了第五职能——国际交流合作。随着高等教育职能的不断扩充，人才培养职能到了几近"边缘"的地步。因为，大学教育被引入绩效考核机制，绩效讲究的是量化，而心思用在培养和引导学生身上的育人行为，无法加以量化，无法纳入考核指标体系，也就无法考核。所以，教育者不得不把注意力或者精力用到能够纳入考核指标体系的那些可以量化的"科研成果"上去，久而久之，教育就偏离了第一职能——人才培养，进而使教育离常识、本分、初心和梦想越来越远。

（三）本节小结

高等教育为什么是回归而不是前行？我们可以做一下反向思维：

回归常识，说明过去没有了常识；

回归本分，说明过去丢掉了本分；

回归初心，说明过去忘记了初心；

回归梦想，说明过去没有了梦想！

正是因为高等教育"前行"得越来越远，已经远离或者脱离了"原点"，或者正是因为高等教育总是"出发""再出发"，使得高等教育走得无影无踪，或者使高等教育越来越离谱，所以才需要回归常识、回归本分、回归初心、回归梦想！

三、"四个回归"就是要与世界高等教育同频共振

（一）教育部部长陈宝生："回归本科教育"是世界一流大学共同强劲的行动纲领

教育部部长陈宝生在《坚持以本为本，推进四个回归，建设中国特色、世界水平的一流本科教育》讲话中说："近千年的世界现代大学发展史告诉我们，本科教育是高等教育的立命之本、发展之本。从世界高等教育发展趋势看，一流大学普遍将本科教育放在学校发展的重要战略地位，将培养一流本科生作为学校发展的坚定目标和不懈追求。越是顶尖的大学，越是重视本科教育，本科教育被这些大学视为保持卓越的看家本领和成就核心竞争力的制胜法宝。进入21世纪，世界各国尤其是发达国家大学把人才培养的本质职能进一步强化和凸显，'回归本科教育'成为世界一流大学共同强劲的行动纲领。"

关于国外高等教育的"回归"，有两部2006年问世的著作值得我们阅读与

研究：一是哈佛大学哈佛学院前院长哈瑞·刘易斯的《失去灵魂的卓越——哈佛是如何忘记教育宗旨的》，二是哈佛大学前校长德雷克·博克的《回归大学之道——对美国大学本科教育的反思与展望》。

（二）哈佛大学哈佛学院前院长哈瑞·刘易斯：在大学里，教学活动存在于每时每刻，存在于学校的每个决策和每项活动中

哈佛大学哈佛学院前院长哈瑞·刘易斯在《失去灵魂的卓越——哈佛是如何忘记教育宗旨的》一书中说："大学已经忘记了更重要的教育学生的任务。作为知识的创造者和存储地，这些大学是成功的，但它们忘记了本科教育的基本任务是帮助十几岁的人成长为二十几岁的人，让他们了解自我、探索自己生活的远大目标，毕业时成为一个更加成熟的人。现在学术追求替代了大学的教育任务，殊不知这两者不应该厚此薄彼。形式上教育还在延续，……审视一下任何大学领导的演讲稿，你会发现其中不乏关于'世界问题''知识探索''勤勉工作'与'成功'之类的词句。我们却鲜有看到个人力量、完善的人格、善良、合作、同情、如何把眼前的世界建设得更美好等方面的言辞。学校越出名，就越强调在教师、学生和经费市场上的竞争力。在这些学校，人们很少严肃地讨论如何培养学生良好的人格，让他们明白：如今受到的良好教育，部分应归功于这个社会。"

"进入大学之前，学生的人生已经过家庭和学校的塑造。大学忘记了自己的使命在于继续塑造这些学生，使其成为富有学识、智慧，能为自己的生活和社会承担责任的成年人。这样的局面不可能永久存在，但如果这些知名大学要实现自己的使命，就必须在本科教育中重新注入理想主义的观念。"

"要实现本科教育本质的回归，把有依赖性的年轻人培养成为有智慧的成年人，我们的视线又回到了领导问题上。大学的领导人必须具备这样的信念：教育的过程就是一个自我发现的过程。……大学领导人必须支持和表扬那些注重教育工作的教师、运动队教练员、院长、职业指导教师、心理辅导员。为此，大学领导人自身除了学术成就外，还必须具备认识自我的能力、成熟的处事方式、人格的力量及设身处地为别人着想的度量。为了把充满希望的大学新生培养成社会英杰，学校领导人不只应该是聪敏和有成就的专家，他们自己必须是有智慧、成熟和善良的人。"

"记住：在大学里，教学活动存在于每时每刻，存在于学校的每个决策和每项活动中。在组织讨论时，在院长和各系谈判时，在选拔教授、院长或校长的委员会上，在毕业典礼的讲话时，每个与会者的耳边都应该萦绕一个声音：上述各项才是我们工作的真正目标。"

（三）哈佛大学前校长德雷克·博克：要对本科教育问题展开有效讨论，首先必须厘清大学希望达到怎样的目标

哈佛大学前校长德雷克·博克在《回归大学之道——对美国大学本科教育的反思与展望》一书中说："迫于其他国家飞速发展带来的压力，美国的学生、大学乃至整个国家，都不敢再对高等教育及其教学质量有所怠慢。教授和学术领袖们必须保持清醒的头脑。他们尤其需要牢记大学服务于大众的根本目的，避免将大学变为纯粹服务于经济发展的工具。……大学应当意识到裹足不前的危险性，并将来自世界范围的压力转化为前进的动力，通过客观的自省找到合适的发展路径，将我们的高等教育机构的办学水平提升到一个新高度。"

"高校固然使学生受益匪浅，但原本他们可以学得更多。许多毕业生的文字功底无法令雇主满意。尽管教师们把培养批判性思维能力作为大学教育的首要目标，但许多毕业生仍然不能对复杂的非专业问题作出清晰的推理和分析，能够使用一门外语的学生更是少之又少。多数人甚至没有选修过一门有关'数理推理'的课程，没有掌握民主社会中'知识公民'应该具备的知识。以上这些问题不过是所有问题的冰山一角。"

"有些教授已经意识到这些问题的存在，并在自己的教学中尝试新的解决之道，但多数教授仍然对这些问题视而不见。虽然有教授委员会定期评估课程体系，但委员会似乎对教育研究专家指出的本科教育问题置若罔闻。"

"历史没有告诉我们判断本科教育质量是否提高的方法，那么我们应当如何评判大学的成败得失呢？针对这一复杂的问题，可以有几种不同的思路，其中之一是去考察大学教授的行为，因为他们决定了大学生的学习内容及方向。正是因为教师扮演的角色如此重要，最近对本科教育的批评主要集中在他们身上。最普遍的抱怨是，教授承担了过多的科研和校外咨询任务，以至于他们开始忽视教学和学生。"

针对美国大学暴露出的"对大学角色的不同认识""缺乏合作""忽视教育

目的""过于强调通识教育""忽视教学方法""忽视课外活动"等六大问题，德雷克·博克认为，"要对本科教育问题展开有效讨论，首先必须厘清大学希望达到怎样的目标"，"制定单一的、'统领全局'的大学目标，或者把大学目标局限于智力发展领域，都无法涵盖本科生活的全貌——都可能推卸大学的责任——大学本应让学生在成长的关键时期，养成一些极为重要的素质。因此，大学的培养目标应该是多方面的，这些目标应该被广泛且经过谨慎的界定"。他认为，"几个重要的大学教育目标"包括：表达能力、批判思维能力、道德推理能力、公民意识、适应多元文化的素养、全球化素养、广泛的兴趣、为就业做准备等。他进一步指出，这些"大学教育目标不仅适合于所有学生，也同样适合所有大学"。他还说："看了我所列出的大学教育目标，一些读者会指出我遗漏了一些有价值的目标，如培养学生的想象力、创造力、领导能力、判断能力和智慧等。对于任何有能力实现这些目标的大学来说，它们肯定都是有价值的。"

（四）本节小结

由上述可见，"大学已经忘记了更重要的教育学生的任务"是世界性问题。所以，重视本科教育，回归大学的人才培养职能，是一个世界性潮流。

我们把我国对教育"回归"的关注只追溯到2006年，哈佛大学哈佛学院前院长哈瑞·刘易斯的《失去灵魂的卓越——哈佛是如何忘记教育宗旨的》和哈佛大学前校长德雷克·博克的《回归大学之道——对美国大学本科教育的反思与展望》两部著作也是2006年问世的，这足以说明我国提出的高等教育"四个回归"的确与世界高等教育同频共振。

四、结论：我们不能忘记任何教育的目的都是培养人

《现代汉语词典》对"教育"一词有三种解释：第一，按一定要求培养人的工作；第二，按一定要求培养；第三，用道理说服人使照着（规则、指示或要求等）做。可见，任何教育的对象都是人，任何教育的目的都是培养人，任何教育的初心或者圆点还是人，离开人，就无以为教育。所以，教育的"回归"就是要回归到"培养人"这个第一职能上来，而不能在远离第一职能的道路上，且行且远。

中国科学院院士、华中科技大学前校长杨叔子说："教育是'育人'而非

'制器',是以'文'化人而非以'识'造物。……固然高校育人应立足于治学（术），但治学（术）须首先服务于育人，所培养的人必须有高度的社会责任感。"他还说，办大学有"五重五轻"："重学术，轻教育；重科研，轻教学；重研究生教育，轻本科生教育；重教师学术的博大精深，轻教师的品德对学生的影响；重市场功利对学校的要求，轻学校对学生人格尊严的培养。此'五重五轻'归根到底是：重当前的有形、有用，轻长远的无形、'无用'。重，无可厚非，轻，则完全错误；而所轻的恰恰是更为重要的、更为基础的。"

如果不能把人才培养放在第一位，世界一流大学的建设就是一句空话。所以，大学不能忘记更重要的人才培养的任务，大学不能越走越远，大学必须守得住"初心"！

（2019年7月4日）

大学要把教育办到学生成长成才上

党的十八大以来，尤其 2016 年以来，习近平总书记多次强调：高等学校要全面提高人才培养能力，形成更高水平的人才培养体系。

2016 年 12 月 8 日，习近平总书记在全国高校思想政治工作会议上指出：高校立身之本在于立德树人。办好我国高校，必须牢牢抓住全面提高人才培养能力这个核心点，并以此来带动高校其他工作。

2018 年 5 月 2 日，习近平总书记在北京大学师生座谈会上的讲话中指出：目前，我国大学硬件条件都有很大改善，关键是要形成更高水平的人才培养体系。

2018 年 9 月 10 日，习近平总书记在全国教育大会上强调：要努力构建德智体美劳全面培养的教育体系，形成更高水平的人才培养体系。要把立德树人融入思想道德教育、文化知识教育、社会实践教育各环节，贯穿基础教育、职业教育、高等教育各领域，学科体系、教学体系、教材体系、管理体系要围绕这个目标来设计，教师要围绕这个目标来教，学生要围绕这个目标来学。

为了贯彻落实习近平总书记的讲话精神，2018 年 9 月 17 日，教育部印发的《教育部关于加快建设高水平本科教育，全面提高人才培养能力的意见》开宗明义：要"紧紧围绕全面提高人才培养能力这个核心点，加快形成高水平人才培养体系"，并明确提出："办好我国高校，办出世界一流大学，人才培养是本，本科教育是根。建设高等教育强国必须坚持'以本为本'，加快建设高水平本科教育，培养大批有理想、有本领、有担当的高素质专门人才。"

所以，全面提高人才培养能力，形成更高水平的人才培养体系，已经成为新时代高校落实立德树人根本任务的核心工作。

教育部部长陈宝生也指出，要回归大学的本质职能，把"培养人"作为根本任务。高校要把人才培养的质量和效果作为检验一切工作的根本标准。教学、科研等都要积极服务于这个中心、这个根本，不能搞成两个或者几个中心；高校的办学目标和各类资源都要主动聚焦到这个中心、这个根本上来；高校的标准和政策都要充分体现到这个中心、这个根本上来。他强调，高校要对照"四个回归"，明确学校、院系、教师的根本使命是什么，人才培养的目标定位是什么，学生的知识、能力、素质要求是什么；要系统考虑如何形成高水平人才培养体系，如何建设高水平的学科专业、教师队伍、课程教材体系和管理制度。

然而，高等学校热衷于综合排名、学科排名、帽子工程、课题奖项、填表评比、学术荣誉等等这一切行为，是否会分散教育的作用力和注意力？

教育是面向教育对象的行为，而教育对象就是学生，培养、教育学生是教育的第一要务和最终目的。现在，不少教育者，居然把教育对象变成了课题、论文、奖项、帽子、工程、评估、排名等等教育的手段，把这些教育的手段当成教育的内容与终极目的了。所以，无论是教育主管部门还是高等学校，尤其是应用型人才培养高校，如果教师的精力没有放在学生身上，如果教育的资源没有用在学生身上，如果办学的目的没有瞄在学生身上，而是热衷于拿大项目、拿大课题、拿大荣誉，并把这些当成评价教育的"显绩"而被教育者"追捧"，那是大学第一职能——人才培养的"旁落"；再进一步说，如果培养、教育学生成了这些的副产品，成了评价教育的"潜绩"，那是大学精神——人文精神的"缺失"。

为此，我们要常问：天天喊的"四个回归"，真正回归了吗？天天喊的"以学生成长成才为中心"，真正做到了吗？习近平总书记要求的"全面提高人才培养能力，形成更高水平的人才培养体系"，真正落实了吗？

教育要以学生为中心，以学生成长成才为目的，教育的一切活动都要围绕是不是有利于学生成长成才来衡量。

什么时候把教育办到学生成长上，把教育做到学生成才上，把教育伸到学生幸福上，教育就离成功不远了。

（2019 年 12 月 7 日）

"大学之治"要回答好的几个问题

党的十九届四中全会通过的《中共中央关于坚持和完善中国特色社会主义制度、推进国家治理体系和治理能力现代化若干重大问题的决定》，全面系统而又鲜明地回答了党成立以来尤其是十八大以来所形成的根本制度、基本制度、重要制度应该"坚持和巩固什么、完善和发展什么"，是"中国之治"的纲领性文献，是政治宣言书。

就大学而言，贯彻落实十九届四中全会精神就是"大学之治"。在这方面，有诸多问题需要大学治理者和大学人正面应对。

一是大学之治是什么？毋庸置疑，党的领导、大学章程、特色建设、干部素质是大学之治的重要内容，但是，大学之治除了这些还应该有什么？大学之治的落脚点及其指向是什么、又是通过怎样的路径加以推进？大学应该有方案。

二是大学的初心是什么？大学的职能已经被充分扩大：人才培养、科学研究、社会服务、文化传承与创新、国际交流与合作。在此情况下，大学的初心能不能守住？大学"建立不忘初心、牢记使命的制度"内涵又是怎样？大学应该有思考。

三是大学之治的目的是什么？如果是办令人民满意的教育，那么，什么是令人民满意的教育？是否就是大课题、大奖项？是否就是大学排名、学科排名？是否就是硕士点、博士点？是否就是铁帽子、高学衔？是否就是引用率、下载量？大学人自己津津乐道的满意点和人民群众望眼欲穿的满意点是不是就是一个点，或者能不能是一个点？大学应该有良知。

四是什么是大学治理体系和治理能力现代化？数字化、智能化、大数据、区块链等新技术已成为时代特征，并日新月异，大学的治理体系和治理能力是固守大学的"沉稳"，还是要与时代共舞？大学应该有选择。

五是大学如何应对百年未有之大变局？大学是人类社会的"大脑"，也是社会的良心，能为人类社会的走向提供"灵魂"。所以，如何看待这个纷扰复杂的世界？如何为这个风云变幻的社会提供治理思想？如何使人类脱离丛林法则和弱肉强食法则的袭扰？如何在构建人类命运共同体这一宏伟蓝图中贡献智慧和力量？凡此种种，大学是袖手旁观、随波逐流，或是传风扇火、推波助澜，还是主动作为、勇敢担当？大学应该有追求。

这些问题，需要大学人和大学治理者做出清醒而又明确的解答。

（2020年5月8日）

如何治理大学

大学有大学的运行规律，大学有大学的治理方式。任何党政机关、企业集团、社会组织的治理方式，哪怕再有效，也不能盲目嫁接到大学中来。

第一，折腾不得。大学讲门类、分学科、有专业，各有各的"势力范围"和"主攻方向"，任何偏离或者超出"势力范围"和"主攻方向"的行为，要么是不务正业，要么是业余爱好，要么是社会服务。凡涉及门类、学科、专业的工作内容的变更与增减，都要考虑是否属于门类、学科和专业的"势力范围"和"主攻方向"。

第二，热闹不得。大学是研究学问之地，是思想之地，无论是研究，还是思想，必须有安心的氛围和安静的环境。宁静致远、恬淡寡欲、静水流深、大音希声、厚积薄发，说的就是研究或思想的最佳境界。大学里整天锣鼓喧天，车水马龙，不是庆典，就是集会，再不就是检查、评估，大学人无法安心研究，静心思考，专心做事，潜心育人。

第三，命令不得。大学的功能是教学、是研究、是育人，靠的是春风化雨、润物无声，靠的是智力产出效益、效率或效果。智力靠开发，靠孕育，靠积累，任何行政命令，任何高压政策，哪怕立军令状，哪怕动用撤职查办、辞退开除等威逼手段，都无法保证智力一定会产生"溢出"效应或者"井喷"效果。

第四，急躁不得。大学人才培养周期至少为四年，一门课至少要讲授和学习一个学期，发表一篇像样的学术论文也要至少一年的周期。在教学、科研等问题上，天天会议、月月调度、季季总结的管理模式和运行机制，在大学万万使不得，任何急办、催办、台账式管理等，只能让教学、科研一线工作者心神不宁，工作变形走样。

第五，摊派不得。大学工作者大都是脑力工作者，脑力劳动有周期性或者延时性，不是想什么时候产出就能什么时候产出，更不是想产出多少就能产生多少，脑力劳动的最大特点是"失败是成功之母"。王国维在《人间词话》中有言："古今之成大事业、大学问者，必经过三种之境界：'昨夜西风凋碧树，独上高楼，望尽天涯路。'此第一境也。'衣带渐宽终不悔，为伊消得人憔悴。'此第二境也。'众里寻他千百度，蓦然回首，那人却在，灯火阑珊处。'此第三境也。"说的就是脑力劳动的显著特征。

第六，摇摆不得。十年树木，百年树人。大学工作者做的是学问，育的是人才。做学问也好，育人才也罢，必须要有耐性，有毅力，要日积月累，要持之以恒，要坚韧不拔，最大的忌讳是草率、浮躁、摇摆，要不得一时之快，要不得急功近利，要不得浅尝辄止，要不得遇难而退。

第七，威风不得。强者平静如水，弱者才易怒如虎。大学是育人的圣地，学术的殿堂，文明的场所，工作、学习、生活在这里的人有思想、有文化、有知识、有素质，是觉悟性、达理性以及自主性、反叛性都较高的群体。所以，横眉冷对式、强制压迫式、独断专横式、居高临下式的管理方式在大学不会收获好的效果。大学的治理者首先是个学者，其次才是个管理者，应该有虚怀若谷、海纳百川的气度，内敛含蓄、和蔼谦恭的气质，礼贤下士、淡定善行的气节，讲理性、讲科学、讲规范。

第八，表演不得。工作就是工作，就是为了做事，就是为了发展，不是为了做给上级部门或者领导看。凡是工作上一切以"唯上"为出发点，以投上级所好为目的，专注形象工程，单行表面功夫的，就是表演。大学如奉行"表演文化"，则"四表人才"（表演、表功、表白、表现）走红，"四实人才"（踏实、务实、老实、朴实）隐退。此时，大学上上下下就会沉浸在自我陶醉、自鸣得意的浮华之中。

第九，官僚不得。大学不是党政机关，也不是公司集团、社会组织，这里的人们在智商和情商两方面，不一定管理者就比被管理者要高、上级就比下级要高，探究式、咨询式、下沉式、走访式的工作方式，会保证决策具有更高的可信度、满意度和拥护性、执行力。否则，官僚主义盛行，形式主义蔓延，进而整个大学处于"兵来将挡，水来土掩"的上上下下心神不宁、手忙脚乱的惊慌状态，失却了一种运转自然顺畅、行事井然有序的良性机制。

第十，野蛮不得。大学即文化，文化即大学。大学应积极推进以韵美的物态文化、优质的教学文化、奋进的学习文化、理性的学术文化、规范的制度文化、儒雅的行为文化、清新的环境文化、鲜明的特色文化、高尚的精神文化、平和的心态文化为构成的文化体系建设,用文化凝聚力量,用文化引领方向。大学文化尽管有多种形态,但学术文化应该成为主流,而不是"官僚文化""关系文化""权术文化"占据主导。

第十一,失位不得。教师是大学这座精神家园的建设者和守护者,他们工作在这里,生活在这里,繁衍生息在这里。每迎来一批学子,他们便诞生一种新的希望;每送别一届学子,他们便增添一缕新的白发。年复一年,日复一日,他们默默耕耘,无怨无悔。没有他们,就没有莘莘学子的健康成长;没有他们,就没有大学的薪火传承。他们才是大学的中坚,他们才是大学的主人。只有这样,大学才能称得上为大学,这是大学使命所要求的质的规定性。

第十二,保守不得。大学应该是开放的、进取的、前沿的、民主的,大学立足社会应高于社会,应该产生引领、教化社会的思想或者理论。大学应该鼓励畅想,鼓励奔放,鼓励创造,鼓励进步,任何保守的、颓废的、专制的、落后的、禁锢大学"大脑"的条条框框都应该被限制在大学围墙之外。

第十三,功利不得。大学是诗和远方,行的是百年大计,做的是千秋大业。大学教育应该坚守理想、真理、灵魂,去塑造有知识、有道德、负责任的社会建设者和追梦人。无论是教育教学、科学研究、社会服务,还是文化传承与创新、国际交流与合作,体现的应该是大学精神,输出的应该是人文情怀。如果大学追求功利,则很难培养出杰出人才,毋宁说大师了。

第十四,小气不得。大学姓"大"不姓"小",大学之"大"在"大"人,大学由大人来办,培养的人都是大"学人",所以,大学一定要讲"大气"。何谓大气?大气就是仁厚,就是胸怀,就是雅量,就是一种海纳百川、胸怀日月、笑看世界的气概,一种从容大方、浑然天成、胸有成竹的气量,一种成熟宽厚、宁静和谐、舍我其谁的气度。没有大气,大学做不出大学问,培养不出大学人。

第十五,划一不得。大学的工作载体分课程、分专业、分学科、分学院,它们都是大学整体中的唯一,没有"唯二",互相之间充其量是支撑与交叉的关系,历史不同,地位不同,体量不同,不能用一个标准来衡量它们的优劣。所以,在一个大学内部,任何激励措施都应该着眼于纵向的增长,如若着眼于横向的比较,则无实质意义。

第十六，怀疑不得。大学办学院，学院办大学，任何大学二级学院都有自我发展的欲望与冲动，对它们应该给予尊重与信任，给予保障与服务，包括人员的配备、政策的完善、资源的供给等等。尊重、信任、保障与服务是无言的精神激励和无形的推进力量，学校对学院的尊重、信任、保障与服务，既是动力源也是智慧库，如若失去学校的尊重、信任、保障与服务，则学院就会动力枯竭，智慧贫乏，也就无法大胆或者积极主动地、富有想象力地开展工作。

第十七，藐视不得。大学生存与发展的依靠力量是专家、学者，他们有着质疑权威的传统，也有鄙视权贵的风骨。在管理责任的赋予上，大学里的专家、学者有着"不为你所用"的自由，只要恪守住政治、法纪、道德底线，完全可以凭自己的智慧和才华教好书、育好人，乃至成为学术名流。如果尊重他们，他们就会为学校的改革发展发挥聪明才智；如果藐视他们，他们会退避三舍，专司教书与学术；如果威胁他们，他们会隔岸观火，自得其乐，任尔东西南北风。

第十八，丑陋不得。大学是美的园地，其治理一定靠美，绝不能靠丑。大学里的一切诸如理念与价值、理想与追求、思想与灵魂、品德与政德、眼界与层次、倡导与引领、语言与行为、外在与心灵、管理与规范、任用与摒弃、褒奖与鞭挞、秩序与境界、喜好与憎恶、亲疏与远近、黑白与是非等等，都必须符合美的标准，并且要比社会有更高的高度、更深的深度、更广的广度、更强的力度、更温的温度。如果谁都可以允许不美，唯有大学必须美，且大学的美不仅要高品位、高涵养，还要能引领和化育风尚。

总而言之，大学有大学的规律，大学有大学的脉搏，大学有大学的性格，大学有大学的气质，大学治理必须遵守大学的规律，摸准大学的脉搏，契合大学的性格，适合大学的气质。否则，会导致大学的衰落或者不伦不类。

（2020年9月16日）

能不能为大学教师和学生减负

这个时代是百年未有之大变局的时代,变革到要把世界的一切都推倒重来似的。什么都在变,什么都在改,什么都在推陈出新,什么都不让人有心理准备,恨不得瞬间刷新世界的所有。

这个世界是急躁的世界,什么都要干,什么都要做,什么都要快,什么都不让人有一丝丝喘息的机会,恨不得瞬间做完宇宙的一切。

谁都在问:"这个时代和世界怎么了?"

谁都在问:"这个时代和世界到底发生了什么?"

谁都在问:"这个时代和世界是变好了还是变坏了?"

大学也被这个时代和世界所"裹挟"。无论管理部门,还是教学单位,无论教师,还是学生,都有做不完的事,忙不完的活儿,总是这件事还没做完,另一件事就已经到来。什么上班(课)时间、下班(课)时间,什么假期、开学,什么工作日、休息日,什么白天、黑夜,什么午间、凌晨,都已经没有了界限,加班加点已经成为常态,就是加班加点也完成不了各种常规性、临时性、突击性任务,工作与学习总处于高强度、快节奏的状态,人们常有身心疲惫、力不从心之感,郁闷、愤懑、烦躁、暴躁等情绪充斥日常。

学生这个考试、那个考试,这个比赛、那个竞赛,有参加不完的培训,有举办不完的活动,什么考研、考编、考公,什么公益、慈善、助学,什么创新、创业、创富,什么第一课堂、第二课堂、第三课堂,什么实习、实践、实验等等"素质提升""能力培养"花样翻新,使得学生终日行色匆匆、忙忙碌碌,总处于功利化、盲目性、精力散逸的学习状态,没有给他们充足的时间去比对,去选择,去消化。

教师这个评估、那个考核,这个项目、那个课题,填不完的表,写不完的材料，什么一流学科、一流专业、一流课程，什么职称评定、人才工程、聘期考核，什么理论培训、技能培训、素质培训，什么金课、网课、精品课，什么新工科、新文科、新农科、新医科等等"新生事物""改革创新"层出不穷，使得教师眼花缭乱、应接不暇，总处于时间紧、任务重、突击应对的工作状态，没有给他们充足的时间去思考，去创造，去升华。

教师和学生的成绩、成果、成就已不再是自然态的能力与素质的体现，已不完全是可供他人学习追捧、激励奋进的"典型"，而是极具显示度、排他性的业绩、业态、业力的"优劣"博弈，成为绩效考核、资源获取的标志与砝码。

教师似乎有喘不过气来之感，大学校园有些不安静、不平静，也有些不肃静，教育的竞争态势已演变成"支持强势""奖励优势"，强者愈强、弱者愈弱的"马太效应"更加突出，欲依靠以往的"育小为大""扶弱变强"的外在资源助力成长，使得自己或者事物变得强大、丰满起来，似乎成为一种不可能或者很奢望的事情。从来没有像今天这样，教师有这么多的任务要完成，有这么大的压力要承受。

学生似乎静不下心来，在大学课堂上已不再安心，不再安稳，也不再安分。为了走出校门能够尽快地在社会上有立足之地，他们不得不抽出相当一部分时间和精力，去尝试接受和经受各种类型的"学业"的考验，提前储备各种必要的社会竞争资本。他们时常心浮气躁，行为飘忽不定，气运丹田、潜心修炼的功力已被各种"诱惑"所干扰。从来没有像今天这样，学生有这么多事要干，有这么大的挑战要应对。

所以，有教师和学生呼吁："请给我们减减负吧，我们想要安静的校园，我们想要平静的心态，我们想要沉稳的步伐，我们想要诗和远方。"

然而，时代已经不是过去的时代，世界已经不是过去的世界，这种令人类不得喘息的魔性力量，已经脱离了人类的本愿，已经不受人类控制，已经由不得人类自身。更高层级物竞天择、适者生存的"进化"已经开始，谁会给教师和学生减负？谁敢给教师和学生减负？又能不能给教师和学生减负？这些问题只有人们边忙碌边寻求答案了。

呜呼！时代从来不等人，从来都是人追赶时代！

（2020年10月31日）

高校组织性科研以质量或水平为最高准则

组织性科研，顾名思义，是有组织的、有目的的科学研究及其管理活动，是按照某一特定组织的意志、意愿，把每一份力量组织起来开展的"有效"科研，而不是"散兵游勇式"无目的的科研。组织性科研有着丰富的内涵，它以"质量"或者"水平"为最高准则。

第一，组织性科研是"有组织"的科研。科研工作不能处于"无组织"状态，任凭个人"东游西击"。科研力量、科研动力、科研政策、科研方向等，都应该由某一级特定组织来统筹。在高校，各二级学院对组织性科研责无旁贷，要结合专业设置、学科方向，对本单位的科研组织工作予以高度重视，并常抓不懈。凡脱离专业设置、学科方向的科研，要么是个人爱好，要么是社会服务，要么是不务正业；凡不属于本专业、本学科范畴内的科研，也就不属于组织性科研的范畴。

第二，组织性科研是内部"挖潜"科研。组织性科研不是"关系性"科研，要靠实力、靠规则。所以，组织性科研要建立在提高自身实力的基础上，要把功夫用在内部提高教师的积极性、提高课题申报的质量上。否则，攀关系、跑关系、拉关系，就是花费大量的人力、财力、物力也是白费。组织性科研是挖潜科研、实力科研，千万不能让教师认为是关系科研、权力科研，尤其是不能让年轻教师产生"关系就是生产力"的邪念！如果把组织性科研看成"关系科研"，就会造成一部分教师投机取巧，一部分教师心遇寒冰，科研工作生态就会遭受破坏。

第三，组织性科研是"学科型"团队科研。科研工作不是个人的单打独斗，不是个人的兴趣爱好，而是围绕学科方向或者学科需要而开展的科研。这就要集聚科研力量，形成科研团队，使每一个科研个体积极主动地融入科研团队，聚焦学科方向或者学科需要开展有目的的科研，即有效科研。也就是说，二级学院应该把每一个科研有生力量都整合到学科中去，按照学科方向开展科研工作，使科研工作的每一分子都能相互借力、相互支撑，形成科研工作的整体合力。

第四，组织性科研是"能动性"生态科研。组织性科研是种"氛围"或者"环境"，这个"氛围"或者"环境"犹如一种无形的牵引力量或者推动力量，让身临其中的每一个科研个体都能自觉不自觉地产生能动的欲望，明了做什么、什么时候做、如何做、做到什么程度。如果一个单位、一个学院缺失了主动作为、奋发有为的科研环境或氛围，则科研工作就会处于"被动"局面，"被动"科研很难取得预期效果。

第五，组织性科研是"目的性"明确的科研。组织性科研是种指向，犹如靶心，也犹如"照亮前方的一束光"，有着明显的"目的性"，让身临其中的每一个科研个体都能知晓努力的方向和要达到的目标。自由式、兴趣式、分散式科研，都是没有方向、没有灵魂、没有目的的个人兴趣与爱好。不可否认，"兴趣与爱好"是科研的一种"动力"或者"潜质"，但是，这种"兴趣与爱好"如果能汇入所在专业和学科方向的"主流"，那就是组织性科研所要求的范式。

第六，组织性科研是"同一标准"的科研。科研资源的供给与评判要在同一个研究平台，同一个研究层次，同一个研究领域，要分清优势与非优势、骨干与非骨干、核心与非核心、专业与非专业，不能以己之长来衡量他人之短，也不能以他人之长来衡量自己之短，更不能以专业来衡量非专业。科研价值或者水平的显示度是建立在各研所学、各研所用、各研所研的基础之上的，不在同一个平台，不在同一个层次，不在同一个领域，不在同一个环境，则不能或者无法用同一的标准加以衡量和评判。

第七，组织性科研是讲究"信任度"的科研。科研政策、科研组织、科研评判等科研管理行为都要建立在可信任的基础之上，才能使组织性科研生发最大的效力。能够可信任或者被信任的因素是诚信、规范、真实，公平、公开、公正。"关系科研""权力科研""垄断科研""学阀科研""暗箱科研"等等都是不具有信任度的科研，也就不是组织性科研。组织性科研是以"质量"或者"水平"为导向的。

总之,组织性科研的"功力"是激发内部的活力与潜力,调动内部一切可以调动的力量和因素,而不是"火力"向外,靠攀关系、拉关系、跑关系来达到目的。

(2020年12月2日)

经济社会高质量发展需要高质量大学教育

党的十九届五中全会提出,"十四五"时期经济社会发展要以推动高质量发展为主题,这是根据我国发展阶段、发展环境、发展条件变化作出的科学判断。发展是我们党执政兴国的第一要务,高质量发展的目的是让发展成果更好地惠及全体人民,不断实现人民对美好生活的向往。

一、高质量教育是人民对美好生活的向往的重要内涵

当今时代,美好的生活首先需要有或者享受美好的教育,有了或者享受了美好的教育,才能实现美好的生活。所谓美好的教育,就是高质量的教育。

习近平总书记在《习近平谈治国理政》第一卷开篇《人民对美好生活的向往,就是我们的奋斗目标》一文中明确指出:"我们的人民热爱生活,期盼有更好的教育、更稳定的工作、更满意的收入、更可靠的社会保障、更高水平的医疗卫生服务、更舒适的居住条件、更优美的环境,期盼孩子们能成长得更好、工作得更好、生活得更好。人民对美好生活的向往,就是我们的奋斗目标。"

1. 人民对美好生活的向往是我们党的奋斗目标

以人民为中心,实现人民对美好生活的向往,贯穿于习近平新时代中国特色社会主义思想,贯穿于党的十九届五中全会精神。正如习近平总书记在十九届五中全会上所作的《关于〈中共中央关于制定国民经济和社会发展第十四个五年规划和二〇三五年远景目标的建议〉的说明》(以下简称《说明》)所进一步指出的那样:"共同富裕是社会主义的本质要求,是人民群众的共同期盼。我们推动经济社会发展,归根到底是要实现全体人民共同富裕。"

2. 更好的教育居于人民对美好生活向往的重要位置

更好的教育就是令人民满意的教育,就是高质量教育。有了更好的教育,才能有更稳定的工作,才能有更稳定的收入,才能有更可靠的社会保障,才能有更高水平的医疗卫生服务,才能有更舒适的居住条件,才能有更优美的环境;有了更好的教育,孩子们才能成长得更好、工作得更好、生活得更好。这符合"教育决定经济、经济决定政治"的逻辑。

3. 实现人民对美好生活的向往的奋斗目标必须发展高质量教育

习近平总书记在十九届五中全会所作的《说明》中明确强调:"经济、社会、文化、生态等各领域都要体现高质量发展的要求。"在《中共中央关于制定国民经济和社会发展第十四个五年规划和二〇三五年远景目标的建议》的第十二部分"改善人民生活品质,提高社会建设水平"中,把"建设高质量教育体系"列入其中,标明建设高质量教育是改善人民生活的有机组成部分。

二、高质量教育必须以立德树人为根本任务

教育的对象是人,一切教育活动都必须面向人,任何教育的初心或者原点还是人。世界上,没有不面向人的教育,也没有教育不面向人。离开人,就无以为教育。凡不面向人的教育,都是教育的扭曲或异化,应予以纠偏乃至取缔。

1. 只有一流的人才培养才是一流大学,而不是其他

一流大学的标准是什么?是学科一流,还是科研一流?这些皆不是!习近平总书记指出:"只有培养出一流人才的高校,才能够成为一流大学。"教育部部长陈宝生说,教学决定生存,学校为教学而建,离开教学,校长就不是校长,教授就不是教授,大学就不是大学。教育部高教司司长吴岩也说:"一流学科不等于一流大学。一流学科的总和也不等于一流大学。一流本科是根本。没有一流本科,建设一流大学是自娱自乐。一流专业是基础。一流专业是一流人才培养的基本单元。只有真的把课程、教师、教学、学生及教学方法技术都在这个专业平台上整合好,把专业建扎实,把一流本科办好,培养一流人才的目标才可能实现。"大学一流学科也好,一流科研也好,一流师资也好,最终都要作用于人才培养。由此可见,只有一流的教学或一流的人才培养才是一流大学。

2. 坚决实现教育的"回归",而不是越走越远

教育部部长陈宝生2016年10月提出的高校要做到"四个回归":回归常识、回归本分、回归初心、回归梦想,无论哪个"回归",都指向教育教学、人才培养。高等教育为什么是回归而不是前行?我们可以做一下逆向思维:回归常识,说明过去没有了常识;回归本分,说明过去丢掉了本分;回归初心,说

明过去忘记了初心；回归梦想，说明过去没有了梦想。正是因为高等教育"前行"得越来越远，已经远离或者脱离了"原点"，或者正是因为高等教育总是"出发""再出发"，使得高等教育走得无影无踪，或者使高等教育越来越离谱，所以才需要回归常识、回归本分、回归初心、回归梦想。希望各级教育主管部门、各类高等学校，都能切实贯彻落实中共中央、国务院印发的《深化新时代教育评价改革总体方案》，"坚决克服唯分数、唯升学、唯文凭、唯论文、唯帽子的顽瘴痼疾，提高教育治理能力和水平，加快推进教育现代化、建设教育强国、办好人民满意的教育"。

3. 保证大学本质职能的贯彻落实，而不是边缘

不管是研究型大学，还是教学型大学，人才培养都是其本质职能。所以，无论是教育教学、科学研究、社会服务，还是文化传承与创新、国际交流与合作，大学的心思要用在培养学生成长成才上，其视野要用在指导学生发展方向上，其行为要用在带领学生奋发有为上，其话语要用在影响学生人生信念上，其资源要用在改善学生学习条件上。一所大学，只有对教师和学生负责，专注于教师和学生的成长，才能焕发出勃勃生机，才能成为好大学，才能办出高质量教育。教育部部长陈宝生说："高校要调整思路，把人才培养的质量和效果作为检验一切工作的根本标准。教学、科研等都要积极服务于这个中心、这个根本，不能搞成两个或者几个中心；高校的办学目标和各类资源都要主动聚焦到这个中心、这个根本上来；高校的标准和政策都要充分体现到这个中心、这个根本上来。"所以，大学要切实履行好本质职能，把"培养人"作为根本任务，而不能在远离本质职能的道路上且行且远。

4. 全面提高人才培养能力，形成更高水平的人才培养体系

习近平总书记在全国高校思想政治工作会议上指出："办好我国高校，办出世界一流大学，必须牢牢抓住全面提高人才培养能力这个核心点，并以此来带动高校其他工作。"在北京大学师生座谈会上他又指出："学生在大学里学什么、能学到什么、学得怎么样，同大学人才培养体系密切相关。目前，我国大学硬件条件都有很大改善，……关键是要形成更高水平的人才培养体系。人才培养体系必须立足于培养什么人、怎样培养人这个根本问题来建设。"在全国教育大会上他再一次强调："要努力构建德智体美劳全面培养的教育体系，形成更高水平的人才培养体系。要把立德树人融入思想道德教育、文化知识教育、社会实

践教育各环节，贯穿基础教育、职业教育、高等教育各领域，学科体系、教学体系、教材体系、管理体系要围绕这个目标来设计，教师要围绕这个目标来教，学生要围绕这个目标来学。"《教育部关于加快建设高水平本科教育，全面提高人才培养能力的意见》开宗明义，要"紧紧围绕全面提高人才培养能力这个核心点，加快形成高水平人才培养体系，培养德智体美劳全面发展的社会主义建设者和接班人"，并明确提出："建设高等教育强国必须坚持'以本为本'，加快建设高水平本科教育，培养大批有理想、有本领、有担当的高素质专门人才。"由此，我们不难看出，全面提高人才培养能力，形成更高水平的人才培养体系，已经成为新时代高校落实立德树人根本任务的核心工作。

中国科学院院士、华中科技大学前校长杨叔子说："教育是'育人'而非'制器'，是以'文'化人而非以'识'造物。……固然高校育人应立足于治学（术），但治学（术）须首先服务于育人，所培养的人必须有高度的社会责任感。"

三、怎样为实现高质量教育作出自己的贡献

我们是应用型普通高校，我们是人文与传播学院，我们既非一流也非高水平，这是我们在实现高质量教育的进程中贡献力量的平台与定位。所以，我们有自己的"坚守"：

1. 坚守党建统领

中国的大学是中国共产党领导的大学，是中国特色社会主义大学，必须全面贯彻党的教育方针，必须培养德智体美劳全面发展的社会主义建设者和接班人。

2. 坚守群团共治

发挥工会、共青团等群团组织优势，坚持重大活动、重要事项都有群团组织参与谋划、参与实施，使其发挥好组织、教育教职员工、青年学生的桥梁和纽带作用。

3. 坚守骨干带动

充分发挥党员骨干教师在本职工作中的先锋模范作用，促进广大教师立德树人能力的提高，带动教学质量和科研水平等的整体提升。

4. 坚守行为理念

我们是人文人，人文人就要有仁爱之心、和谐之象、德行之美、群体之识，以此加强凝聚力、向心力建设，营造清新儒雅、惠风和畅的立德树人氛围。

5. 坚守教育良知

大学的良知即大学的初心和本分，要集中人力、物力、财力，精心培育好来自四面八方的莘莘学子，让他们享受应该享受的教育资源，让他们得到应该得到的知识熏陶。

6. 坚守培养目标

紧跟时代步伐，对接社会需求，培养"有思想、有智慧、有创意、有使命、有担当"的高水平应用型专门人才。

7. 坚守办学特色

充分考虑学生的成长、社会的需求，立足应用型，追求高水平，努力彰显专业特色，突出人才特色，张扬文化特色，凝练研究特色，形成团队特色。

8. 坚守价值追求

人文人要胸怀天下，能够担当大任。这就是：学在人文，爱在人文，美在人文，成在人文；文质彬彬君子也（做人），化成天下人文也（做事）；学人文做君子（做人），用人文担道义（做事）。

9. 坚守学风建设

系统推进学风建设，做到点面结合，齐头并进，努力形成健康、优雅、文明、进取的学习风气，让身临其中的学子好学上进，奋发成才。

10. 坚守工作规范

管理人员、教师和学生各有各的工作规范，这种规范都要符合人文精神和人文特质。行走在中国大学校园的人们，不仅是知识的化身，还是社会的楷模，必须坚守住政治底线、法律底线和道德底线。

以上"十个坚守"，可以归结为"六大类"：思想教育＋理念教育＋知识教育＋能力培养＋素质教育＋创新教育，共同形成以立德树人为根本任务的人才培养体系，为实现高质量教育贡献力量。

（2020年12月19日）

家教、家风、家传与大学教育

有两位家长送女儿到烟台上大学,临分别的时候,在大门口跟女儿各合拍了一张照片。随后其中一位家长就把照片发到了自己的抖音号上,其文案是这样写的:"闺女啊,遇到比你强的学三分,比你年长的敬三分,比你弱的帮三分,愿你学业有成。"这样的抖音文案是不是很温暖?这样的临别嘱咐是不是很靠谱?这样的妈妈是不是很伟大?这样的家教是不是很优秀?

由此,结合大学教育的实际,我们可以给出以下判断:

(1)家教是家教,与基因有关,与大学教育无关;

(2)大学教育是大学教育,与后天悟性及接受能力有关,与家教也有关;

(3)家教有时能够决定大学教育,它可以使大学教育变得无用;

(4)大学教育有时可以影响家教,它能够弥补家教的不足;

(5)从教育的本意而言,好的家教胜过大学四年乃至人一生接受的所有教育。

所以,凡人之家庭必须重视家教,让教育在好的家教基础上发挥更大的作用;教育者更要研究家教,让教育在恶的家教面前更好地抑制恶。

除了家教,实际工作中常常生发出来的"校闹"案例,还会使我们不得不关注和重视家风、家传问题。

家风是一个家族代代相传沿袭下来的体现家族成员精神风貌、道德品质、审美格调、整体气质的家族文化风格,是人无法选择、规避且一生下来就必须"沐浴"的价值准则。与大学教育相比较,家风更加具有潜移默化的作用,更加具有"先来后到"的原发性、排他性功能。家风好,学生的学风和作风一般就会好,就是稍有偏差,一经引领就会走上正途。家风不好,学生的学风和作风就会容易走偏,引领起来就会很费功夫,好者能够服从管理和引导,融入为人处事的主流；不好者很难说会与老师和同学保持融洽的关系。

家传是指家庭遗传基因带来的影响，比如认知、性格、心理、精神等内在的素质，都会作为"与生俱来"的因素，在其孩子的身上打下或深或浅的烙印，而且这种"烙印"根深蒂固，很难改变。如果学生的遗传基因在认知上有偏差，或性格上有缺陷，或心理上有疾病，或精神上有问题，那么或多或少地就会在这个学生的日常言行中表露出来，严重的还会走向极端。如果真遇到这样的学生，老师和学校的管理成本就会大大增加，有时还会适得其反：如果老师管他，他会说老师歧视他；如果老师不管他，他会说老师疏远他；如果老师对他稍加严管，他会说老师为难他。总而言之，遇到这样的学生甚至其家长，老师必须有特别的小心和特别的耐心，采取特别缜密的工作方式，否则就会在"被告席"上变得既寒心又无奈，甚至无力和无助。

所以，由家教、家风、家传生发出来的学生本身的问题，有时会成为大学教育或是学校教育不可承受之重，也会成为大学教育或是学校教育不可言状之痛。许许多多案例表明，学生在校期间出现的一些令人匪夷所思的突发事件，深究起来往往是家风、家教、家传在背后起着"诱发性"和"根本性"作用，与大学教育没有直接的、必然的关联。尽管如此，教师和学校仍然要为此承担监管不力的责任，更要背负"校闹"带来的各种"侮名"和刺痛。这种"窘境"，既需要全社会的关注，也需要主管部门的关注，更需要学生家长的关注。不然，不该有的"校闹"会让教师"缩手缩脚"，会让教育"心惊胆战"。

教育的作用是有限的，教育只是遏制人性中"恶"的因素而无法发挥作用，同时，教育也在滋养人性中"善"的因素不断开花结果。因此，教育不是万能的，但离开教育又是万万不能的。

习近平总书记在全国教育大会上指出："办好教育事业，家庭、学校、政府、社会都有责任。家庭是人生的第一所学校，家长是孩子的第一任老师，要给孩子讲好'人生第一课'，帮助孩子扣好人生第一粒扣子。教育、妇联等部门要统筹协调社会资源支持服务家庭教育。全社会要担负起青少年成长成才的责任。各级党委和政府要为学校办学安全托底，解决学校后顾之忧，维护老师和学校应有的尊严，保护学生生命安全。"可见，教育学生的责任不仅仅是教师和学校的责任：家庭是第一所学校，家长是第一任老师，要对孩子人生第一课、人生第一粒扣子负责；教育、妇联等部门要对家庭教育做好支持服务工作；学校的办学安全、学校的后顾之忧、教师和学校应有的尊严，各级党委和政府部门必须托底。所以，把一切责任都推给教师和学校，把板子都打在老师和学校身上，既不符合习近平新时代中国特色社会主义思想，也是对教师和学校的极大摧残。

"欲愚其民，必先辱其师；欲变其族，必先侮其教。"为着中华民族的薪火传承，为着中华民族的伟大复兴，各级党委、政府部门、全社会以及每个家庭都应该从关注和正视家教、家风、家传做起，以社会公德、职业道德、家庭美德、个人品德的名义，各司其职，各负其责，积极地、主动地去净洁和维护教育的朗朗乾坤，切实贯彻落实党的十九届五中全会提出的"健全学校家庭社会协同育人机制"要求。

保护教师、尊重教师，保护学校、尊重学校，保护教育、尊重教育，就是保护和尊重我们的民族及其未来。

（2021 年 1 月 10 日）

新文科的"新"最应是新时代的"新"

最近,学校在开展新文科建设大讨论,目的是要全体教师弄清楚新文科的"新"究竟是什么。同时,也聆听了不少专家学者的高见,总的观点是:新文科的"新",不仅仅是新旧的"新",也不仅仅是新老的"新",还是创新的"新"。其实,他们说对了四分之三,还有四分之一,那就是新文科的"新",更应该是新时代的"新"。拙见如下:

第一,由新变旧、由新变老,属于大自然进化规律,用不着人特意为之,时间就能做到一切。所以,由新变旧、由新变老,从来就不需要任何人采取任何行为去为其操心和付出。相反,任何人会采取任何行为去拖延、放缓甚至阻止、遏制由新变旧、由新变老。显然,因新文科的"新"还没有确立和发育起来,尚无法与由新变旧的"新"、由新变老的"新"放在一起讨论。

第二,由旧变新、由老变新,绝大部分情况是逆自然规律,除非是"野火烧不尽,春风吹又生"的草木类属,其他基本上都得靠人特意为之。任何事物,旧到一定程度,老到一定程度,要么腐朽,要么消失,但要想变"新",只能靠外力助推之,这与"扫帚不到,灰尘照例不会自己跑掉"是一个道理。当然,有些事物由旧变新、由老变新,也是时间的问题,属于自然轮回现象,无须特意为之。因此,这里讨论的新文科的"新",与由旧变新的"新"、由老变新的"新",仿佛沾点边儿,但仿佛又不是一回事。

第三,创新变革从来都是事物发展的第一动力,需要不停地去创新,去变革。创新,自古迄今,无处不在,无时不有,它仿佛与时间、时代不具有天然的、必然的联系,不是说昨天创新了,今天就不需要创新了;也不是说昨天不需要创新,今天才需要创新,将来更需要创新,不是这个样子的。但是,创新不一定成功,变革不一定顺畅,这都没有关系,创新变革就是失败了也无所谓,最起码能为下一步创新成功提供经验、教训，正所谓：失败是成功之母。所以，创新，仅仅是"新文科"的"新"的自然或天然属性，是"新文科"的"新"的内在要求，而不是其本身。

第四，新时代是我们当下所处的时代，这个时代是百年未有之大变局的时代，一切都在变。我们的高等教育，无论是人才培养体系，还是人才培养模式，或是人才培养理念、课程设置，等等，还深受"旧时代""苏联模式"或"欧美模式"的影响。如今的"新时代"，党和人民的事业正处于新的历史方位和新的发展阶段，是需要建构中国模式、中国气派、中国力量的时代，需要有中国设计、中国方案、中国智慧作为强力支撑。所以，新文科与新工科、新农科、新医科一道，就要打破"旧时代"高等教育的"传统"，确立新时代中国高等教育的"专属"。

综上所述，新文科的"新"，最应该是新时代的"新"，包括新时代的新特征、新时代的新使命、新时代的新要求、新时代的新内涵，其目的是向世界回答好和诠释好中华民族伟大复兴进程中所提出的新理念、新思想、新观点和新论断，进一步彰显中国人民的道路自信、理论自信、制度自信和文化自信。

（2021年5月17日）

大学到底办给谁看

大学要以学生成长成才为中心，大学要办令人民满意的教育，大学的根本任务是立德树人，大学培养的是德智体美劳全面发展的社会主义建设者和接班人。

大学要为党育人，大学要为国育才，育的这个"人"是学生，育的这个"才"仍然是学生。

可见，大学一切工作的出发点和落脚点都是人才培养。所以，大学要办给学生看，大学要办给家长看，大学要办给人民看，大学要办给党和国家看。大学不仅仅是办给上级部门看，大学更不仅仅是办给上级领导看。因为，无论是上级部门还是上级领导，抑或是党和国家，其大学观也都是要办人民的大学，办令人民满意的教育。

假如，大学的各层管理者，不顾师生满不满意、高不高兴、赞不赞成，以一己的认知偏好，以不端正的政绩观，任何工作始终以能让上级部门看见为中心，一切以能让上级部门赞扬、表彰为目标，进而好大喜功，急功近利，不惜乱作为、胡作为，不惜违背大学办学规律，让大学不安静、不安分，其结果，累的是教师，苦的是学生，大学就会失却初心和本分。

坚持以人民为中心，是习近平新时代中国特色社会主义思想的重要内容。人民立场是中国共产党的根本政治立场。坚持以人民为中心，以实现好、维护好、发展好最广大人民根本利益为标准，强调把人民摆在心中最高位置，让改革发展成果更多更公平惠及全体人民，永远把人民对美好生活的向往作为奋斗目标。

中共中央党校科学社会主义教研部主任、教授曹普概括：坚持以人民为中心，一要人民至上，"始终把人民放在心中最高位置"；二要人民主体，"依靠人民创造历史伟业"；三要人民共享，"朝着实现全体人民共同富裕不断迈进"；四要人民评判，党的"执政成效"只能由人民"说了算"；五要"人心就是力量"，坚持群众路线，永葆"最大政治优势"。

习近平总书记在甘肃考察时发表重要讲话："党的一切工作都是为老百姓利益着想，让老百姓幸福就是党的事业。""金杯银杯不如群众口碑，群众说好才是真的好。"习近平总书记饱含着对人民群众的深情与关爱。

因此，大学的各层管理者，践行以人民为中心的价值理想，就是：一切为了学生，为了一切学生，为了学生的一切。这才是真正的大学，这才是真正的教育！

大学的各层管理者，如果以自己的工作没有得到上级部门的批评、通报而沾沾自喜，以能够得到上级部门的赞扬、表彰而自夸摆好，全然不顾师生员工的感受和口碑，那就是大学发展观、办学政绩观的偏差。

一篇文章说："领导力的底线不在于自己能够走多远，而在于能够让别人走多远。要做到这一点，领导者就要服务他人，提升他人的价值。"

所以，大学要始终站在师生的立场上想问题、作决策、干事情，从师生最急最盼的事情干起，从师生最不满意的地方改起，让每一位生活在校园里的师生员工更加体面，更感自豪，更有获得感、幸福感和安全感。否则，就是大学的斯文扫地！

（2022年4月1日）

第二章 教育行思

我们都遵循和倡导了什么

十余年前,学校就有成立人文与传播学院的动议。然而,由于种种原因,迟迟未果。2015年8月2日,人文学科教师终于实现了所盼所愿,他们终于有了名正言顺的归属,他们为此欢欣鼓舞,激动不已!一位人文与传播学院成立两个月后就办理了退休手续的教授心有不甘地说:"人文与传播学院我盼了十年,盼来盼去,盼到了我退休!"言语表情,令人心酸。所以,如何办好人文与传播学院,如何不辜负教师的期望,是我们要认真面对的现实考验。

为此,我们不忘初心,砥砺前行,围绕"人文"这一主题,遵循和倡导了一些做人、做事的基本理念、基本准则、基本价值和基本方法。

1. 秉持行为理念

理念具有理想性和引领性,决定工作的走向。人文与传播学院弘扬的是人文精神,培育的是人文情怀,提升的是人文素养,传承的是民族文化,所有工作就必须围绕"人文"来开展。我们的校训是"惟平惟准、近知近仁",校风是"敬业、诚信、求是、创新"。在校训、校风的大框架下,如何用凝练的文字把人文与传播学院的价值理念表达出来,用以引领我们的行为?清华大学国学研究专家陈来教授写有一部《中华文明的核心价值》,其中提到中国文化的基本价值:"崇仁贵和,尚德利群。"我们认为,这八个字既与我们的校训、校风相应,又与我们的人文、传播相符。所以,我们运用"拿来主义",把"崇仁贵和,尚德利群"作为人文与传播学院的行为理念。在这一理念指导下,全院上下无论是思想意识、言行举止、职业操守,还是课程建设、专业建设、学科建设,抑或课题申报、教改立项、奖项评选等各个方面,不仅要讲仁、讲和、讲德,还要"利群",以此全方位提升教职工的组织意识、集体意识、团队意识、规则意识,以此加强人文与传播学院的凝聚力、向心力建设,努力摒弃"文人相轻"

习性,营造清新儒雅、和谐顺畅、合作共赢的工作氛围。

2. 注重文化建设

大学即是文化,文化即是大学,作为一所大学中的人文与传播学院更要有文化,而且她的文化一定要高品位。所以,我们要用心培育人文与传播学院的文化,并使之成为体系,这个体系包括:韵美的物态文化、优质的教学文化、理性的学术文化、规范的制度文化、儒雅的行为文化、清新的环境文化、鲜明的特色文化、高尚的精神文化、平和的心态文化。用文化凝聚力量,用文化引领方向,用文化推动发展,用文化塑造形象。其中,最为突出的就是要以新的教育教学理念为指导,遵循教育教学规律,大力推进符合自身特点的教学文化建设,把和谐、生态、秩序、规范、团队、特色、定位、目标、质量等理念融入教学文化建设中去。

3. 崇尚学术之风

蔡元培有言:"大学者,研究高深学问者也","大学生当以研究学术为天职,不当以大学为升官发财之阶梯"。大学文化尽管有多种形态,学术文化应该成为主流,而不是"关系文化""权术文化"占据主导。这里的"学术"是广义的概念,与心术、权术相对,指的是"学之术",即教学之术、学问之术、学习之术、学术之术。大学人有思想、有文化、有知识、有素质,是觉悟性、达理性都很高的群体,尤其是人文类专业师生,都有着经过长期专业训练的人文素养和人文情怀,更应该是一个高度自觉、高度理性的"学之术"团队。所以,在日常工作、学习中,人文与传播学院上下应当秉持"以学术为美、以学术为崇高"之涵养,坚守"四讲四不讲",即:讲学术不讲心术,讲学派不讲帮派,讲学位不讲官位,讲学道不讲权道。

4. 不忘教育之本分

教学是大学的中心工作,人才培养是大学的神圣使命,没有教学,没有人才培养,也就没有大学的存在,只有教学和人才培养才是大学的逻辑起点和终点,这就是大学的本分。所以,增强办学实力,提高教学质量,是人文与传播学院的首要任务。必须始终把人才培养放在首位,不盲目扩张专业和招生规模,坚定不移地走精细化培养之路,集中人力、物力、财力,拿出每一位教师的看家本领,精心培育好前来求学的莘莘学子,让他们享受应该享受的教育资源,让他们得到应该得到的知识熏陶,这是我们的良知,也是我们的本分。人文与传播学院的师资队伍年轻，科研实力不强，如果教学也技不如人，不仅对不起学生、对不起学校，恐怕连自己也对不起。所以，要高度重视教师尤其是青年教师教学能力和水平的提高，在教学上要坚守这样的信念："不抓教学就是对教学行为的放任自流，不抓教学就是对学生和家长的极端不负责任；对教学要常抓，且要常抓常紧，常抓常新。抓而不紧，不如不抓；抓而不新，等于没抓。"在日常教学和管理的全过程、全环节中，要以标准第一、质量第一为原则，绝不能为了迁就学生而降低培养要求，也绝不能以降低培养要求来换取所谓的就业率。否则，枉为人文学科，也不符合人文精神！因为能不能就业是技术层面的问题，有诸多因素，失业是暂时的，没发现哪位毕业生一生没就过业，除非他（她）不正常！迁就学生而降低培养要求是品质层面的问题，是不负责任，影响是长久的，没发现哪位毕业生因为培养要求严格而就不了业，也没发现哪位毕业生因为放宽培养要求反而好就业。严格要求与就业不是一对反向"冤家"，而是一对正向"亲家"！

5. 教学科研不可偏废

教学工作是头等大事，但绝不可轻视科学研究工作。教学与科研相辅相成，互为促进，也就是说，教学需要科研，科研促进教学。教学是高校发展的生命，科研是高校发展的动力。科研使大学系统更加丰富，教学在这个更为丰富的系统中自身也得到充实。没有一定的科学研究作为支撑，教学内容就没有一定的高度、深度和广度；没有一定的教学研究作为引领，即使有科学研究成果也不会变成教学内容。所以，要想提高教学水平，科学研究与教学研究不可偏废，即既要重视学术，又要重视教学。尤其要督促和帮助青年教师养成积极主动的科研习惯，端正科研态度，讲究科研规范，丰富科研涵养，提高科研能力。但是，科学研究必须围绕教学内容来开展，即科学研究必须能促进教学，教学必须为科学研究导航。衡量科学研究促进教学的标准有三：一是科研经费、设施能否改善教学条件；二是科研成果能否转化成教学内容；三是科研课题和教师的科研工作是否有利于培养学生的创新精神和实践能力，促进学生学法的变革，提高学习效率。凡偏离教学内容的科学研究要么是业余爱好，要么是不务正业，要么是社会服务。

6. 服务学生全面系统

学生是学校存在的依据，没有学生就没有学校。高等教育大众化的今天，高校与学生之间已不仅仅是管理者与被管理者的关系,而且还更多地体现为服务的提供者与消费者之间的关系。所以,必须强化为学生服务的意识,完善服务体系。一是学业发展服务,帮助学生制订学习计划,学会自主学习、有效学习;二是心理咨询服务,帮助学生保持良好心态、健康人格;三是困难资助服务,帮助家庭困难学生完成学业;四是素质拓展服务,帮助学生发掘自身潜能,提高综合素质;五是就业指导服务,帮助学生做好就业准备,提高就业能力。

7. 培育专业特色

所谓特色,是指独具特点的、与众不同的、格外突出的、特别优胜的风格和品质,具有鲜明的差异性、特殊性、独有性、显著性和优越性。没有特色就没有优势,没有优势就没有水平。有特色就有发展,有特色就有实力,进而产生强大的生命力。特色不仅影响办学定位的固化,而且还决定人才培养质量的高低。在充分考虑学生成长、社会需求的基础上,人文与传播学院要立足"应用型",凸显"特色化",追求"高水平",努力彰显专业特色,突出人才特色,凝练研究特色:在专业特色上,紧紧依靠学校经济管理类办学母体,将广告学专业打造为广告创意策划与管理方向,编辑出版学专业打造为新媒体与财经传播方向,汉语言文学专业打造为商务文秘方向,坚定不移地走差异化发展道路;在人才特色上,结合人文传播类专业属性,着力培养学生"六大核心能力"——认知能力、批判能力、审美能力、表达能力、创造能力、教化能力,使所培养的学生能够得到社会的认可与推崇;在研究特色上,与专业特色相匹配,编辑出版学专业以融媒体与区域传播为研究特色,广告学专业以企业形象与品牌传播为研究特色,汉语言文学专业以中华商务文化及文化传播为研究特色,以此形成研究优势,给专业以有力的学术支撑。

8. 助力青年教师成长

人文与传播学院40岁以下青年博士教师占教师总数的三分之一还多,他们有朝气,有活力,有后劲,表现出了很好的发展势头,他们是人文与传播学院的"塔尖",他们的能量代表人文与传播学院的能量,他们的水准代表人文与传播学院的水准。所以,对他们的成长必须给予高度的关注。除了在日常教学、科研工作中对他们予以扶持、督促、加压外,还要为他们搭建施展才华的平台。为此,我们在人文讲堂下开设青年博士论坛,组织他们围绕专业特长和研究方向,面向全体学生举办学术报告。学术报告以讲人文、讲人生,给大学生以思想、以学术、以智慧、以信心为宗旨,坚持"五项原则":(1)可以借鉴,但必须自成体系;(2)可以引用,但必须标注来源;(3)可以思考,但必须正面引导;(4)可以批判,但必须符合主流;(5)可以新颖,但必须遵守规范。通过青年博士论坛,达到"五个目的":(1)增加青年博士的出镜率;(2)提高青年博士的知名度;(3)锻炼青年博士的学术力;(4)发挥青年博士的骨干作用;(5)缩短青年博士的成长期。同时,通过青年博士论坛,让青年学生感受青年博士的风采与魅力,激发青年学生学习的热情与动力,帮助青年学生树立正确的世界观、人生观和价值观。

9. **弱化行政权力**

大学不是党政机构,也不是公司集团。教师是大学这座精神家园的建设者和守护者,他们工作在这里,生活在这里,繁衍生息在这里。每迎来一批学子,他们便诞生一种新的希望;每送别一届学子,他们便增添一缕新的白发。年复一年,日复一日,他们默默耕耘,无怨无悔,有的由青年走向中年,有的由中年走向老年。没有他们,就没有莘莘学子的健康成长;没有他们,就没有大学的薪火传承。他们是大学的中坚,他们是大学的核心,他们才是大学真正的主人,只有这样,大学才能称得上为大学,这是大学使命所要求的质的规定性。所以,人文与传播学院高度重视健全教学和学术组织,保障教学指导委员会和学术委员会按章程开展教学和学术活动。党政负责人皆不在其中担任主任、副主任或委员职务,只为教学、学术组织提供政治引导、思想保障、政策支撑和议事服务。凡事关教学、科研等重大事项,交由教学指导委员会、学术委员会研究议定,充分保障教师在治教、治学中的话语权和决策权,在二级学院力所能及的范围内,最大限度地弱化行政干预和行政权力。

10. **重视制度的正向约束**

邓小平指出:"制度好可以使坏人无法任意横行,制度不好可以使好人无法充分做好事,甚至会走向反面。"还有人讲:"制度是国家的良知,规则是群体的智商。……人的天性是相同的,入尧舜之国则为尧舜,入桀纣之国则为桀纣,能够于逆流之中保持自身高洁情操的,是稀有物种。"我们必须得有制度,得有好制度,得有完备的制度。在学校已有规章制度的基础上,人文与传播学院陆续出台了一些实施办法,但日常教学工作中仍有不少漏洞,致使个别教师在某些教学环节上率性而为。所以,我们不断地健全和完善规章制度,严格教学程序，规范教学行为。这些规章制度，尽量做到"七个体现"：一是体现教师教书育人的作用，做到全员育人、全过程育人、全方位育人；二是体现尊重教师，尊重教师的知识、劳动、创造和成果；三是体现关爱学生，为学生负责，为家长负责；四是体现教师是办学主体，人才培养是中心任务；五是体现对教研室主任的尊重和地位的维护，不能让他们既为难又担责；六是体现对教师治教、教师治学方式的探索；七是体现公平公正，规避教学行为的"偏向"。

11. 旗帜鲜明地捍卫规则

尊重和遵守规则是一种教养、一种风度、一种文化、一个现代人必需的品格。没有这样一种品格，人将无法在社会中生存。不遵守规则，失掉的将是人的信誉。人文人都经过长期人文专业或学科训练，从事的又都是人文专业或学科的教学与研究，都应该是温文尔雅、文质彬彬的君子，担负着"化成天下"的使命，而要"化成天下"，自己则必须首先做到尊重规则、遵守规则。尤其是为人师表、言传身教、教书育人的教师，任何人都得按照规则行事，都得在规则许可的框架内开展工作，除学术研究可以另辟蹊径、挑战权威外，日常教学行为不能凭自己的性子和意愿，想干什么就干什么，想怎么干就怎么干，不是"戏弄"规则，就是"挑战"规则。为此，我们要旗帜鲜明地坚持"四让四不让"原则："四让"——让担当付出的人不吃亏、让用心干事的人不吃亏、让踏实本分的人不吃亏、让遵守规则的人不吃亏；"四不让"——不让投机取巧的人占便宜、不让我行我素的人占便宜、不让无事生非的人占便宜、不让挑战规则的人占便宜。

12. 做好组织中人

人文与传播学院是一级组织，任何公开的言行，都要有利于组织朝向的一致性，有利于组织内各方力量的团结，有利于自己在组织中形象的确立。做好组织中人，是每个人应尽的本分。（1）为人要中和。看问题要不偏不倚，客观公正，不能总是不平静，不平衡，不安分，不忠厚，不和善。（2）处事要大气。要有海纳百川、胸怀日月、笑看世界的气概，从容大方、自然天成、胸有成竹的气量，成熟宽厚、宁静和谐、舍我其谁的气度。（3）心胸要坦荡。人与人、人与组织之间必须光明正大，不能搞阴谋诡计，不能当面一套、背后一套。不可挖坑埋人，不可设局套人，不可有隐私暧昧不可告人之处。（4）思想要合流。所干的事情，所持的观点，所说的话语，事事处处、方方面面都要与组织设定、组织目标、组织要求保持在一个"频道"上，心往一处想，劲往一处使，不能有任何偏离组织的杂音、噪音、反音。(5)行为要有效。无论干什么，或者怎么干，都要有成效；没有成效，或没有达到设定的目标，没有按照设定的要求行事，任何忙忙碌碌都是徒劳无益的。

13. 管理者践行"十讲"

人文与传播学院所有管理人员都要做到"十讲"：(1)讲学习。学理论、学先进、学经典，向书本学、向师生学、向对方学。(2)讲团结。带头珍惜好在一起共事的荣耀和缘分，带头团结好来自四面八方的师生员工。(3)讲正气。努力使自己成为大家喜欢的那个充满正能量的人。(4)讲规矩。心无旁骛地严守规矩，一言一行都要以规矩来约束，以规矩来衡量。(5)讲民主。严格遵守党的民主集中制原则，贯彻好党政联席会议制度。(6)讲理性。考虑问题要符合逻辑，处理事情不冲动，不凭直觉。(7)讲科学。凡事要实事求是和公允合理，不能有脱离现实的纯思维的空想。(8)讲规范。一事一物，任何工作，都不能随性而为，马虎应付，要符合规定的标准。(9)讲奉献。时刻牢记教师的主体地位，为教师服好务、做好事。(10)讲担当。对组织负责、对岗位负责、对教师负责、对自己负责，精心谋事、潜心干事、专心做事，不扯皮、不推诿、不计较、不埋怨。

14. 教师常持"十问"

曾子有云："吾日三省吾身。为人谋而不忠乎？与朋友交而不信乎？传不习乎？"我们的先贤尚且如此，今天的教师更应该扪心自问：(1)我有没有放任自流自甘平庸而愧对"人师"这个称号？(2)我有没有经过充分的积累而胜任讲好每门课程的能力和水平？(3)我有没有能融入主流群体并为之增加正能量的人格和品行？(4)我有没有关心团队的发展并在其中发挥应有的作用？(5)我有没有理解组织的工作意图和核心价值并为之付诸实践？(6)我有没有甘于担当并为他人付出的愿望与精神？(7)我有没有以自我为中心而侵害或妨碍他人权益的言行？(8)我有没有在自身与他人价值发生冲突时客观公正换位思考的习惯？(9)我有没有足够的学识用以指导学生的学术活动或创意设计？(10)我有没有锐意进取并提升自我的规划和行动？如果我们的教师能时时刻刻以上述"十问"自省，他就会成为一名道德高尚、学识渊博、值得尊重的教师！

15. 学生恪守"十戒"

荀子有云:"不登高山,不知天之高也;不临深溪,不知地之厚也;不闻先王之遗言,不知学问之大也。"所以,"学不可以已"。大学生正处人生成长期,必须立志高远,修身增智。一戒沉溺玩娱,荒芜正业,虚度青春光华;二戒无视律纪,罔闻诲教,游戏知识殿堂;三戒心浮气躁,好高骛远,不屑脚踏实地;四戒目光短浅,胸无大志,舍弃美好前程;五戒索然寡居,形单影只,远离朋辈群体;六戒失信违约,不守诺言,毁誉人格品行;七戒自私自利,损人益己,伤害同窗情谊;八戒贪逸享乐,不念艰辛,挥霍双亲血汗;九戒忤逆尊长,心无感恩,背离人伦天理;十戒志趣低俗,败风伤雅,辱没诗书礼仪。如果我们的学子都能时时以这"十戒"告诫自己,规劝自己,他就能成为一个高尚的人,一个纯粹的人,一个有道德的人,一个脱离了低级趣味的人,一个有益于人民的人。

16. 不能触碰"三条底线"

我们的大学是中国共产党领导的大学,是中国特色社会主义大学,培养的是社会主义事业建设者和接班人。这是不容置疑、不容含糊的政治指向。横在我们教师面前有三条底线:一是政治底线,二是法律底线,三是道德底线。我们常说:"学术研究无禁区,课堂讲授有纪律。"这个纪律,就是这三条底线。作为一名站在社会主义大学讲台上的教师,必须坚守这些底线,决不可越雷池一步。否则,谁也无法保证你的教师职业生涯会顺利地延续下去。尽管"学术研究无禁区",但每一家学术期刊都受国家法律法规的制约,办刊坚守的首要标准就是政治标准,否则,轻则停刊整顿,重则吊销刊号。尽管你的研究可以无禁区,但人家的期刊可是有禁忌;尽管你的研究成果很前沿、很犀利,但是人家绝不可能拿期刊的"身家性命"开玩笑。所以,教学也好,研究也好,一定要符合最基本的政治、法律、道德规范。

17. 要有使命担当

人文与传播学院是基于专业布局调整、人文素质教育、大学文化建设的考虑而诞生的,就要肩负起应有的使命:一是肩负所设专业——汉语言文学、编辑出版学和广告学人才培养使命,为社会输送合格的应用型人才;二是肩负面向全校各专业开展人文通识教育使命,全面提升大学生的人文素养、人文情怀和人文精神;三是肩负大学文化建设使命,为学校有特色开放式高水平工商大学建设贡献才智。

18. 维护和谐与共的"人文"风尚

人文与传播学院弘扬的是人文精神，培育的是人文情怀，提升的是人文素养，传承的是优秀文化，所有行为都必须经得起"人文"的考量。过去的时间里，人文与传播学院的全体管理人员，表现出了高度的人文情怀，为教师提供了周全而又细致的服务，他们的工作应该而且已经得到了全体教师的赞誉；全体教师表现出了高度的人文素养，对管理人员给予了真诚而又充分的信任，他们的境界应该而且已经得到了全体管理人员的敬佩。由此，管理人员和全体教师双向互动，彼此尊重、彼此关爱、彼此包容、彼此和善、彼此鼓励，初步形成了与人文与传播学院之名相符的人文精神之实，提升了全体教职工的归属感。这是人文与传播学院全体教职工用心经营、孜孜以求的结果，但仍然脆若薄冰，弱不禁风，还没有形成坚如磐石、百毒不侵的局面。所以，我们要时时珍惜、处处呵护、人人捍卫这种来之不易的人文风尚，容不得任何形式、任何行为的侵蚀与伤害！这是绝大部分人文人的共同意愿！

上述种种，有些是我们的所为，有些是我们的所愿，有些是我们的所想，有些是我们的所盼。不管哪种，只要我们的职责能够触碰得到，我们都会坚持不懈。这其中，有些是过程，永远在路上；有些是氛围，永远在营造；有些是理念，永远要秉持；有些是戒律，永远要遵守！所以，我们所遵循和倡导的这些主张，没有时段，没有止境！

（2016年9月17日）

教学与科研：揣着明白装糊涂的三个观点

作为一所大学，教学工作永远处于中心地位，人才培养永远是中心环节。这是教育界从教育部部长到普通教师天天喊、月月喊、年年喊的口号，无人不知无人不晓！

然而，事实并非如此，教学与科研倒挂或者说重科研轻教学的现象存在于各级各类高等学校。虽然人们天天诟病，月月诋毁，年年喊打，但就是没有大的改观！

原因何在？就是从主管部门到高等学校的管理者们"揣着明白装糊涂"，背弃了自己原本就主张的处理好教学与科研之间关系的三个观点。

第一个观点：教学工作的中心地位体现在哪里？

高等学校的中心任务是培养人才，人才培养的中心环节是教学，因此，教学始终是学校的中心。学校教学中心地位的确立不是一句空话，它有实际的含义，也有可以考察的内容：

（1）党政领导是否重视教学工作，经常研究教学工作，并能深入教学第一线进行调查研究，解决教学工作中的问题；

（2）是否正确处理人才培养、教学工作与其他工作的关系；

（3）对教学的经费投入是否处于优先地位，并是否有稳定的来源；

（4）各职能部门是否都能围绕育人进行工作，并是否能主动为教学服务；

（5）学校的各项政策和规定是否都能体现对教学的重视；

（6）在对教师的考核中，是否实行教学质量考核一票否决制；

（7）育人工作是否已成为学校的舆论中心等。

上述内容可不是普通的人们所持有的观点，而是《教育部本科教学工作合格评估指标解读》明确规定的内容，在日常工作中，被"明白人"实实在在地给忽略没了！

按照这个解读理解，人们完全可以说：学校的一切工作都要围绕教学来开展，如果不是这样，"中心"意义何在？所以，大学如果不抓教学，就是对教学行为的放任自流；不抓教学，就是对学生和家长的极端不负责任。教学不仅要常抓不懈，还要常抓常紧，常抓常新；抓而不紧不如不抓，抓而不新等于没抓。同时，大学还要树立这样的理念，即要集中人力、物力、财力，拿出每一位教师的看家本领，精心培育好前来求学的莘莘学子，让他们享受应该享受的教育资源，让他们得到应该得到的知识熏陶，这是大学的良知，也是大学的王道。

第二个观点：科学研究如何促进教学？

对于以教书育人为主业的教师而言，科学研究必须围绕教学内容来开展，凡偏离教学内容的科学研究要么是业余爱好，要么是不务正业，即科学研究必须能促进教学，教学必须为科学研究导航。当然，以科学研究为主业或承担社会服务任务的教师则另当别论。

那么，科学研究如何促进教学？有三个衡量标准：

（1）科研经费、设施能否改善教学条件；

（2）科研成果能否转化成教学内容；

（3）科研课题和教师的科研工作是否有利于培养学生的创新精神和实践能力，促进学生学法的变革，提高学习效率。

这三个标准不是民间的学者观点，也是《教育部本科教学工作合格评估指标解读》中白纸黑字写着的内容，也被"明白人"一谈起科研，就给彻底忘记掉了！

可见，教学与科研相辅相成，互为促进，也就是说，教学需要科研，科研促进教学。教学是高校发展的生命，科研是高校发展的动力。科研使大学系统更加丰富，教学在这个更为丰富的系统中自身也得到充实。

第三个观点：如何对待学术研究和教学工作？

学术水平高是英雄，教学水平高也是英雄。从某种意义上说，学术研究更多的靠自我劳动，而教学工作更多的是为学生付出。要重奖学术成果，也要重奖教学成果。因为，高质量或高水平的教学成果，必定吸收或蕴藏着学术成果的精髓；没有一定的学术研究作为支撑，教学内容就没有一定的高度、深度和广度；没有一定的教学研究作为引领，即使有学术研究成果也不会变成教学内容。这也是稍有些高校教学和科研经历的人不可否认的事实！但一谈起"人才工程""名师工程"等等，人们便"集体失忆"，自然而然地背弃了这个逻辑！

其实，要想提高教学水平，学术研究与教学研究不可偏废，即既要重视学术，又要重视教学，要"两手抓，两手都要硬"。

以上是教育界自上而下都心知肚明的三个观点，可偏偏有人揣着明白装糊涂。

明确上述三个观点的目的，就是要确立我们的态度，即我们不能也不敢说"教学第一，科研第二"，只能说"教学工作是头等大事，但绝不能轻视科研工作"。

好在，"曙光"已经显现：2016年10月29日，教育部副部长林蕙青在2016年中国高等教育学会学术年会暨高等教育国际论坛上透露，教育部将于今年年底、明年年初颁布实施全部92个本科专业类的教学质量标准，作为本科人才培养质量的国家标准和基本要求。她同时指出，从全局看，人才培养工作正在升温，人才培养已经被高校摆在更加突出的位置，一些高校"重科研、轻教学"的倾向正在扭转，一些高校的科研优势正在转化为人才培养优势。而高校新一轮综合改革方案普遍将教师评聘奖励制度改革作为重点，重中之重是增加教学权重、引导鼓励教师把更多的精力投到教书育人上去。

我们期待回归教学与科研的正途！

（2016年11月6日）

高校就业与专业建设工作需认清和把握好的几个关系

就业率的高低和就业质量的好坏，已经成为高等学校专业生存与发展的重要标准，就业工作已被视为感情线、稳定线和生命线。所以，在高校就业与专业建设工作中，有诸多关系需要认识清楚与正确把握。

一、就业率与教学质量的关系

教育的本质是育人，不是为了就业。在我国高等教育领域，最起码从有高等教育那天起，就有教学质量的概念，而无就业率的概念，就是说，教学质量原本就不是为就业率而准备的；还可以说，提高教学质量原本就不是为了提高就业率。清华大学副校长施一公教授在一次演讲上回顾自己的经历，反思我国大学教育时曾说："就业只是一个出口，大学办好了自然会就业，怎么能以就业为目的来办大学？就业是一个经济问题，中国经济达到一定程度就会提供就业，跟大学没有直接关系。大学，尤其是研究型大学，就是培养人才的地方，是培养国家栋梁和国家领袖的地方。让学生进去后就想就业，会造成什么结果？就是大家拼命往挣钱多的领域去钻。"

所以，就业率和教学质量原本没有天然的直接的关系，不是教学质量好，就业率就一定能高。然而，从当今唯就业率"马首是瞻"的高等教育大势来看，没有一定的就业率作为保证，人才培养质量再高也等于零。

我们可以冷静地想一想，毕业生能不能就业取决于什么？至少取决于四个方面：一是从国家来说，是经济社会发展问题；二是从毕业生来说，是就业观念和就业理想问题；三是从供求来说，是专业设置饱和度问题；四是从学校来说，是办学水平和教学质量问题。所以，我们认为，就业率的高低不完全取决于教学质量的高低，教学质量与就业率不完全成正比！

既然这样，是不是抓就业率就不用抓教学质量，抓教学质量就不用抓就业率了呢？显然是不行的。因为，教学质量好，人才培养质量就好；人才培养质量好，毕业生的素质与能力就强；毕业生素质与能力强，则用人单位对毕业生评价就高，口碑就好，培养的毕业生自然就受用人单位欢迎。从这个角度讲，抓就业率，就得从抓教学质量开始，有了教学质量的保障，就业率也应该有保障，这是理论上的逻辑，没考虑经济社会的接纳水平、专业设置的饱和程度、学生就业的现实需求。

其实，抓教学质量是学校之根本，是学校之根基，是学校之命脉，无论从什么角度讲，抓教学质量是学校永恒的话题，就是没有就业率的限制，我们也得努力且不断提高教学质量，以此来增强办学实力和水平。

二、就业率与专业生存发展的关系

2014年底，山东省教育厅、山东省财政厅出台《关于改革拨款定额鼓励本科高校特色发展的意见》，并召开由山东建筑大学、齐鲁工业大学、山东科技大学、山东交通学院、山东农业大学、山东财经大学、山东工商学院、山东艺术学院、山东工艺美术学院、山东政法学院等10所试点高校参加的专题会议，启动省属本科高校拨款定额改革。

该项改革的具体做法是：根据学校发展定位和专业基础，将学校的学科专业划分为A、B、C三类。A类专业为符合学校重点发展方向和办学定位，学科专业优势明显、特色鲜明，或适应经济社会发展需求，在全省同类专业中处于优势地位，或具有硕士及以上研究生培养能力的学科专业。B类专业为学科基础较好，社会需求相对稳定，满足学校发展和人才培养需要的基本专业。C类专业为不符合学校办学特色和发展方向，不适应经济社会发展需求，在全省同类专业中办学水平较低的专业。

该项改革的核心内容是：在确保高校定额拨款规模有一定增长的前提下，加大对A类专业支持力度，省财政在其专业定额基础上，上浮一定比例核定学生定额经费；对B类专业，按其专业定额核定经费，不进行浮动；对C类专业，在其专业定额基础上，按一定比例逐步核减学生定额经费，个别专业直至不再安排。

划分 A、B、C 类专业标准表面上看都是定性的语言，但在实际操作的过程中，运用了唯一能够量化的指标——经济社会发展需求状况，而经济社会发展需求状况最直观的反映就是某一专业前 3 年的就业率。

尽管就业率与教学质量没有必然的直接联系，但上级主管部门就是要用就业率来衡量某个专业有无招生的必要性。就业率低，这个专业就失去存在的必要；这个专业不存在了，这个专业的教师就是多余的了；教师成多余的了，这个专业的教师就会很尴尬、很无助，既没有平台依托，也没有发展依靠！所以，就业率看似与专业的生存发展有关，其实更与专业教师的生存发展有关。

伴随就业观念的转变，"慢就业""不就业"等现象越来越普遍。不少 90 后年轻人告别传统的"毕业即就业"模式，成为"慢就业族""不就业族"，他们暂时选择游学、支教、在家陪父母或者创业考察，让自己有更多的时间为未来的工作状态和人生发展作出思考与选择。这就不可避免地会拉低当年的毕业生就业率尤其是正式就业率。在上级主管部门仍然用就业率作为衡量专业存废标准的前提下，做好这部分毕业生的就业促进工作，是十分必要的，也是十分艰难的。所以，教师爱学生天经地义，学生对教师也不能无情无义，所有的毕业生在规定的时间内（正式就业率统计有效期内）都签订了就业协议，就是对所学专业的贡献，就是对教师的回报。然而，这方面的工作，离不开专业教师日常的规劝与引导。因为"慢就业""不就业"并非适合所有人。抛开精神层面不说，"慢就业""不就业"需要高昂的经济和时间成本，是一种奢侈行为和"啃老"行为。这个道理，教师必须给那些涉世未深、好高骛远的年轻人讲明、讲深、讲透。

所以，为了专业的生存发展，为了教师个人职业的稳定，每位教师都要拿出自己的真本事、真性情，以强烈的危机意识、忧患意识，团结一心，积极而为，把提高毕业生就业率视为自己义不容辞的责任！

三、就业率与毕业论文的关系

不知什么时候，高校中不少人把毕业论文通过与否同就业协议签订与否挂起钩来。其实，就业问题与毕业论文问题两者在本质上没有任何关系。不能签了就业协议，就可不写毕业论文或者蒙混过关；也不能不签就业协议，毕业论文就不给通过。否则，无论哪一种行为都是不合常规、违背教育良知的"潜规则"。

但是，毕业论文是大学生涯的最后关口或闸门，可以以此来撬动就业率。怎么撬动？我们设定的办法是毕业论文答辩分为提前答辩和正常答辩两个阶段三个批次。

提前答辩第一批：5月10号之前。毕业论文已经完成，经指导老师和评阅老师审阅合格，且已签订就业协议者（含报考研究生、公务员、事业编等被录取的，下同），可申请进入第一批提前答辩。

提前答辩第二批：5月20号之前。毕业论文已经完成，经指导老师和评阅老师审阅合格，且已签订就业协议者，以及第一批提前答辩未通过者，可进入第二批提前答辩。

正常答辩批次：5月31日之前。毕业论文已经完成，经指导老师和评阅老师审阅合格者，以及提前答辩综合成绩排名后15%者（包含答辩未通过者），进入第二阶段的正常答辩。

两个阶段三个批次完成后，6月5日之前，各专业将拟评为优秀的论文、不通过的论文和本专业第二阶段正常答辩综合成绩排名后3～5位的论文，提交学院学术委员会复核，确定最终的优秀论文和不通过论文。

按照这个办法，毕业论文已经完成，且已签订就业协议的，给予提前和多个答辩机会；没有签订就业协议的留待最后只给一次答辩机会。这个办法隐含着多重激励，有正激励，也有负激励，目的是倒逼学生既要高质量完成毕业论文，又要尽早签订就业协议。这样，既有利于促进人才培养，又有利于保证必要的就业率。

对学生的要求严格是责任所在，学生的痛苦是暂时的；对学生的要求放松是失职所为，学生的痛苦是长久的。教师热爱学生，心痛学生，值得赞赏。但是，热爱学生、心痛学生绝不是溺爱学生、迁就学生。有一孩子对父母说："你不能养我一辈子，为何从小娇惯我？"同样，学生也可以对教师说："老师不能罩我一辈子，为何在大学迁就我？"所以，我们决不能为了迁就学生而降低培养要求，也决不能以降低培养要求来换取所谓的就业率。否则，什么教学水平不高，什么教学质量不好，什么教师不负责任，等等，我们会被社会数落得一文不值、斯文扫地！长此以往，就会造成办学声誉不好，专业萎缩直至被取消。如果真到了这个时候，那些走出校门的毕业生能否再回到母校？他们会怎么看待我们这些教师？我们这些教师又有何颜面面对他们？他们当面不说，背后一定会嘲笑："这些老师真有本事，怎么会把我们的专业办没了呢？"所以，我们不能心软，不能拿专业、前途和声誉当儿戏。否则，既害学生，又害教师。

怎么办？这就要求教师在日常多动嘴，多动智慧，让那些不签订就业协议的毕业生有危机感和不安全感，正如有的毕业生说的那样："论文不好好写，工作也不好好找，不抓你抓谁？"

四、就业率与专业教师的关系

在实际工作中，有的教师为了工作量和讲课酬金，只承担自己那几门课，至于这之外的学生就业问题、专业建设与发展问题等，统统不关心、不过问，专心做着见功见利的事情，至于如何教书育人、立德树人，根本不在他们考虑的范围之内；还有的教师，虽然是专业教师，但不愿意承担专业课，却热衷于开设公选课，至于本专业的教学改革、课程建设等，皆进入不了他们的视野。

那么，在专业建设上，一名普通教师可干什么、能干什么、需干什么？有8个方面的要求：

（1）敬畏讲台，深耕课堂，让每一位学生能享受到优质的教育服务。精心设计、用心负责、全心投入，努力上好自己所承担的每一堂课，不断提高教学质量和水平。就是说，通过教师的课堂教学，学生的知识得到丰富，认知得到端正，思维得到锻炼，素质得到提高，能力得到增强，人才培养的质量和水平就是高的。每一位教师的教学质量和水平高了，所在专业的整体教学质量和水平就高了，专业美誉度和社会认可度就有了保障，专业的生存与发展就有了坚实基础。

（2）用爱的教育去浸润前来求学的莘莘学子之心，让他们热爱老师，热爱教学，热爱读书。但是，爱的教育绝不是姑息迁就，更不是任其自由生长，而是严格要求，规矩其行为，让其遵守教学规则和教学纪律，高质量完成各项学业。光有教师高质量地教，而无学生高质量地学，这个教学是失败的教学；只有教师高质量地教，学生高质量地学，才是成功的教学。所以，在教学问题上，教师不能"一头热"，不仅教师要有爱的教育，学生还要有对教育的爱。

（3）做好自己的学术，学术即学之术、教学之术、学习之术、学问之术、学术之术。做学术、做好学术，谁也替代不了谁，只有自己努力，就是努力了有时还可能一无斩获（如申报课题），不努力永远没有斩获，所以，只有不停地努力、努力、再努力。如果教师的学术强了，教师所在的专业自然也会强；专业强了，教师的地位就会高，荣誉感就会强，将来无论干什么都会信心满满，得心应手。

（4）指导、帮助、督促周围的学生尽快签订就业协议，或用心指导学生考研、考公、考编等等。在提高就业率问题上，教师们要有千言万语、千方百计、千山万水、千辛万苦之功。就业率高了，就业质量好了，专业生存与发展的前景和空间就广阔了，教师的职业就更有尊严和成就感了，教书育人的使命感就会更强。

（5）每一位教师对自己所从事专业的人才培养目标、培养要求、课程设置、修读事项、教学安排等要烂熟于心，尤其对专业特色（知识教育）、人才特色（能力培养）、文化特色（素质教育）、研究特色（学术支撑）能够信手拈来。一名专业教师如若连自己所从事专业人才培养的基本理念和原则都不掌握，在课堂上再怎么口吐莲花、妙语解颐，也是失职，也是不负责任。所以，每一位教师都应通过自己的课上课下，以自己的言行和各种渠道、方式安定学生的专业思想，让学生尽快喜欢上自己所学的专业，尽快对专业有归属感。据统计，目前8个学生就有1个转专业的要求，且转专业的门槛很低。在这种情况下，这头费尽心思争取来的招生计划，那头因为教师没有做好自己该做的专业教育工作，而使学生们转走，这种"不聚力"的现象一定要引起每个教师的警觉。一般情况下，从教研室主任到院长、从辅导员到党总支书记，都会积极努力地安定学生的专业思想，也更加希望每一位教师一心一意地做好自己该做的工作，因为，专业教师的言行很重要，他们的一举一动都在影响着学生，左右着学生。

（6）积极参加教研室和专业建设活动，如人才培养方案讨论会、新生专业教育会、毕业论文答辩会等。教师不能家庭和教室"两点一线"，除了自己的家庭、课程以外，什么教研室建设、专业建设、学院建设，都与己无关，不闻不问。这种不在同一轨道上的"外星人"行为，是不值得赞赏的。另外，在参与学院的各项工作中，要以向上、向善、向好、向和为出发点，做到正念、正见、正语、正行，对那些不在一个频道上的噪音、杂音、反音，也是坚决反对的。

（7）指导好学生的"双创计划项目"，包括学科或专业竞赛，这是教师的责任和义务。创新创业教育是现代教育的重要组成部分，也是专业建设的重要组成部分，是衡量专业水平的重要指标。所谓"双创计划项目"，就是国家大学生创新创业训练计划项目，也称"国创计划项目"，面向所有的专业，没有实用性和非实用性专业之分。在"双创计划项目"问题上，学生不懂，是因为教师没有讲清楚；学生没有积极性，是因为教师没有组织推动。我们的汉语言文学专业是商务文秘方向，广告学专业是广告创意策划与管理方向，编辑出版学专业是新媒体与财经传播方向，按照我们的人才培养目标和培养方案，这3个专业在"双创计划项目"上，完全可以大有作为，就看教师有没有积极性和责任心，就看教师有没有能力和水平。"双创计划项目"完全可以与课堂教学、专业实习、学年论文、毕业论文、社会实践等第一课堂、第二课堂结合起来。我们从大学一年级开始就实行导师制，对学生的思想、心理、生活、能力、素质、学业、考研、毕业论文、就业等实行全过程、全方位、全环节指导和引领。指导学生开展"双创计划项目"、学科或专业竞赛，是导师制不可或缺的内容。所以，导师应该切实担负起自己的职责，让"导师"这个角色鲜活、生动起来。

（8）如果以上7个方面自己该干而又不愿意干，那么还有第8个方面的工作，有些教师不妨也考虑考虑，就是离开现有的专业教学岗位，离开所在学院，去那些自己愿意干的岗位上工作，腾出编制，方便再引进新鲜血液。一个人既不能自己好好干活，也不让别人好好干活，这叫损人不利己，这样的人是累赘、是多余、是负担、是惰性、是负能量，没有一点儿积极意义。当然，此话有些糙，但真心希望每一个人都珍惜缘分，任何人都不要掉队，一个人都不能少，以"我的专业我负责"为担当，劲往一起使，力往一起出，大家共同努力，把专业建设好、发展好！

以上8个方面，对于一名普通教师而言，并无过分之要求，都是些再本分不过的事儿，仅此而已！

五、就业率与管理人员的关系

每一所大学的专业性学院都由两部分人构成：一是专业教师，一是管理人员。他们的任务是共同建设好、发展好所设专业，培养合格人才。怎么叫建设好、发展好？一是教学质量好，二是就业率高。但是，前者为虚，可说不可示，唯有就业率，具体、实在、可量化，所以，就业率就成为衡量专业水平高低的一项首选指标。

那么，就业率的高低与谁有关，是否就是管理人员？每一位教师都应该想想，如果没有所设专业，这些管理人员在哪里？在干什么？说句不负责任的话，有没有这些专业，原本与这些管理人员关系不大。那么，各位专业教师呢？因为有了这个专业，教师才来到这所学校工作和生活。所以，专业有没有，与教师能不能在这里教书、生活关系极大。然而，无论是专业教师还是管理人员，毕竟因为这些专业而走到了一起。既然如此，身处其中的每一个人都得为专业负责，为专业着想，且只能一心一意，绝不能三心二意。

所以，管理人员要有使命感、责任感，积极努力地建设专业、发展专业，每一名专业教师更加有义务、有责任建设专业、发展专业，与管理人员同心同德，一起抓学生就业工作，共同提高就业率。坚决反对两种倾向：一种是管理人员在努力促就业，专业教师则袖手旁观，无动于衷；一种是管理人员在苦口婆心督促学生抓紧时间签订就业协议，专业教师则不配合此项工作，以不同的方式有意无意地瓦解管理人员的工作效力。

总而言之，在就业率问题上，高等学校中的每一个人，无论是校长还是教师，都必须认真面对！

（2017年11月1日）

文化自信：高校中国传统文化课教育教学的责任与使命
——基于习近平关于中华优秀传统文化的重要论述

引子

1. 山东，不是"文化山东"，而是"好客山东"

山东是中国传统文化的代表之一——儒家文化的发祥地。

自2008年开始，山东推出了所谓高度概括山东文化，凝练出现代旅游品牌形象的"好客山东"标识。网上一篇《活着从山东回来是一件值得庆幸的事》，形象描述了作者亲身经历的山东酒桌文化。外地人来山东，才知道山东人是多么地好客，热情洋溢；山东人到外地，才懂得"好客山东"是多么地贴切，生动逼真。

我们一直在思考：山东，作为孔孟之乡，作为儒家文化的发祥地，为什么不能打出"文化山东"这样内涵式的品牌，反而喊出了"好客山东"这样外延式的口号？

2. 文化教育，不仅仅是文化样式，更是文化思想

中华优秀传统文化是中华民族的基因，植根于中国人的内心，潜移默化地影响着中国人的思想方式和行为方式。加强高校中华优秀传统文化教育教学，不仅能够帮助大学生深入认识和了解我国传统文化的博大精深，还能够帮助他们在优秀传统文化的深厚浸润中学会做人做事，学会成人成才，担负起弘扬中华优秀传统文化和推动社会发展进步的重任。

但是，目前高校开展的中国传统文化教育教学，重知识讲授、轻思想阐释的现象还比较普遍，只开设文化样式的知识介绍课，而忽视传统思想文化课。

文化样式五彩缤纷，变化多端，如只满足于文化的样式，而无视文化的思想内核，就会如"集市戏剧"一样，热闹劲一过，只留下空虚和荒凉。

中国传统文化走进大学课堂，绝不仅仅是知识的记忆或技能的传授，也不仅仅是兴趣爱好的满足。中国传统文化课应该成为大学生世界观、人生观和价值观养成之肥沃土壤，成为大学生人生发展的、根植于民族之魂的内在动力。所以，有别于小学、初中和高中阶段，高校中国传统文化教育教学应依赖于中国传统文化之经典与思想，即经典与思想才是高校中国传统文化课教育教学的核心。

一、文化育人：中国传统文化课的定位

近30年来，我国出现了值得关注的重大文化现象，即从20世纪80年代的传统文化热，到21世纪初兴起并持续到现在的国学热，它产生了积极而又深远的影响。这一文化现象有其直接的现实背景，主要是中国的改革开放取得了巨大成就，人民实现了经济富足。随着经济的发展，生活水平的提高，人们便有了精神层面——文化的需求。在经过激烈的中西方价值观碰撞、理性的中西方文化比较之后，我们才真切地感觉到，中华优秀传统文化才是中华民族的"根"和"魂"。

1. 自党的十七届六中全会以来，中华优秀传统文化的传承发展越来越受到党和国家的重视

我国是文明古国，虽然拥有深厚的文化底蕴和丰富的文化资源，但还不算文化强国。

2011年10月15日至18日，党的十七届六中全会审议通过了《中共中央关于深化文化体制改革、推动社会主义文化大发展大繁荣若干重大问题的决定》。全会指出，中国共产党从成立之日起，就既是中华优秀传统文化的忠实传承者和弘扬者，又是中国先进文化的积极倡导者和发展者，不断以思想文化新觉醒、理论创造新成果、文化建设新成就推动党和人民事业向前发展。全会提出，要以满足人民精神文化需求为出发点和落脚点，发展面向现代化、面向世界、面向未来的，民族的科学的大众的社会主义文化，培养高度的文化自觉和文化自信，提高全民族文明素质，增强国家文化软实力，弘扬中华文化，努力建设社会主义文化强国。

这是自 2007 年党的十七大以来，我们党首次将"文化命题"作为中央全会的议题，也是继 1996 年十四届六中全会讨论思想道德和文化建设问题之后，中央决策层再一次集中探讨文化课题，是一种着眼于整体的战略部署，具有重大政治意义。

进入 21 世纪，文化领域面临的形势有"四个更加"：世界各种思想文化交流交融交锋更加频繁，文化在综合国力竞争中的地位和作用更加凸显，维护国家文化安全任务更加艰巨，增强国家文化软实力、中华文化国际影响力要求更加紧迫。从一定意义上说，谁占据了文化发展制高点，谁拥有了强大文化软实力，谁就能够在激烈的国际竞争中赢得主动。在这样的形势下，我们必须大力弘扬中华优秀传统文化，大力发展社会主义先进文化，不断扩大中华文化国际影响力，形成与我国国际地位相称的文化软实力，牢牢掌握思想文化领域国际斗争主动权，切实维护国家文化安全。

党的十八大以来，以习近平同志为核心的党中央"高度重视中华优秀传统文化的传承发展，始终从中华民族最深沉精神追求的深度看待优秀传统文化，从国家战略资源的高度继承优秀传统文化，从推动中华民族现代化进程的角度创新发展优秀传统文化，使之成为实现'两个一百年'奋斗目标和中华民族伟大复兴中国梦的根本性力量"。这为新时代加强中华优秀传统文化教育指明了方向，提供了强大动力。

2.《完善中华优秀传统文化教育指导纲要》提出有条件的高校统一开设中华优秀传统文化必修课，培养社会主义事业建设者和接班人

2014 年 3 月，教育部印发了《完善中华优秀传统文化教育指导纲要》，从以天下兴亡、匹夫有责为重点的家国情怀教育，以仁爱共济、立己达人为重点的社会关爱教育，以正心笃志、崇德弘毅为重点的人格修养教育等三个层次，概括凝练了中华优秀传统文化教育的主要内容，要求有条件的高校统一开设中华优秀传统文化必修课，拓宽中华优秀传统文化选修课覆盖面，着力完善青少年学生的道德品质，培育理想人格，提升政治素养，培养富有民族自信心和爱国主义精神的社会主义事业建设者和接班人。

3.《关于推进高等教育综合改革的意见》提出构建"四位一体"德育体系，把优秀传统文化教育作为高校德育的重要组成部分

2016 年 4 月 22 日，山东省委办公厅、省政府办公厅发布的《关于推进高

等教育综合改革的意见》中,把"文化育人"和"思政育人、专业育人、实践育人"并论,提出构建"四位一体"综合德育体系,"以社会主义核心价值观为主线,构建思政育人、文化育人、专业育人、实践育人'四位一体'的德育体系。推进思想政治理论课改革,提高思想政治课的思想性、针对性和感染力。融合优秀传统文化、区域文化、大学文化,形成学校自身德育特色",明确把优秀传统文化教育作为高校德育的重要组成部分。

4.《关于加强和改进新形势下高校思想政治工作的意见》提出形成"七育人"长效机制,把中华优秀传统文化课和思想政治理论课提到了同一高度

2016年12月7日至8日,全国高校思想政治工作会议在北京召开,习近平总书记在讲话中强调,高校思想政治工作关系培养什么样的人、如何培养人以及为谁培养人这个根本问题,要坚持不懈培育和弘扬社会主义核心价值观,引导广大师生做社会主义核心价值观的坚定信仰者、积极传播者、模范践行者。此前,中共中央、国务院印发了《关于加强和改进新形势下高校思想政治工作的意见》,提出加强和改进高校思想政治工作的基本原则,其中重要的一条就是:"坚持全员全过程全方位育人。把思想价值引领贯穿教育教学全过程和各环节,形成教书育人、科研育人、实践育人、管理育人、服务育人、文化育人、组织育人长效机制。"《意见》进一步提出"五个要求",其中之一就是"要弘扬中华优秀传统文化……推动中华优秀传统文化融入教育教学",这是与"加强理想信念教育""培育和践行社会主义核心价值观""进一步办好高校思想政治理论课"和"加强高校马克思主义学院建设……深入实施马克思主义理论研究和建设工程"相提并论的要求之一,明确把中华优秀传统文化课和思想政治理论课提到了同一高度。

5.《关于实施中华优秀传统文化传承发展工程的意见》是中央第一次以文件形式专题阐述中华优秀传统文化问题,正式把中华优秀传统文化传承发展问题上升为"国家战略"

2017年1月25日,中共中央办公厅、国务院办公厅联合下发了《关于实施中华优秀传统文化传承发展工程的意见》,这是中央第一次以文件形式专题阐述中华优秀传统文化传承发展工作,指出:"推动高校开设中华优秀传统文化必修课,在哲学社会科学及相关学科专业和课程中增加中华优秀传统文化的内容。加强中华优秀传统文化相关学科建设,重视保护和发展具有重要文化价值和传

承意义的'绝学'、冷门学科。……丰富拓展校园文化，推进戏曲、书法、高雅艺术、传统体育等进校园，实施中华经典诵读工程，开设中华文化公开课，抓好传统文化教育成果展示活动。"中华优秀传统文化传承发展问题，正式升格为执政党和中央政府的整体战略——"国家战略"。

6.《高校思想政治工作质量提升工程实施纲要》提出了构建"十育人"体系，更加明确了中华优秀传统文化教育的基本任务和主要内容

2017年12月4日，中共教育部党组印发《高校思想政治工作质量提升工程实施纲要》，把充分发挥课程、科研、实践、文化、网络、心理、管理、服务、资助、组织等方面工作的育人功能，切实构建"十大"育人体系，作为高校思想政治工作质量提升工程的基本任务，并且强调："注重以文化人以文育人，深入开展中华优秀传统文化、革命文化、社会主义先进文化教育，推动中国特色社会主义文化繁荣兴盛。"在高校思想政治工作质量提升工程的主要内容中，明确指出："推进中华优秀传统文化教育，实施'中华经典诵读工程''中国传统节日振兴工程'，开展'礼敬中华优秀传统文化''戏曲进校园'等文化建设活动，展示一批体育艺术文化成果，建设一批文化传承基地，引导高雅艺术、非物质文化、民族民间优秀文化走近师生。"文化育人的基本任务和主要内容更加清晰。

7. 本节结论：中国传统文化课是大学生思想政治教育的必修课

无论是《关于推进高等教育综合改革的意见》提出的"四育人"，还是《关于加强和改进新形势下高校思想政治工作的意见》提出的"七育人"，抑或是《高校思想政治工作质量提升工程实施纲要》提出的"十育人"，都把"文化育人"作为高校人才培养的重要环节，并且要求高校将弘扬中华优秀传统文化作为"文化育人"的重要方式，切实贯彻好、落实好。由此可见，中国传统文化课已不再是可有可无的、普通的、一般性课程，而是作为大学生思想政治教育的必修课，写进了中央和国家的文件，中国传统文化教育教学已成为高校贯彻党的教育方针、落实立德树人根本任务的有机组成部分。

二、文化传承：中国传统文化课的使命

马克思指出，人们是从"过去承继下来的条件下"创造自己的历史的。美国著名社会学家爱德华·希尔斯（Edward Shils）认为，"那些对传统视而不见

的人实际上正生活在传统的掌心中"。传统文化塑造了社会成员特定的思想体系、价值观念、道德规范，使其形成共同的思想认同，这种思想认同对于社会稳定具有极其重要的价值。

近代以来，西学传入中国，中国传统文化被排挤、被边缘，尤其是它的精神信仰、价值观念、道德伦理、知识体系，被西化的学科分类所肢解，自身的整体性不能呈现出来。物质成就有目共睹，但也付出了文化的代价，我们对自己历史文化的真相和精神已不够清楚，我们优秀的价值观、伦理观有所丢弃。长此以往，不利于民族自信心的维持和社会的长治久安。这也就是我们如今高度重视中华优秀传统文化传承发展工程的原因之一。

1. 中华民族之所以几千年屹立于世界民族之林，不屈不挠，愈挫愈勇，最根本的就是深深植根于民族基因的伟大精神支撑和崇高价值追求

中华优秀传统文化体现了中华民族自古以来在建设家园的奋斗中开展的精神活动、形成的思想体系、塑造的价值观念、积淀的文化成果，是中华民族在世界文化激荡中卓然屹立的坚实根基。

2014年2月17日，习近平总书记在省部级主要领导干部学习贯彻党的十八届三中全会精神全面深化改革专题研讨班开班式讲话中指出："如果我们的人民不能坚持在我国大地上形成和发展起来的道德价值，而不加区分、盲目地成为西方道德价值的应声虫，那就真正要提出我们的国家和民族会不会失去自己的精神独立性的问题了。如果没有自己的精神独立性，那政治、思想、文化、制度等方面的独立性就会被釜底抽薪。"

2014年3月7日，习近平总书记在参加贵州团审议时强调："我们要坚定理论自信、道路自信、制度自信，最根本的还要加一个文化自信。"

2014年9月24日，习近平总书记在纪念孔子诞辰2565周年国际学术研讨会暨国际儒学联合会第五届会员大会开幕会上进一步强调："文明特别是思想文化是一个国家、一个民族的灵魂。无论哪一个国家、哪一个民族，如果不珍惜自己的思想文化，丢掉了思想文化这个灵魂，这个国家、这个民族是立不起来的。"

2015年11月3日，习近平总书记在第二届"读懂中国"国际会议期间会见外方代表时说："我们从哪里来？我们走向何方？中国到了今天，我无时无刻不提醒自己，要有这样一种历史感。伫立在天安门广场的人民英雄纪念碑有一

组浮雕，表现的是1840年鸦片战争到1949年中国革命胜利的全景图。我们一方面缅怀先烈，一方面沿着先烈的足迹向前走。我们提出了中国梦，它的最大公约数就是中华民族伟大复兴。……中国有坚定的道路自信、理论自信、制度自信，其本质是建立在5000多年文明传承基础上的文化自信。"

2016年7月1日，习近平总书记在庆祝中国共产党成立95周年大会上的讲话中指出："文化自信，是更基础、更广泛、更深厚的自信。在5000多年文明发展中孕育的中华优秀传统文化，在党和人民伟大斗争中孕育的革命文化和社会主义先进文化，积淀着中华民族最深层的精神追求，代表着中华民族独特的精神标识。"

2016年5月17日，习近平总书记在哲学社会科学工作座谈会上指出："站立在960万平方公里的广袤土地上，吸吮着中华民族漫长奋斗积累的文化养分，拥有13亿中国人民聚合的磅礴之力，我们走自己的路，具有无比广阔的舞台，具有无比深厚的历史底蕴，具有无比强大的前进定力，中国人民应该有这个信心，每一个中国人都应该有这个信心。我们说要坚定中国特色社会主义道路自信、理论自信、制度自信，说到底是要坚定文化自信。文化自信是更基本、更深沉、更持久的力量。历史和现实都表明，一个抛弃了或者背叛了自己历史文化的民族，不仅不可能发展起来，而且很可能上演一场历史悲剧。"

2016年11月30日，习近平总书记在中国文学艺术界联合会第十次全国代表大会、中国作家协会第九次全国代表大会上的讲话进一步指出："中华民族生生不息绵延发展、饱受挫折又不断浴火重生，都离不开中华文化的有力支撑。中华文化独一无二的理念、智慧、气度、神韵，增添了中国人民和中华民族内心深处的自信和自豪。在5000多年文明发展中孕育的中华优秀传统文化，在党和人民伟大斗争中孕育的革命文化和社会主义先进文化，积淀着中华民族最深沉的精神追求，代表着中华民族独特的精神标识。"他又指出："文化是一个国家、一个民族的灵魂。历史和现实都表明，一个抛弃了或者背叛了自己历史文化的民族，不仅不可能发展起来，而且很可能上演一幕幕历史悲剧。文化自信，是更基础、更广泛、更深厚的自信，是更基本、更深沉、更持久的力量。坚定文化自信，是事关国运兴衰、事关文化安全、事关民族精神独立性的大问题。没有文化自信，不可能写出有骨气、有个性、有神采的作品。"

所以，传承和弘扬中华优秀传统文化，就是传承和弘扬中华民族伟大基因，增强中国人的骨气和底气，永葆中华民族生机与活力。

2. 作为人文化成的文化，对民众世界观、人生观和价值观的塑造，即对民众思想信仰的培育，起着至关重要的作用

文化的本质是人文化成。《周易·贲卦·彖传》讲："刚柔交错，天文也；文明以止，人文也。"人文跟天文相对，天文指天所呈现的刚柔交错的变化样式。人文一方面表现为与天文规律的一致性，人事规律取自于天文；另一方面，人文又有自己的特殊性，有文饰、自我节制的能力。文明相对于野蛮而言，文明以止，就是通过文化的装饰手段脱离野蛮，进入文明。

作为治理方式的"文化"，相对"武功"而言。西汉的刘向在《说苑·指武篇》中说："凡武之兴，为不服也，文化不改，然后加诛。"晋代的束皙在《补亡诗·由仪》中说："文化内辑，武功外悠。""武功"强调外力征服，外力强制，口服而心不一定服。"文化"则强调"文治和教化"，依据事物的本性，使其"潜移默化"，自然发展，心悦诚服。

2013年3月1日，习近平总书记在中央党校建校80周年庆祝大会暨2013年春季开学典礼讲话中指出："中国传统文化博大精深，学习和掌握其中的各种思想精华，对树立正确的世界观、人生观、价值观很有益处。""学史可以看成败、鉴得失、知兴替；学诗可以情飞扬、志高昂、人灵秀；学伦理可以知廉耻、懂荣辱、辨是非。"《论语》形容理想的人格为"质胜文则野，文胜质则史。文质彬彬，然后君子"。德国著名哲学家卡西尔写了一本名著《人论》，该书的核心观点是"人是文化的存在"。通过对世界的认识，创造礼乐等文化、文饰手段，教化人们明确各自责任承担，规范各自言行举止，寻求安身立命的道理，以实现理想的人格。

中国传统文化最根本的东西，不是教给人们现成的结论，而是让人们去反思自己，通过内求来返归本心。《论语·里仁》讲，"见贤思齐焉，见不贤而内自省也"，文化不仅是一种力量，更是一种责任。

对于普通人如此，对于执政为民者，更应该从优秀传统文化中汲取营养。2013年3月1日，习近平总书记在中央党校建校80周年庆祝大会上，讲到领导干部要加强学习时，特别强调要学习文史知识和传统文化。他认为，认真学习并努力掌握中华传统文化中的各种思想精华，对各级领导干部树立正确的世界观、人生观、价值观大有益处。习近平总书记还列举了能够突出体现中华民

族优秀传统文化和民族精神的"先天下之忧而忧，后天下之乐而乐"的政治抱负，"位卑未敢忘忧国""苟利国家生死以，岂因祸福避趋之"的报国情怀，"富贵不能淫，贫贱不能移，威武不能屈"的浩然正气，"人生自古谁无死，留取丹心照汗青""鞠躬尽瘁，死而后已"的献身精神等。

总之，无论是谁，其行为，均需要内在地贯穿一条主线，即文化的主线，通过人文才能化成，文化修身、文化齐家、文化治国、文化理政，才可能真正实现身修、家齐、国治、政理，才能够真正实现天下太平。

3. 提高国家文化软实力，要努力展示中华文化的独特魅力

中华优秀传统文化是民族生存和发展的重要力量，对形成和维护国家团结统一的政治局面，对形成和巩固中国多民族和合一体的大家庭，对形成和丰富中华民族精神，对激励中华儿女维护民族独立、反抗外来侵略，对推动中国社会发展进步、促进中国社会利益和社会关系平衡，都发挥了十分重要的作用。

2013年8月19日，在全国宣传思想工作会议上，习近平总书记指出："中华文化积淀着中华民族最深沉的精神追求，是中华民族生生不息、发展壮大的丰厚滋养；……是中华民族的突出优势，是我们最深厚的文化软实力。"

2013年12月30日，在中共中央政治局第十二次集体学习时习近平总书记进一步强调："提高国家文化软实力，要努力展示中华文化独特魅力。在5000多年文明发展进程中，中华民族创造了博大精深的灿烂文化，要使中华民族最基本的文化基因与当代文化相适应、与现代社会相协调，以人们喜闻乐见、具有广泛参与性的方式推广开来，把跨越时空、超越国度、富有永恒魅力、具有当代价值的文化精神弘扬起来，把继承传统优秀文化又弘扬时代精神、立足本国又面向世界的当代中国文化创新成果传播出去。要系统梳理传统文化资源，让收藏在禁宫里的文物、陈列在广阔大地上的遗产、书写在古籍里的文字都活起来。要以理服人，以文服人，以德服人，提高对外文化交流水平，完善人文交流机制，创新人文交流方式，综合运用大众传播、群体传播、人际传播等多种方式展示中华文化魅力。"

2016年5月17日，习近平总书记在哲学社会科学工作座谈会上又指出："中华民族有着深厚文化传统，形成了富有特色的思想体系，体现了中国人几千年来积累的知识智慧和理性思辨。这是我国的独特优势。中华文明延续着我们国家和民族的精神血脉，既需要薪火相传、代代守护，也需要与时俱进、推陈出新。要加强对中华优秀传统文化的挖掘和阐发，使中华民族最基本的文化基因与当代文化相适应、与现代社会相协调，把跨越时空、超越国界、富有永恒魅力、具有当代价值的文化精神弘扬起来。要推动中华文明创造性转化、创新性发展，激活其生命力，让中华文明同各国人民创造的多彩文明一道，为人类提供正确精神指引。要围绕我国和世界发展面临的重大问题，着力提出能够体现中国立场、中国智慧、中国价值的理念、主张、方案。我们不仅要让世界知道'舌尖上的中国'，还要让世界知道'学术中的中国'、'理论中的中国'、'哲学社会科学中的中国'，让世界知道'发展中的中国'、'开放中的中国'、'为人类文明作贡献的中国'。"

文化是民族凝聚力和创造力的重要源泉，是综合国力竞争的重要因素，是经济社会发展的重要支撑。我们要提高国家文化软实力，展示中华文化的独特魅力，就应当从中华优秀传统文化寻找滋补，必须从中华优秀传统文化出发。

4. 以文化人、以文育人，成为新时代高校教育工作的重要方式

中国当代大学生是中国未来社会发展的中坚力量，他们流淌着中华民族的血液，长着中华民族的模样，踩着中华民族的大地，他们应当继承和弘扬的是中华民族优秀文化。所以，必须充分发挥中国传统文化巨大的育人功能。这也正是前面所提到的《关于推进高等教育综合改革的意见》《关于加强和改进新形势下高校思想政治工作的意见》和《高校思想政治工作质量提升工程实施纲要》中强调的"文化育人"，并把中国传统文化课和思想政治理论课提到同一高度的原因所在。

2016年12月7日至8日，习近平总书记在全国高校思想政治工作会议上强调："我国有独特的历史、独特的文化、独特的国情，决定了我国必须走自己的高等教育发展道路，扎实办好中国特色社会主义高校。""要加快构建中国特色哲学社会科学学科体系和教材体系，推出更多高水平教材，创新学术话语体系，建立科学权威、公开透明的哲学社会科学成果评价体系，努力构建全方位、全领域、全要素的哲学社会科学体系。要更加注重以文化人、以文育人。"

2017年全国"两会"期间，教育部部长陈宝生也提出："优秀传统文化是我们这个国家、这个民族，绵延五千年历史不断绝的重大支撑。在当今世界多元文化激荡交流融汇的过程中，如果我们不采取果断措施，人民群众不了解我们的传统文化，那么中国人的重心就会发生漂移。""优秀传统文化里，中国人

怎么看待世界、怎么看待生命，中国人的价值观、世界观、人生观，有着非常丰富的资源，阐述得很系统。如果我们不把这些东西继承下来，在教育过程中没能让我们的学生了解、继承，他的人生就会发生方向上的偏离。""中国人怎么做人、怎么做事、怎么待人接物，行为方式怎么调整，优秀传统文化都有丰富的阐述。在这个方面发生问题，我们就会发生底色的亏损。"陈宝生强调，我们要把传统文化教育这项工作看成是中国人打底色的工程，看成是固本工程，看成是铸魂工程，传统文化教育要覆盖教育的各个学段，要融汇到我们教材体系中去，要贯穿人才培养全过程。

习近平总书记在党的十九大报告中指出："青年兴则国家兴，青年强则国家强。青年一代有理想、有本领、有担当，国家就有前途，民族就有希望。"加强中国传统文化教育教学，使他们"站立在九百六十多万平方公里的广袤土地上，吸吮着五千多年中华民族漫长奋斗积累的文化养分"，对于我们落实立德树人的根本任务，引导青年学生践行社会主义核心价值观，增强民族自信心和自豪感，具有重要的时代价值和长远的战略意义。

现在，我们中国人要坚定"四个自信"：理论自信、制度自信、道路自信和文化自信。文化自信的重要组成部分就是中华优秀传统文化的自信。习近平总书记在党的十九大报告中指出："文化自信是一个国家、一个民族发展中更基本、更深沉、更持久的力量。必须坚持马克思主义，牢固树立共产主义远大理想和中国特色社会主义共同理想，培育和践行社会主义核心价值观，不断增强意识形态领域主导权和话语权，推动中华优秀传统文化创造性转化、创新性发展，继承革命文化，发展社会主义先进文化，不忘本来、吸收外来、面向未来，更好构筑中国精神、中国价值、中国力量，为人民提供精神指引。"

5. 中国传统文化过去、现在对世界作出了重大贡献，未来也必将发挥更大作用

中国是一个历史悠久的文明古国，拥有人类历史上不可替代的、光辉灿烂的、历久弥新的传统文化，它所包含的普适价值和优秀元素，不仅是中华民族的血脉、中华民族的精神、中华民族的灵魂，体现着中华民族永不衰竭的动力，同时也对全人类作出了重大贡献。如中国的四大发明——造纸术、指南针、火药、印刷术传入欧洲，不仅为欧洲文艺复兴提供了物质基础，而且为精神发展创造了必要的前提，从而促进了资本主义的发生和发展。马克思在《经济学手稿》中说:"火药、指南针、印刷术——这是预告资产阶级社会到来的三大发明。火药把骑士阶层炸得粉碎,指南针打开世界市场并建立了殖民地,而印刷术则变成了新教的工具。总的来说,变成科学复兴的手段,变成对精神发展创造必要前提的最强大的杠杆。"

除了物质文明的贡献外,在 18 世纪,中国的精神文明也为欧洲的启蒙思想运动产生了重大影响。启蒙大师伏尔泰、莱布尼兹等通过耶稣会士的介绍,认识了中国和孔子。在他们的著作中,表扬中国文化,称道中国的"仁君"和"仁政",以及儒家以德教人的伦理思想,主张欧洲以中国为榜样,借此来批判旧制度下的欧洲政府、教会和社会。欧洲启蒙时代是中国文化传入欧洲的极盛时期。中国文化影响了欧洲思想启蒙运动。

至于中国之在亚洲尤其东亚,其辉煌的文化建树,对于相近列国友邦的表率作用和影响,更是毋庸赘述。

1946 年通过的《世界人权宣言》第一条开宗明义地说,"人人生而自由,在尊严和权利上一律平等。他们赋有理性和良心,并应以兄弟关系的精神相对待",其中的"良心"一词,即源于中国传统文化中的"仁者爱人"思想。时任联合国创办会议的中国代表张彭春把"仁"翻译成"良心"(conscience)一词,为各国代表所认可,从而写入了宣言第一条。1988 年 1 月,有诺贝尔奖获得者在法国巴黎的一次会议上提到:"如果人类要在 21 世纪生存下去,必须回头两千五百年,去吸取孔子的智慧!""己所不欲,勿施于人"已经成为国际共识,据说被译成英文悬挂在联合国总部大楼和国际红十字会总部大楼内,也被写入1993 年世界宗教领袖的《世界伦理宣言》。

2014 年 4 月 1 日,习近平总书记在比利时欧洲学院谈中华文明时指出:"优秀传统文化可以说是中华民族永远不能离别的精神家园。""老子、孔子、墨子、孟子、庄子等中国诸子百家学说至今仍然具有世界性的文化意义。"这些"思想家上究天文、下穷地理,广泛探讨人与人、人与社会、人与自然关系的真谛,提出了博大精深的思想体系。他们提出的很多理念,如孝悌忠信、礼义廉耻、仁者爱人、与人为善、天人合一、道法自然、自强不息等,至今仍然深深影响着中国人的生活。中国人看待世界、看待社会、看待人生,有自己独特的价值体系"。强调老子、孔子等人的思想中包含了许多正确反映人与人、人与社会、人与自然和谐生存发展规律的真理性认识,这些思想"思考和表达了人类生存与发展的根本问题，其智慧光芒穿透历史，思想价值跨越时空，历久弥新，成为人类共有的精神财富"。

习近平总书记在党的十九大报告中再一次重申："中华民族有五千多年的文明历史，创造了灿烂的中华文明，为人类作出了卓越贡献，成为世界上伟大的民族。"

然而，中国文化在世界文明史上的重要地位，它的深广内涵和它对现代社会的意义还远没有被充分发掘和认识；中国文化由于具有特别悠久的历史和丰富的经验，应当对全人类作出更大的贡献。正如新儒家代表人物之一成中英说的那样："中国文明是人类全面发展的重要部分。……中国文明是谦虚的文明，愿意学习，强调自我才能的发挥和贡献，中国人不是排他的，强调兼容。这是全人类应该学习的。……中国文化强调和谐，强调互动，强调自我管理、相互合作，……西方从18世纪已经学习了中国的这些有价值的东西……中国文化会越来越发挥出其自身的价值。再过50年，世界从中国受益的不仅是在经济方面，而且是在文化。我认为，会出现18世纪那样的，中国文化对西方的启蒙。我们要坚持，要与时俱进。我们将进入新的'觉醒时代'，再造我们的文明，再造我们的哲学。"

6. 推动构建人类命运共同体，源自中华文明历经沧桑、始终不变的"天下"情怀

人类只有一个地球，各国共处一个世界。习近平当选总书记后首次会见外国人士时就表示，国际社会日益成为一个你中有我、我中有你的"命运共同体"，面对世界经济的复杂形势和全球性问题，任何国家都不可能独善其身。在党的十九大报告中，习近平总书记郑重呼吁："各国人民同心协力，构建人类命运共同体，建设持久和平、普遍安全、共同繁荣、开放包容、清洁美丽的世界。"

推动构建人类命运共同体，是中国政府反复强调的关于人类社会的新理念，是中国领导人基于对世界大势的准确把握而贡献的"中国方案"，源自中华文明历经沧桑始终不变的"天下"情怀。有学者指出，从"以和为贵""协和万邦"的和平思想，到"己所不欲，勿施于人""四海之内皆兄弟"的处世之道，再到"计利当计天下利""穷则独善其身，达则兼济天下"的价值判断……同外界其他行为体命运与共的和谐理念，可以说是中华文化的重要基因，薪火相传，绵

延不绝。

2014年9月24日，习近平总书记在纪念孔子诞辰2565周年国际学术研讨会暨国际儒学联合会第五届会员大会开幕会上的讲话中强调："中华民族历来是一个爱好和平的民族，爱好和平在儒家思想中也有很深的渊源。中国人自古就推崇'协和万邦'、'亲仁善邻，国之宝也'、'四海之内皆兄弟也'、'远亲不如近邻'、'亲望亲好，邻望邻好'、'国虽大，好战必亡'等和平思想。爱好和平的思想深深嵌入了中华民族的精神世界，今天依然是中国处理国际关系的基本理念。"

弘扬中华优秀传统文化，关键要把人类所共同遵循的普遍性的生存智慧揭示出来，传承下去。

以儒家强调的"仁爱精神"为例。儒家始终把"反求诸己"作为修身的中心。实现仁爱的方法是"忠恕"之道，即推己及人，"己所不欲，勿施于人""己欲立而立人，己欲达而达人"。这一思想发端于孔子，他把人性中的光明面称为"仁"。他强调，"仁"乃是人的内在品格，乃是人生价值的源头。在孔子的基础上，孟子明确提出性善论。儒学大力倡导与人为善精神，为实施道德教化、造就礼仪之邦提供了理论依据。应用于国际关系，便形成和平主义导向。在儒学传向东亚的历史上，从未发生"一手拿经书，一手拿利剑"的情形。英国思想家罗素赞许中华民族是"骄傲得不愿意打仗的民族"，对儒学的维护和平意向表示充分的肯定。

人类命运共同体意识超越种族、文化、国家与意识形态的界限，为思考人类未来提供了全新的视角，为推动世界和平发展给出了一个理性可行的行动方案。"只有义利兼顾才能义利兼得，只有义利平衡才能义利共赢。"这就是我们中华优秀传统文化的智慧，既是我们的特色，也是我们的优势。

7. 本节结论：无论为了民族还是为了全人类，都应当传承和弘扬中华优秀传统文化

文化是民族的血脉，是人民的精神家园。在我国五千多年文明发展历程中，各族人民紧密团结、自强不息，共同创造出源远流长、博大精深的中华文化，为中华民族发展壮大提供了强大精神力量，为人类文明进步作出了不可磨灭的重大贡献。

2014年9月24日，习近平总书记在纪念孔子诞辰2565周年国际学术研讨

会暨国际儒学联合会第五届会员大会开幕会上的讲话中指出:"不忘历史才能开辟未来,善于继承才能善于创新。优秀传统文化是一个国家、一个民族传承和发展的根本,如果丢掉了,就割断了精神命脉。我们要善于把弘扬优秀传统文化和发展现实文化有机统一起来,紧密结合起来,在继承中发展,在发展中继承。"

加强中国传统文化教育教学,传承中国文化的优秀传统,发挥优秀传统文化的功能,让中国传统文化在现代社会中发挥应有的作用,让世界领略源远流长的中国传统文化的恒久魅力,是我们每一位中国人应尽的责任。我们不仅要从事关"中华民族伟大复兴"的高度,也要从构建"人类命运共同体"的视野,来理解高校的中国传统文化教育教学的重要使命。

三、思想启迪:中国传统文化课的内容

文化的内涵众说纷纭,这就产生了中国传统文化作为大学生必修课到底讲什么、怎么讲的争议。

1. 高校中国传统文化课教育教学应围绕思想传授和启迪展开

根据庞朴教授的观点,文化可以用"物"和"心"来表达,他把文化划分内、中、外三个层次:一是外的层次——物的层次,即按照人的主观意图加以改造使它符合人的需要的"物";二是中间的层次——心物结合的层次,即文学、科学、教育、哲学、宗教、神话、制度等;三是内的层次——心的层次,即价值观念、思维方式、审美情趣、道德情操、宗教感情、民族性格等。由此可见,最深层次的文化即思想,它影响并决定着物的文化和心物结合的文化。所以,文化是民族之灵魂,而思想又是文化之灵魂。进一步说,文化的核心是思想,正是思想的永恒,才是中国传统文化绵延五千多年而不曾中断的根本原因。

据此,中国传统文化课的讲授内容就可以界定:一门大学生思想政治教育的必修课,无论多少学时,不可能把中国传统文化的各个层次都顾及,唯一的办法是择其核心而授之,也就是说,高校中国传统文化的教育教学应围绕思想传授和启迪展开。

这一逻辑推理的结论,也符合《完善中华优秀传统文化教育指导纲要》规定的"分学段有序推进中华优秀传统文化教育"之要求,即在小学低年级、小

学高年级、初中阶段、高中阶段之后，到了大学阶段，中华优秀传统文化教育要"以提高学生对中华优秀传统文化的自主学习和探究能力为重点，培养学生的文化创新意识，增强学生传承弘扬中华优秀传统文化的责任感和使命感。深入学习中国古代思想文化的重要典籍，理解中华优秀传统文化的精髓，强化学生文化主体意识和文化创新意识；深刻认识中华优秀传统文化是中国特色社会主义植根的沃土，辩证看待中华优秀传统文化的当代价值，正确把握中华优秀传统文化与中国化马克思主义、社会主义核心价值观的关系"。

2. 中国传统文化课需要贯彻"通识"的教育理念

经济的全球化，文化的多样性，科技的日新月异，对高等教育提出了培养"宽口径、厚基础、高素质、强能力"的人才需求，大学教育理念迫切需要革新，加强"通识教育"成为高等教育的重要着力点。

中国传统文化课作为一门通识教育必修课，需要贯彻"通识"的教育理念，侧重中国传统思想文化的传承和基本人文素养的养成，重点介绍作为中国传统文化主流的儒、道、释三家思想文化的发展脉络，辅之以历史事实及文化现象，重点剖析传统文化的核心思想和思维逻辑，务求让学生抓住中国传统文化的"根"和"魂"，较为系统地掌握中国传统文化的基本精神。

3. 中国传统文化课必须把握好中国传统文化的思想及其理念

中华民族能够在顺境中从容淡定、在逆境中奋进崛起，从根本上说，就是因为中华优秀传统文化的持久涵养。思想理念是中华优秀传统文化的精神命脉，从根本上决定着中华民族的思维方式、性格禀赋、民族特性。

2014年2月24日，习近平总书记在中共中央政治局第十三次集体学习时强调："培育和弘扬社会主义核心价值观必须立足中华优秀传统文化。……博大精深的中华优秀传统文化是我们在世界文化激荡中站稳脚跟的根基。中华文化源远流长，积淀着中华民族最深层的精神追求，代表着中华民族独特的精神标识，为中华民族生生不息、发展壮大提供了丰厚滋养。中华传统美德是中华文化精髓，蕴含着丰富的思想道德资源。……对历史文化特别是先人传承下来的价值理念和道德规范，要坚持古为今用、推陈出新，有鉴别地加以对待，有扬弃地予以继承，努力用中华民族创造的一切精神财富来以文化人、以文育人。"习近平进一步指出："要讲清楚中华优秀传统文化的历史渊源、发展脉络、基本走向，讲清楚中华文化的独特创造、价值理念、鲜明特色，增强文化自信和价值观自信。要认真汲取中华优秀传统文化的思想精华和道德精髓，大力弘扬以爱国主义为核心的民族精神和以改革创新为核心的时代精神，深入挖掘和阐发中华优秀传统文化讲仁爱、重民本、守诚信、崇正义、尚和合、求大同的时代价值，使中华优秀传统文化成为涵养社会主义核心价值观的重要源泉。"

"讲仁爱、重民本、守诚信、崇正义、尚和合、求大同"，是中华优秀传统文化中思想道德、政治理念、价值追求、人格修养、独特品质、社会理想的精华，是中华传统美德和民族精神的高度概括。中国传统文化课教育教学必须围绕"讲仁爱、重民本、守诚信、崇正义、尚和合、求大同"这一核心思想理念，逐步展开，不断深化。

2014年5月4日，习近平在北京大学师生座谈会上又指出："中华文明绵延数千年，有其独特的价值体系。……我们提倡和弘扬社会主义核心价值观，必须从中汲取丰富营养，否则就不会有生命力和影响力。"随后，他列举出中华文化的"六个强调"：

强调"民惟邦本""天人合一""和而不同"；

强调"天行健，君子以自强不息""大道之行也，天下为公"；

强调"天下兴亡，匹夫有责"，主张以德治国、以文化人；

强调"君子喻于义""君子坦荡荡""君子义以为质"；

强调"言必信，行必果""人而无信，不知其可也"；

强调"德不孤，必有邻""仁者爱人""与人为善""己所不欲，勿施于人""出入相友，守望相助""老吾老以及人之老，幼吾幼以及人之幼""扶贫济困""不患寡而患不均"；等等。

习近平总书记进一步指出："像这样的思想和理念，不论过去还是现在，都有其鲜明的民族特色，都有其永不褪色的时代价值。这些思想和理念，既随着时间推移和时代变迁而不断与时俱进，又有其自身的连续性和稳定性。我们生而为中国人，最根本的是我们有中国人的独特精神世界，有百姓日用而不觉的价值观。我们提倡的社会主义核心价值观，就充分体现了对中华优秀传统文化的传承和升华。"

2014年9月24日，习近平总书记在纪念孔子诞辰2565周年国际学术研讨会暨国际儒学联合会第五届会员大会开幕会上的讲话中指出："中国传统文化，尤其是作为其核心的思想文化的形成和发展，大体经历了中国先秦诸子百家争鸣、两汉经学兴盛、魏晋南北朝玄学流行、隋唐儒释道并立、宋明理学发展等几个历史时期。""当代中国是历史中国的延续和发展,当代中国思想文化也是中国传统思想文化的传承和升华。要认识今天的中国、今天的中国人,就要深入了解中国的文化血脉,准确把握滋养中国人的文化土壤。"我们要从"文化血脉"和"文化土壤"的高度来理解中国传统文化。他谈到,"包括儒家思想在内的中国优秀传统文化中,蕴藏着解决当代人类面临难题的重要启示",其中包括十五大类思想:"关于道法自然、天人合一的思想,关于天下为公、大同世界的思想,关于自强不息、厚德载物的思想,关于以民为本、安民富民乐民的思想,关于为政以德、政者正也的思想,关于苟日新日日新又日新、革故鼎新、与时俱进的思想,关于脚踏实地、实事求是的思想,关于经世致用、知行合一、躬行实践的思想,关于集思广益、博施众利、群策群力的思想,关于仁者爱人、以德立人的思想,关于以诚待人、讲信修睦的思想,关于清廉从政、勤勉奉公的思想,关于俭约自守、力戒奢华的思想,关于中和、泰和、求同存异、和而不同、和谐相处的思想,关于安不忘危、存不忘亡、治不忘乱、居安思危的思想,等等。"

2016年5月17日,在北京召开的哲学社会科学工作座谈会上,习近平总书记按照历史发展脉络,全面梳理了中华文明的学术思想、各家学说、思想大家,他指出:"中华文明历史悠久,从先秦子学、两汉经学、魏晋玄学,到隋唐佛学、儒释道合流、宋明理学,经历了数个学术思想繁荣时期。在漫漫历史长河中,中华民族产生了儒、释、道、墨、名、法、阴阳、农、杂、兵等各家学说,涌现了老子、孔子、庄子、孟子、荀子、韩非子、董仲舒、王充、何晏、王弼、韩愈、周敦颐、程颢、程颐、朱熹、陆九渊、王守仁、李贽、黄宗羲、顾炎武、王夫之、康有为、梁启超、孙中山、鲁迅等一大批思想大家,留下了浩如烟海的文化遗产。中国古代大量鸿篇巨制中包含着丰富的哲学社会科学内容、治国理政智慧,为古人认识世界、改造世界提供了重要依据,也为中华文明提供了重要内容,为人类文明作出了重大贡献。"

2017年1月25日,中共中央办公厅、国务院办公厅印发的《关于实施中华优秀传统文化传承发展工程的意见》,对中华优秀传统文化的主要内容从"核心思想理念、中华传统美德和中华人文精神"等三方面进行了概括。

——核心思想理念:中华民族和中国人民在修齐治平、尊时守位、知常达变、开物成务、建功立业过程中培育和形成的基本思想理念，如革故鼎新、与时俱进的思想，脚踏实地、实事求是的思想，惠民利民、安民富民的思想，道法自然、天人合一的思想等，可以为人们认识和改造世界提供有益启迪，可以为治国理政提供有益借鉴。传承发展中华优秀传统文化，就要大力弘扬讲仁爱、重民本、守诚信、崇正义、尚和合、求大同等核心思想理念。

——中华传统美德：中华优秀传统文化蕴含着丰富的道德理念和规范，如天下兴亡、匹夫有责的担当意识，精忠报国、振兴中华的爱国情怀，崇德向善、见贤思齐的社会风尚，孝悌忠信、礼义廉耻的荣辱观念，体现着评判是非曲直的价值标准，潜移默化地影响着中国人的行为方式。传承发展中华优秀传统文化，就要大力弘扬自强不息、敬业乐群、扶危济困、见义勇为、孝老爱亲等中华传统美德。

——中华人文精神：中华优秀传统文化积淀着多样、珍贵的精神财富，如求同存异、和而不同的处世方法，文以载道、以文化人的教化思想，形神兼备、情景交融的美学追求，俭约自守、中和泰和的生活理念等，是中国人民思想观念、风俗习惯、生活方式、情感样式的集中表达，滋养了独特丰富的文学艺术、科学技术、人文学术，至今仍然具有深刻影响。传承发展中华优秀传统文化，就要大力弘扬有利于促进社会和谐、鼓励人们向上向善的思想文化内容。

所以，高校中国传统文化教育教学不只是传授文化知识，更重要的是通过传授知识背后的思想，启发学生充分理解思想演变的过程，从而涵养学生的人文精神，促进其人生境界提升、理想人格塑造以及个人与社会价值实现。

以中国诗词为例，不同于西方文化背景下对诗词的字面理解，中国的诗词并不是事实简单的再现，它往往寄托作者一定的情感与理想，简单的自然的现象包含深刻的哲理。

《毛诗序》中提出了诗的目的："先王以是经夫妇，成孝敬，厚人伦，美教化，移风俗"，它远远超出了文学研究的范畴，更多的是伦理、社会、教化的问题，是人生观、世界观和价值观的问题。古人在讲《诗》的时候，特别强调用诗教风化天下，原本采诗官得来的这些诗就是供王者"观风俗、知得失、自考正"的，所以不能简单地用现代眼光来理解"诗"的概念。何谓"风"，《毛诗序》中解释："上以风化下，下以风刺上，……故曰'风'。"《毛诗序》对于《诗经》的开篇《关雎》的解释是："《关雎》，后妃之德也，风之始也，所以风天下而正夫妇也,故用之乡人,用之邦国焉。风,风也,教也。风以动之,教以化之。"传统社会中,教化天下往往是从家庭建设,从正夫妇开始的。《易经·序卦》中说:"有男女然后有夫妇,有夫妇然后有父子,有父子然后有君臣,有君臣然后有上下,有上下然后礼义有所错。"由此可见,夫妇之道是家庭建设的起源,是社会规范的基础,是政治稳定的保障。通过夫妇正、父子亲、君臣和,进而可以达到天下治。《关雎》不是男女谈情说爱的诗,而是人伦教化之始,所以放在《诗经》首篇。

只有把握中国传统文化的思想内核,不为纷繁复杂、不断变化的文化样式所迷惑,精神独立性才能够确立,中国传统文化也就变得鲜活起来,从而才可能实现文化的创新和发展。2014年2月17日,习近平总书记在省部级主要领导干部学习贯彻党的十八届三中全会精神全面深化改革专题研讨班开班式讲话中提出:"要加强对中华优秀传统文化的挖掘和阐发,努力实现中华传统美德的创造性转化、创新性发展。"在纪念孔子诞辰2565周年国际学术研讨会暨国际儒学联合会第五届会员大会开幕会上的讲话中,习近平总书记再次强调:"努力实现传统文化的创造性转化、创新性发展,使之与现实文化相融相通,共同服务以文化人的时代任务。"

总而言之,透过对核心思想的分析,对道德内涵的揭示,中国传统文化才是整体的而不是零散的,是系统的而不是杂乱的,是永恒的而不是瞬间的,从而才能由传统走到现代,由现代走向未来。

4. 本节结论:只有把握准和把握住核心思想,中国传统文化课才能站得稳、走得远

文化之所以有生命力,是因为文化旨在探寻世界本源、剖析人性真谛、启迪思想智慧。我们从事高校中国传统文化教育教学,其目的是传承文化基因、彰显文化魅力、激活民众灵魂,使优秀传统文化的核心思想理念、中华传统美德和中华人文精神扎根于人心,落实于行动。全国人大常委会原副委员长许嘉璐曾有形象表述:"文化活在街道上、家庭中、人心里。"他举例说,有人走在马路上,不小心摔倒了,这个时候,如果没人管,那说明人们的道德思想观念死了;如果有人打110求助,说明他内心的道德思想观念活了一半;如果马上有人上来把摔倒的人扶起来,这才说明中国传统文化是活生生扎根在人心里的,思想之光点亮了。

所以，只有把握准和把握住中国传统文化教育教学的核心，中国传统文化课才能做出好成效，肩负好使命，才能在高校讲台上站得稳，走得远。

四、经典教育：中国传统文化课的载体

高校中国传统文化课教育教学，应聚焦于中华经典。因为，没有经典就没有思想，没有思想就没有文化之常青，只有以经典为核心，才能够凸显思想之精髓。

1. 高校中国传统文化课教育教学应当以经典为核心

2014年9月9日，习近平总书记在北京师范大学考察时谈道："我很不赞成把古代经典诗词和散文从课本中去掉，'去中国化'是很悲哀的。应该把这些经典嵌在学生脑子里，成为中华民族文化的基因。"

2014年9月11日前往塔吉克斯坦专机中，习近平总书记谈传统文化："古诗文经典已融入中华民族的血脉，成了我们的基因。我们现在一说话就蹦出来的那些东西，都是小时候记下的。语文课应该学古诗文经典，把中华民族优秀传统文化不断传承下去。"

2014年3月，教育部印发的《完善中华优秀传统文化教育指导纲要》也要求："深入学习中国古代思想文化的重要典籍，理解中华优秀传统文化的精髓。"

2017年1月，中共中央办公厅、国务院办公厅印发的《关于实施中华优秀传统文化传承发展工程的意见》，明确提出"实施中华经典诵读工程"。

经典教育是涵泳性情的，是"人的养成"教育。正如张岂之先生在南京大学的一次讲座时所说的："我们读经典主要是体会经典的深意，把握经典的内在精神，还要力求做到文化经典能够在自己心里生根发芽，形成我们自己的文化品格。作为中国的大学生、研究生，我们有义务了解中华的文化土壤究竟是哪些内容、中华文化的血脉需要我们继承的是什么。这不仅是知识性的问题，坚持中国道路、维护中国精神都需要我们在中国人文经典的阅读上下一些功夫。"

经典不是古典，经典与现代人的生活紧密相关，经典中蕴含着常道，经典中蕴含有人类所共同遵循的普遍性的生存智慧。传统社会中，经统和道统、传经和传道，往往密不可分。刘勰《文心雕龙》说："经也者，恒久之治道，不刊之鸿教也。"地理学上，经度、纬度、经线、纬线是用以地理定位的；对于个人来说，经典是保证世界观、人生观和价值观有正确定位的基础；对于一个民族、一个社会而言，经典是保证民族、社会文脉不绝的前提。

所以，高校中国传统文化课教育教学应该以经典为核心。通过经典教育教学，传承中华文化之精神。中国传统文化经典包括经史子集、诸子百家、儒释道等重要典籍。中国传统文化经典是中华民族精神的重要载体，是中华各民族共同、普遍、公共性的精神资源、道德资源，也是中华文化源远流长的源头活水。

2. 我国经典教育有其历史传统

我国古代就有经典教育的传统。朱熹讲："小学学其事，大学明其理。"在《大学章句集注》中，朱熹说："及其十有五年，则自天子之元子、众子，以至公、卿、大夫、元士之适子，与凡民之俊秀，皆入大学，而教之以穷理、正心、修己、治人之道。"有条件的孩子，进入大学学习，大学教育不同于小学。小学主要是通过洒扫、应对、进退等日常行为的引导培养做人的根本德行，以及礼、乐、射、御、书、数等基本生存的技能教育；而大学阶段的教学重点则以《诗》《书》《礼》《乐》《易》《春秋》六经为主要教学的内容，教学的目的是"穷理、正心、修己、治人"。《礼记·经解》也讲："温柔敦厚，诗教也；疏通知远，书教也；广博易良，乐教也；絜静精微，易教也；恭俭庄敬，礼教也；属辞比事，春秋教也。故诗之失，愚；书之失，诬；乐之失，奢；易之失，贼；礼之失，烦；春秋之失，乱。"

高校中国传统文化课教育教学，就是通过经典教育，使青年学生明明德、知善恶、辨是非，全面塑造青年学生的世界观、人生观和价值观。

3. 经典教育在西方也被重视

西方大学教育也有"经史教育"的传统。1930年代芝加哥大学校长赫钦斯（R. M. Hutchins）堪称提倡经典教育的代表，其初衷即在于挽救学校教育过分注重专业训练和实用性教育的不足。20世纪30年代至40年代，美国社会和教育进入实用主义盛行时期，很多人盲目崇拜物质文明，导致社会整体道德水平下降。赫钦斯于1929年入主芝加哥大学，对当时的美国高等教育状况和方向发起了全面的批判，他批判美国的高等教育充满了功利主义、实用主义、专业主义、唯科学主义、唯技术主义、唯市场取向的庸俗化方向。他大声疾呼：大学这样下去将根本丧失"大学的理念"或"大学之道"，只能成为一个大杂烩。赫钦斯强调，大学之道首先在于所有不同科系、不同专业之间必须具有共同的精神文化基础,这就要求所有学生接受一种共同的教育,这就是他提出的"通识教育"主张。赫钦斯提出,大学之所以为大学,就在于大学必须具有自己独立的教育理念,而不能完全被外在的市场和就业需要所决定。大学应该作为现代社会的头脑,引领社会进步。

赫钦斯以永恒主义教育哲学为基础,将通识教育理论化、体系化,并推出了与这套理论相适应的名著课程体系。赫钦斯认为,经典名著是"古今人类的智慧精髓及文化宝藏,是通识教育取之不尽的教材来源,经过去芜取精的筛选,即可作为通识教育的最佳内容"。赫钦斯在实践上的最大雄心和目标,就是要在芝加哥大学内建立一个新的四年制本科学院,四年时间全部用于他这种以阅读经典为中心的通识教育。他的方案1942年被学校通过并实施。

芝加哥大学本科通识教育核心课不会列入当代流行学者的著作,学生研读的都是已经公认无疑的传世经典。例如,芝加哥大学"人文学"核心课程中任选一门都可以读到柏拉图、莎士比亚、福楼拜、卡夫卡等人的作品。赫钦斯奠定了现代通识教育以经典阅读为中心的传统,芝加哥大学从此也被公认为大学本科通识教育的典范。

4. 我国当代经典教育的开展

我国的清华大学是1995年原国家教委进行人文素质教育试点教育基地之一,在人文素质教育模式有深入探索,主要实施"三位一体"的教育模式,即大学生"应读、应知、应会",着重要求学生对优秀中外文化名著的阅读和学习,推荐给本科生应读的人文书有80本,分为"中国文化名著""中国文学名著""世界文化名著""世界文学名著"四大类,学生每类至少要读一本。学校及教师对读人文书目的学生的鼓励是:读完60本人文书目的学生可在中文系作论文、获取人文学科的第二学位。学校组织实施上述人文素质教育的模式的整体思路是以课带读,大量阅读名著以提高学生人文素质。课程设置形式为"组课+应读书目+讲座"。

北京大学同属国家人文素质教育试验试点基地,1998年理科学生开展人文素质教育的试点工作,1999年安排新生选修课,其中理科学生可以选修人文课程,大学语文课设置达80学时,课程设置形式为"古代作品+现代作品+作文"。

当然,经典著作的阅读需要有好的教师来引导。这时候,需要的不是学问高深的学者和专家,而是需要这样的教师:他们对学生的心态和问题有清楚的了解,能够引导学生把生活和读书联系起来,并帮助学生解决读书中遇到的疑难,并对伟大著作抱有敬畏之心,能够与学生一起体会读书的意义和乐趣。所以,引导学生读书是大学教育的当务之急。因为学会独立思考,理解自己和生活,是所有大学生迫切需要的。

5.经典教育旨在返本开新、启迪思想

中国传统教育有反思批判的传统。《论语》中孔子主张"温故而知新",强调"毋意、毋必、毋固、毋我",《易经》讲"革故鼎新""与时偕行",《大学》所谓"苟日新,日日新,又日新",《中庸》主张"慎思之,明辨之",《孟子》认为"尽信书,则不如无书",等等。

北京大学温儒敏教授提出:"经典是需要精读的。读经典是'磨性子',也是思想爬坡,虽然有些难和累,但每上一个高度,都能有所收获。""年轻人总是比较喜欢流行文化,这可以理解。但有一条,人不能光是消费,要有积累,要多去获取那些经过时间筛选的精美的东西。'读书养性,写作练脑',现在这个社会太浮躁,应该有一个空间让自己安静下来,抚慰自己的心灵,读书就是一种好的方法。写作也不完全是为了锻炼文笔,主要是梳理思想,寄托感情,保持清醒的头脑。"

所以,经典教育就是修身养性教育,是汲取精华、陶冶心灵、升华思想教育。

6.本节结论:重视经典与思想才能真正实现文化自觉和文化自信

孟子说:"尽信书,则不如无书。"经典不是用来迷信的,是用来涵养人格的,因而也是与时俱进的。经典教育的目的并不在于背诵多少文句,而在思想的交流与碰撞中,激活灵魂,陶冶情操,重视经典与思想,才能真正实现文化自觉和文化自信。

五、经典导修:中国传统文化课的实践

从实现中华民族伟大复兴中国梦的文化角度看,传承和弘扬中华优秀传统文化,顺应了联合国倡导的文化多元、文化对话、文化宽容精神。联合国首个"世界多元文化展示中心"于2003年在中国福建泉州开工,是世界多元文化走向的一个标志性事件。在教育方面,西方教育渐渐注意到要向东方文化学习,

东方教育则在学习西方的同时，渐渐醒悟到民族文化传统的根基性、原创性、开放性和特殊优势。世界教育的多元化，正在各国兴起。

正是基于这一文化生态、教育生态的世界背景，山东工商学院从 2005 年开始，以构建基于自我设计与开发的经典导修模式为平台，开展了中国文化经典导修为主要内容的中国传统文化教育教学。

1. 经典导修的目标是要实现学生的自导自修

不同于其他院校所强调的"经典阅读"，我们强调经典"导修"。"导修"包含"修"和"导"两个方面，即学生对经典的修读修养和教师、学院、学校对学生的修读修养进行的引导和帮助，最终目标是要实现学生的自导自修。

"修"的内容不仅是读什么书的问题，更重要的是通过经典的阅读，达到思想引导和提升。对学生的"导"不仅是教师的职责，更是学院和学校的职责，是需要由每一位教师和学校共同来完成的事业。《中庸》讲："诚者自成也，而道自道（导）也。""导"是在教师的引导下，实现学生自修自得，进而达到自我引导，明确自己所应该做的事情并努力实践。

当然，经典导修对教师自身提出了很高要求，因为实现学生自导自修目标的基础是教师的自导自修，教师自己都不读、不懂经典，教师自己的思想都未达到一定的境界，就无法承担引导学生提升思想的重任。

2005 年，我们在劳动经济、社会保障、行政管理等专业开设了"中国文化经典导修"等中华传统文化系列必修课。2006 年山东省高校德育工作评估组，对我们开展的经典教育工作给予了高度评价。2009 年组织承办了全国"中华诵·2009 经典诵读大赛"山东省烟台分赛区的比赛，学校推荐的节目在山东省获得唯一的一个一等奖。2010 年我校被教育部确定为"中华诵·经典诵读行动"试点单位。学校选送的"'经典提升境界'——经典教育系列活动"获得教育部2011 年高校校园文化建设优秀成果优秀奖。到 2015 年，全校有 16 个专业开设"中国文化经典导修"课程。

在通过第一课堂教学引导学生熟悉并进而热爱经典的基础上，再依托学生社团开展形式多样、丰富多彩的校园文化活动，营造浓厚的经典文化氛围，吸引更多的学生学习经典文化，践行传统美德，从而形成德育与智育紧密结合、知识学习与行为养成融为一体、课堂教学与文化活动相互促进的人文素质教育模式。

2."中国传统文化"课是中国传统文化教育教学的核心课

2015年8月,学校为了进一步加强人文教育,组建人文与传播学院。人文与传播学院一直致力于加强以中国传统文化为核心的人文素质课程体系建设和师资整合,并成立了文化传播教学部。

在人文与传播学院积极争取和教务处的大力支持下,学校从2017年9月开始,把"中国传统文化"课作为通识教育必修课,纳入全校所有专业的人才培养方案。

思想需要载体的支撑,文化的精气神也需要通过多彩纷呈的文化样式来体现。作为中国传统文化的系列课程,启迪思想的课程是核心的,与之相呼应,需要有众多文化样式展示的课程。

我们把"中国传统文化"课作为中国传统文化教育教学核心课,围绕此,我们设想,开设一系列通识教育选修课,作为对中国传统文化多层面、多角度的具体展示。这些文化通识教育选修课,作为"中国传统文化"核心课的"卫星课",需能够对"中国传统文化"课程理念形成支撑,共同发挥立德树人的德育功能。

从时间断代而言,可以开设"夏商周文化""汉唐文化""两宋文化""明清文化"等课程;从思想流派而言,可以开设"儒家文化""道家文化""道教文化""佛家文化""禅宗文化""法家文化""兵家文化""诸子文化"等课程;从文化样式而言,可以开设"中国书法""中国绘画""中国礼仪""中医文化""中国艺术""中国科技""中国诗词""中国戏曲""中国民歌""中国服饰""中国文字""中国民俗""中国古建筑""中国饮食""中国篆刻""中国围棋""中国象棋""中国曲艺"等课程,甚至可以针对某部经典名著或者某类器物文化进行研究并设课。

由此,"中国传统文化"作为通识教育必修课,职责是传"道",是"纲",而不是细枝末节;围绕这个"纲",可以开设一系列"卫星课",即一系列通识教育选修课,作为"目",其职责是授业、讲"术"。纲举才能够目张,"中国传统文化"课作为核心课的地位不能改变,立德树人的职责不能改变,讲授的重点内容不能改变。

3."中国传统文化"课要具有财经院校特色

我们还将进一步凝练"中国传统文化"课的特色。我们学校是经济管理类高校，目标是建设有特色开放式高水平工商大学，培养的人才是具有新儒商素养、国际视野和创新精神的高素质应用型人才。为此，"中国传统文化"课在重点剖析中国传统文化的内在精神的同时，要凸显财经类院校的特色，阐发中国传统文化中优秀商业理念，揭示蕴含于商业行为之中的博大精深的中华商务文化和深沉厚重的商业伦理、商业精神。比如在讲授传统儒家文化时，可以凸显"德本财末""以义为利"等理念；讲授道家文化时，可以阐发其尊重和顺应社会经济规律的思想；讲授佛学文化时，可以揭示其"均富""利他""互惠"等信念。

4. 本节结论：中国传统文化教育教学应植根于经典文化的沃土

总的来说，中国传统文化教育教学必须深深植根于经典文化的沃土，才可能获得丰厚的思想滋养和灵魂熏陶。着眼于以传统经典文化教育教学为核心构建通识教育课程体系，对于夯实大学生的人文功底和个人素养，培养大学生的学识、教养和智慧，强化学生的经典意识、问题意识和生命意识，对大学生的世界观、人生观和价值观进行有效引导，具有重要现实意义。

结语

1. 中华传统文化梦寐以求的春天已经到来

在山东大学儒学高等研究院常务副院长兼《文史哲》杂志主编王学典看来，中华传统文化梦寐以求的春天已经到来。"自'五四运动'以来，中国占主流地位的一直是反传统倾向。国学研究的进行基本是靠学者自身的兴趣。1989年以后，虽然传统文化的研究已经获得合法性，但并未得到大力提倡，仍认为传统文化是保守的标志。"王学典坦言，特别是党的十八大以后，中国对优秀传统文化的强调，是近30年来指导思想上的一个巨大变化，对国学研究、儒学研究而言是一个重大机遇。而2013年11月26日习近平总书记考察曲阜，标志着近一个世纪反传统倾向的终结。

习近平总书记在党的十九大报告中强调："文化是一个国家、一个民族的灵魂。文化兴国运兴，文化强民族强。没有高度的文化自信，没有文化的繁荣兴盛，就没有中华民族伟大复兴。"构建中华优秀传统文化传承发展体系，已被确立为建设社会主义文化强国的重大战略任务，高校应该把握机遇，担当责任，履行好中国传统文化课教育教学的神圣使命。

2. 传承和弘扬中国传统文化，做自信的、有底气和骨气的中国人

中国传统文化里有天地，有乾坤，有芸芸众生，有大千世界；中国传统文化具有跨越时空的永恒魅力、超越国度的普适价值、历久弥新的时代意义。我们的高等学校要教育和引导每一位青年学子学习中国传统文化，掌握中国传统文化，善待中国传统文化，热爱中国传统文化，践行中国传统文化，传承中国传统文化，做自信的、有底气和骨气的中国人！

3. 我们的文化宣言

自1840年鸦片战争被西方坚船利炮打开国门以来，我们仰西方之鼻息，看西方之脸色，行西方之车辙，跟西方之脚后，应西方之声音，什么都以西方为荣耀，以西方为优势，以西方为强盛，以西方为楷模。

今日之世界需要中国，中国必须走向世界。中国文化是世界的文化，世界文化离不开中国的文化。这，应该成为21世纪我们的文化宣言！

（2017年12月19日）

学问的三个层次

在 2018 年 5 月 3 日学校召开的纪念五四运动 99 周年暨表彰大会上，党委书记希望广大团员青年提升"四项素质"，一是要掌握必要的历史知识，二是要培养健康的身心素质，三是要具备较强的创新能力，四是要具有宽广的国际视野。为此，我们荣幸地邀请到了 F 大学历史系 H 教授莅临我们的"人文讲堂"，为我们传授"希腊城邦文明"，以丰富我们的历史知识，开阔我们的国际视野。

H 教授从四大文明古国、古代希腊文明入手，为我们诠释了希腊城邦文明的形成与发展，让我们感受到了一个外域古老文明的魅力及其价值。

H 教授在 F 大学读本科期间与我同系、同级、同班。当时，我们 F 大学历史系 82 级没有分班，前两年统一接受中国通史、世界通史教育，后两年按照个人的兴趣，选修一系列的国别史、断代史或者专门史。H 教授于 1985 年被 F 大学选派，赴 D 大学专修世界古代文明史，从此，他沿着古代文明的道路攀登到了学术的顶点；而我选修的是中国近现代史，却在世俗的道路上远离了学术的原点。

所以，H 教授报告内容已远远超出我的专业范畴和目前的认知水平，我不敢多加评判，但我感到，当今的中国大学生，尤其是我们的人文与传播学院的学生，要掌握历史知识，弘扬中国传统文化，担负起中国传统文化的创造性转化和创新性发展之重任，就需要有开放的眼光，既要了解中国文明，也要了解西方文明，正所谓"海纳百川，有容乃大"。这，正是我们邀请 H 教授来校传授"希腊城邦文明"的初衷所在。

在此，我想表达的是，王国维在《人间词话》里提出"古今之成大事业、大学问者，必经过三种之境界"：

一是"昨夜西风凋碧树。独上高楼，望尽天涯路"；

二是"衣带渐宽终不悔,为伊消得人憔悴";

三是"众里寻他千百度,蓦然回首,那人却在,灯火阑珊处"。

受此启发,我认为一名学者的学问也有三个层次:

一是"故书不厌百回读,熟读深思子自知"——停留在自己头脑里的学问,"两耳不闻窗外事,一心只读圣贤书";

二是"笔底吞吐天下事,小屋笼尽济世心"——关在书斋里的学问,"躲进小楼成一统,管他冬夏与春秋";

三是"学成文武艺,货与帝王家"——走出头脑、走出书斋的经世之学,"了却君王天下事,赢得生前身后名"。

大学是做学问和学学问的地方,由此,我又进一步想到一个现象:平时人们总是用"有学问"来称赞一名学者。但是,什么是学问?一个人博览群书、知识渊博是不是有学问?课题缠身、著作等身是不是有学问?学识、学术、学问三者是不是一回事儿?

其实,学识不等于学术,学识不等于学问,学术也不等于学问。学问者,将学识、学术运用于实际,涤荡心灵、济世安邦之智慧也。因为,学识是眼界和头脑里对知识和现象的掌握广度、深度和高度;学术是书斋里的"学之术",可以称为由学识而结出的学术成果;学问是学识、学术与实际的结合,是观察现实、解决实际问题的智慧,或者学识、学术在实际中的应用。

因此,增学识,只是为了长知识、开眼界,这不叫有学问;搞学术,只是为了发论文、做课题,这也不叫有学问;做学问,就是将学识、学术运用于实践,去解决实际问题。学识、学术、学问三者不是一回事儿!

习近平总书记指出:"广大科技工作者要把论文写在祖国的大地上,把科技成果应用在实现现代化的伟大事业中。"所以,走出头脑、走出书斋,走进实际,走进社会的学识、学术才是真学问。

对照王国维的大事业、大学问三境界和我认为的学问三层次,H教授已经达到了第三境界和第三层次,因为他的学问2011年就已影响到和惊动到了希腊驻华大使馆。我曾在H教授办公室看到了希腊驻华大使颁发给H教授的荣誉证书,其上用希腊文和中文写着:"以兹表彰阁下对传播希腊文化作出的贡献。"这,才是真正走向世界的学问,真正是学问的国际影响力;这也正是我们人文与传播学院每一位师生所应该敬仰的!

H 教授学术荣誉等身。我每每对他的种种荣誉表示祝贺的时候，他总是谦虚、含蓄地说："这些荣誉是授予我们一批人和一个团队的，没有什么了不起的。"所以，H 教授从内心和灵魂里散发出的那种谦和的态度、温润的涵养、低调的品质和团队的荣耀，值得我们人文与传播学院每一位师生学习。

（2018 年 7 月 3 日）

肩负化成天下之使命必须从中国传统文化出发

　　今天，我们有幸邀请到了山东省泰山学者 J 教授为我们作学术报告。J 先生一直从事中国文明史与中国思想史的研究工作，其论著不仅解决了许多学术难题，而且还提出了一系列理论构架，建立了自己的学术体系。其观点经常被《新华文摘》《中国社会科学文摘》《高校文科学报文摘》转载介绍，在学术界产生了深广影响。

　　J 先生从"由国务院总理的报告看中国当今的国际地位""国内外形势发展的需要与传统文化走向前台""传统文化产生于农耕文明""中国需要文艺复兴""中马西结合与中国道路中国文化的世界意义"等 5 个方面，为我们诠释了"国内外局势与传统文化的现实意义"这一命题；同时，还回答了 4 个提问。用 16 个字可以概括 J 先生的报告，就是：博大精深，源远流长，慷慨激昂，手舞足蹈！

　　这场报告，既有国际视野，又有家国情怀；既有经济腾飞，又有文化复兴；既有强国之路，又有新民之道；既有传统价值，又有现实意义；既有社会伦理，又有个人修养。这些，对当下我们深刻理解党和国家所倡导的继承和弘扬中国传统文化的战略部署，具有很强的启发性。

　　J 先生一直致力于社会道德文化建设，从人民大会堂到地方干部大会，再到大学课堂，发表各种演讲，倡导致敬古典文化，弘扬大学文化，建设当代文化，比较东西文化，并在《光明日报》《中国教育报》等报刊发表评论，经常接受中央电视台、地方电视台的采访，被媒体称为有专业理想、有社会责任的新时代文化人。

　　现在，我们中国人要树立"四大自信"：理论自信、制度自信、道路自信和文化自信。文化自信的重要组成部分就是中华优秀传统文化的自信。

听君一席话，胜读十年书。听了J先生的这场报告以及现场的互动，更加坚定了我们的四点认识，无论对否，求教于J先生：

第一，中国是一个历史悠久的文明古国，拥有人类历史上不可替代的、光辉灿烂的、历久弥新的传统文化，它所包含的普世价值和优秀元素，是中华民族核心的价值理念和追求，是数千年来中国人思维方式、行为方式、生活方式和生产方式的高度凝练，是中华民族的血脉，是中华民族的精神，是中华民族的灵魂，是我们建设新文化的重要源泉，体现了中华民族永不衰竭的动力。

第二，在世界文化的大背景下，中国传统文化对人类作出了巨大贡献；在当今世界，中国文化依然发挥着巨大作用。"己所不欲，勿施于人"已经成为国际共识，被译成英文悬挂在联合国总部大楼内，也被写入联合国《人权宣言》和1993年世界宗教领袖的《世界伦理宣言》。所以，大到国际秩序和国家战略，小到家庭和谐、爱情婚姻、人生幸福与个人成才，我们都需要从中国传统文化中汲取智慧与营养。

第三，中国文化在世界文明史上的重要地位，它的深广内涵和它对现代社会的意义还远没有被充分发掘和认识。弘扬中国文化的优秀传统，让世界领略到源远流长的中国传统文化的恒久魅力是完全必要的。

第四，中国文化由于具有特别悠久的历史和丰富的经验，应当对全人类作出更大的贡献。我们应当深入研究和充分发挥优秀传统文化的功能，使它在现代社会中发挥重要的作用。这是我们每一位中国人应尽的责任。

世界需要中国，中国必须走向世界。中国文化是世界的文化，世界文化离不开中国的文化。这，应该成为21世纪我们的文化宣言！

总而言之，中国传统文化里有天地，有乾坤，有芸芸众生，有大千世界！我们倡议，每一位中国人都应学习中国传统文化，掌握中国传统文化，善待中国传统文化，热爱中国传统文化，践行中国传统文化，传承中国传统文化，做真正的中国人！

尤其我们人文与传播学院的学子们，你们十分荣幸地生活在一个重视和需要中国传统文化的时代，你们肩负着化成天下的使命，你们要"为天地立心，为生民立命，为往圣继绝学，为万世开太平"，必须从中国传统文化出发！

（2018年7月18日）

强化课程思政建设　　形成同向同行育人格局

很高兴,也很荣幸,我们邀请到了上海大学李梁教授为我们作学术报告。报告的主题是"关于课程思政建设若干问题的思考"。

李梁教授,法学博士、博士生导师、上海大学马克思主义学院党总支书记兼副院长。获"全国优秀教师""全国高校优秀思想政治理论课教师""高校思想政治理论课教学能手""宝钢优秀教师"等称号,被媒体称为"关心、支持、奉献教育事业,影响、推进教育事业改革和发展的人物"。参与课程思政、思政课程的教改成果分别获得2018年和2014年国家级教学成果奖一、二等奖。中共中央宣传部、教育部"全国高校思想政治理论课骨干教师研修班"主讲教师,上海市高校市级精品课程——"中国近现代史纲要"主持人,上海市高校思想政治理论课名师工作室——李梁工作室主持人。

在高校思政理论课课堂上,他赢得了明星般的拥戴,"一座难求"的课堂常常挤满了站着听课的学生;而在学科的育人前沿,他更是巧妙地将思政课的核心价值不着痕迹地传递给学生。

李梁老师不仅具有丰富的思想政治理论课教学经验,还是全国高校思想政治理论课多媒体教学领域的知名专家。他是国内最早把多媒体技术应用到"中国近现代史纲要"等思政课程,并首次把第二代多媒体教学软件——积件系统引入思政课的教师。曾在教育部高等学校计算机科学与技术教学指导委员会举办的第七届全国高等学校计算机课件评比中获一等奖。受邀为中宣部、教育部及国内多所高校举办讲座、讲授示范课。《人民日报》、《光明日报》、《中国教育报》、《解放日报》、东方卫视、央视等媒体多次对其先进事迹进行专题报道。

2019年3月18日,作为上海市代表之一参加了习近平总书记主持召开的学校思想政治理论课教师座谈会。

今天的报告会，李梁教授给我们带来了更加不一般的感受与开悟，为我们解答了"课程思政"建设若干问题，主要包括：

（1）从思政课程到课程思政。厘清了课程思政与思政课程的关系问题；明确了课程思政与思政课程同向同行的主要内涵；明晰了课程思政与思政课程同向同行的定位。

（2）"课程思政"建设的基本思路。如凝练核心课程，推动课程思政与思政课程同向同行；以思政课为核心引领课程思政教育；立足办学特色拓展通识课程思政内涵；立足学科优势挖掘专业课程思政资源。

（3）"课程思政"建设的实践路径。做到课程门门有思政，教师人人讲育人；开设以中国为主题的系列课程，是推动课程思政建设的核心内容；明晰专业思政途径与方法。

还为我们诠释了课程思政教学设计与技术的理论与实践。主要观点有：

第一，教育逻辑：教育目的与教学目标的实质蕴涵。不同学科的课程中蕴含立德树人的价值要求；立德树人的任务涉及各个学科、各种类型的课程体系；挖掘其他课程和教学方式中蕴含的思想政治教育资源，实现全员全程全方位育人。

第二，课程逻辑：课程内容与教学方法的耦合效应。在课程思政教育教学实践中，没有纯粹的课程内容，也不存在纯粹的教学方法，任何教学模式都是课程内容与教学方法的耦合过程；方法总是一定内容的方法，内容总是方法化的；坚持价值性和知识性相统一；坚持显性教育和隐性教育相统一；坚持主导性和主体性相统一。

第三，教学逻辑："目标—内容—方法"的算法及范型。一切教育现象、教育过程得以形成的最高基准点就是目标，内容是旨在实现目标的"素材性"的基础，教学方法是受一连串"目标—内容"关系制约的，不同学科背景下"课程思政"教学设计案例分享，等等。

李梁教授的报告，蕴含了超前的教学理念、精心的教学设计、深入的教学思考。

关于课程思政的理念最早什么时间提出来的，没有查到确切的时间，但至迟21世纪初，这个理念就已经出现在党的最高级别文献里，这就是2004年10月15日中共中央、国务院印发的《关于进一步加强和改进大学生思想政治教育的意见》（中发〔2004〕16号文，简称16号文），其中提出："高等学校哲学社会科学课程负有思想政治教育的重要职责"，"高等学校各门课程都具有育人功能，所有教师都负有育人职责"。这里明确提出了"课程思政"的理念，并在高校贯彻实施。

党的十八大以来，特别是2015年以来，"课程思政"理念作为高校落实立德树人根本任务的重要组成部分，或者说中国特色高等教育制度被党和国家高度重视。承载或者阐释这一理念的重大事件和重要文献主要有：

2015年1月19日，中共中央办公厅、国务院办公厅印发《关于进一步加强和改进新形势下高校宣传思想工作的意见》，其中指出："要充分发挥高校哲学社会科学育人功能，深化哲学社会科学教育教学改革，充分挖掘哲学社会科学课程的思想政治教育资源。"

2016年12月4日，中共中央、国务院《关于加强和改进新形势下高校思想政治工作的意见》（中发〔2016〕31号，简称31号文）发布，强调，"发挥哲学社会科学育人功能"，"加强对课堂教学和各类思想文化阵地的建设管理"，充分发掘和运用各学科蕴含的思想政治教育资源。

2016年12月7日至8日，全国高校思想政治工作会议召开，习近平总书记发表了重要讲话，他指出："要用好课堂教学这个主渠道，思想政治理论课要坚持在改进中加强，提升思想政治教育亲和力和针对性，满足学生成长发展需求和期待，其他各门课都要守好一段渠、种好责任田，使各类课程与思想政治理论课同向同行，形成协同效应。"

2018年6月21日，教育部部长陈宝生在新时代全国高等学校本科教育工作会议讲话中强调："加强课程思政、专业思政十分重要，要把它提升到中国特色高等教育制度层面来认识。我们要旗帜鲜明，在持续提升思政课质量的基础上，推动其他各门课都要'守好一段渠、种好责任田'，与思政课同向同行，形成协同效应。高校要明确所有课程的育人要素和责任，推动每一位专业课老师制定开展'课程思政'教学设计，做到课程门门有思政，教师人人讲育人。"

2018年9月10日，全国教育大会召开，习近平总书记出席会议并发表重要讲话，他指出："要把立德树人融入思想道德教育、文化知识教育、社会实践教育各环节，贯穿基础教育、职业教育、高等教育各领域，学科体系、教学体系、教材体系、管理体系要围绕这个目标来设计，教师要围绕这个目标来教，学生要围绕这个目标来学。凡是不利于实现这个目标的做法都要坚决改过来。"

2018年9月17日，教育部发布《教育部关于加快建设高水平本科教育，全面提高人才培养能力的意见》（教高〔2018〕2号），其中明确提出："强化课程思政和专业思政。在构建全员、全过程、全方位'三全育人'大格局过程中，着力推动高校全面加强课程思政建设，做好整体设计，根据不同专业人才培养特点和专业能力素质要求，科学合理设计思想政治教育内容。强化每一位教师的立德树人意识，在每一门课程中有机融入思想政治教育元素，推出一批育人效果显著的精品专业课程，打造一批课程思政示范课堂，选树一批课程思政优秀教师，形成专业课教学与思想政治理论课教学紧密结合、同向同行的育人格局。"

由此，"课程思政"建设被提到前所未有的战略高度加以推行。

我们邀请李梁教授作这场报告，就是为了更好地贯彻落实党和国家的"课程思政与思政课程同向同行"的战略部署，更好地指导我们的课程思政建设和思政课程建设。今天，我们法学院、人文与传播学院的教师，与我们马克思主义学院的教师坐在一起，共同聆听李梁教授的报告，也以实际行动表明了我们"同向同行"的姿态。

习近平总书记在学校思想政治理论课教师座谈会上指出："办好思想政治理论课的关键在教师。"其实，办好一切课程的关键皆在教师。因为，学生尽管是课堂主体，但学生毕竟是课堂受众，没有教师的教，就没有学生的学。所以，教学，教师仍然为主导。

李梁教授是上海大学的一个品牌、一个现象、一种精神和一面旗帜，是上海大学的一笔宝贵财富。但是，这种财富不是李梁教授做出了多么惊人的科研成果，获得了多么崇高的学术荣誉，而是他在教育教学上、在立德树人上的那种赤诚、那种热爱、那种用心、那种思索、那种钻研、那种耕耘，表现出了一种无闻功利、潜心育人的思想境界。正是因为他在教学效果、教学质量和教学研究上达到的广度、深度和高度，才成就了他今天的卓尔不凡。

所以，只要抱着对教学工作的热爱、对教育事业的忠诚，围绕立德树人根本任务，对自己承担的每一门课程上心、热心、精心、专心地加以规划和设计，回答好"为什么教、教什么、怎么教、为谁教"这一问题，我们每一位教师都可以像李梁教授那样，拥有一身独门绝技，让我们脚下的讲台变成立德树人的舞台，在其上用心演绎我们教书育人的智慧与才华。我想，我们每一位教师都能成为师生乃至学校之一"宝"。

希望我们人文与传播学院的每一位教师，以李梁教授为目标，在课程思政、在立德树人上发挥更大的作用；希望我们人文与传播学院的每一位教师，与马克思主义学院、法学院教师及全校所有教师一道，为了立德树人的事业，携手并肩，同向同行。

今天，在座的还有部分同学，也希望同学们抱着一份虔诚的求学之心，怀揣一份对受教育的感激之情，积极主动地配合好教师的各种教学设计与安排，回答好"为什么学、学什么、怎么学、为谁学"这一问题，立鸿鹄志，求真学问，在逐梦人生的路途上脚踏实地，行稳致远。

只有教与学的同心同向，才能教学相长，才能更好地完成立德树人的使命。

（2019年4月26日）

我们创造了二级学院学术文化自有品牌
——记"人文讲堂之青年博士论坛"

自2016年10月27日起至2018年12月28日止,经过两年两个月的坚守,山东工商学院人文与传播学院13名青年博士,全部按原定计划完成了他们的"人文讲堂之青年博士论坛"第一季的演绎。

这些青年博士们在没有一分一毫报酬的情况下,自始至终地抱着一种昂扬的进取心和强烈的使命感,心甘情愿地奉献着他们的心血与才华,表现出了新时代人民教师"传播知识、传播思想、传播真理,塑造灵魂、塑造生命、塑造新人"的精神风貌。他们的学识让人敬佩,他们的行为令人感动!在此,对这13位青年博士无私而又辛勤的劳动、对为论坛写下了点睛之笔的13位主持人致以崇高的敬意!对为论坛的顺利举办而前后忙碌的人们表示由衷的感谢!对莅临现场聆听论坛的所有师生致以真诚的祝福!

回顾人文讲堂之青年博士论坛两年两个月的历程,我们不仅感慨万千,而且收获良多。

第一,我们张扬了大学文化之核心——学术文化。

大学文化有物态文化、心态文化、行为文化、制度文化、学术文化等多种形态。其中,学术文化是大学文化的主流,大学上下应该有一种浓郁而又深厚的崇尚学术之风,让身居其中的人们在学术文化的陶冶中享受真理的沐浴,把学术文化的魅力植根于心田,内化为信念,外显于行动。这里的"学术"指的是"学之术",除了学术之术外,还包括教学之术、学习之术、学问之术。大学人有思想、有文化、有知识、有素质,是觉悟性、达理性都很高的群体,尤其是人文类专业师生,都有着经过长期专业训练的人文素养和人文情怀,应该是一个高度自觉、高度理性的"学之术"团队,所以,在日常工作中,大学人都要秉持"以学术为美、以学术为崇高"之涵养,把学术文化视为大学之必需。为此,我们发扬"自己动手,丰衣足食"的精神,从自身做起,靠自身的努力,通过举办青年博士论坛,营造学术文化氛围,发挥学术文化的凝聚力、影响力、推动力和感召力,弘扬理性之思想、自主之精神,包容思考而不放纵谬误,接纳批评而不欣赏丑陋,用学术文化激发青年教师和青年学子创造的灵感和创新的激情,以学术文化唤起青年教师和青年学子人格心灵的自觉,使青年教师和青年学子在浓郁的学术文化氛围中提高自身文化素养和人生境界。

第二,我们彰显了人才队伍顶端的无穷魅力——博士风采。

在中国古代,博士是学官,是教授之官,是博通古今之官。在世界当代,博士是代表学生能够达到的最高水准。博士,作为象牙塔最顶尖的一小部分人,深受众人羡慕,是智慧和能力的象征,是绝大多数人可望而不可即的梦想。博士是以学术研究为基础的,离开了学术研究就失去了博士的意义。在现代大学里,没有任何可以被承认的"非科学"的"博士",也没有任何"非科学"的研究活动。当初,人文与传播学院有青年博士13人,占专任教师总数的42%。他们来自北京师范大学、武汉大学、南京大学、中国传媒大学、山东大学、上海师范大学、中国海洋大学、东华大学、厦门大学等9所国内外知名大学。他们年富力强,学识渊博,是人文与传播学院的"塔尖",是人文与传播学院的希望,代表人文与传播学院的水准,如果不充分发挥他们的作用,让他们既虚度了大好时光,又荒芜了出众才华,乃是最大的浪费,也是莫大的犯罪!开设青年博士论坛,就是让他们尽情阐述他们的学术观点,尽情抒发他们的学术情感,尽情演绎他们的学术才华,向青年学子讲人文、讲人生。事实证明,论坛之上的青年博士不仅激情四射,妙语连珠,让青年学子感受了青年博士的风采与魅力,而且还给青年学子以思想、以学术、以智慧、以信心,激发了青年学子学习的热情与动力。

第三,我们促进了教师间的相互了解与沟通——学术交流。

"崇仁贵和,尚德利群",是清华大学国学研究专家陈来教授在《中华文明的核心价值》中提到的中国文化的基本价值,我们用来作为人文与传播学院的行为理念,引导全院上下无论是思想意识、言行举止、职业操守,还是课程建设、专业建设、学科建设,抑或课题申报、教改立项、奖项评选等各个方面,不仅要讲仁、讲和、讲德,还要"利群",以此全方位提升教职工的组织意识、团队意识和规则意识,以此加强人文与传播学院的凝聚力、向心力建设,努力摒弃"文人相轻"习性,营造清新儒雅、和谐顺畅、合作共赢的工作氛围。青年博士论坛有一个很重要的环节,就是青年博士之间的"相互主持",即前一讲的主讲人就是后一讲的主持人。报告前,主持人和主讲人之间要进行充分的沟通,主讲人要把报告要点提供给主持人,主持人也要全面了解主讲人及其报告的精髓,这样,他们在报告前就有了相互交流的过程。报告中,主持人要认真聆听主讲人的全部内容,哪怕枝梢末节也不容忽略,为点评环节做充足的准备。所以,青年博士论坛每一讲的举行都为主持人和主讲人之间的沟通、交流和点评提供了舞台。不仅如此,在13期的青年博士论坛的全过程中,没有主讲或主持任务的教师也亲临每一期论坛现场,聆听每一位青年博士的学术演绎,为主讲人和主持人鼓掌、加油、助威、喝彩。这是难得的学术碰撞的机会,也是难得的学术合作的机会,更是难得的学术借鉴的机会,促进了教师间即同事间的相互了解与欣赏。

第四,我们丰富了青年教师不可多得的业务经历——学术报告。

山东大学儒学高等研究院执行副院长、《文史哲》杂志主编王学典教授曾说:"有的人研究一辈子,别人不知道你到底是干什么的,你可有可无;或者别人在研究这个领域时不提你,不影响对这个领域的讲述,这都意味着你没有取得相应的成绩。"所以,青年博士不应把自己局限于一般的"教书匠",也不应把自己捆绑于几门课,而应成为所在领域的专家、学者,并且对所在领域有着独到的学术见解和学术话语。青年博士论坛就是为他们搭建进一步施展才华、释放学问的平台,让每一位青年博士既当某一场的主讲人,又当另一场的主持人,使他们在课堂讲授之外,转换一下讲授角色,改变一下讲授方式,面对不同的受众,亲身感受一下学术报告与课堂讲授之"不同",这样,就可以增加青年博士的出镜率,提高青年博士的知名度,锻炼青年博士的学术力,发挥青年博士的骨干作用,缩短青年博士的成长期,对丰富青年教师的业务经历会大有裨益,还可以为他们"进学术圈、入专家围、合学问流"积累经验。

第五,我们探索了学术文化与立德树人相融合的方式方法——人生榜样。

青年博士有朝气、有活力、有才华,与青年学子在世界观、人生观、价值观以及生活方式等方面没有隔阂,没有代沟。他们的经历,青年学子能够感知；他们的经验，青年学子能够借鉴；他们的学历，青年学子能够复制；他们的学识，青年学子能够获得；他们的教诲，青年学子能够信服；他们的人生经验，青年学子能够分享。他们有资格、有能力而且必须成为青年学子成长路上的"灯塔"。所以，开设青年博士论坛，围绕学科和专业属性，以学术讲座为媒介，组织青年博士教师和青年学子都参与到学术文化中来，通过多角度、多学科、多层面的学术活动，将传统的、单一的、枯燥的思想政治教育模式变得鲜活、多样和生动。青年博士论坛不仅蕴含着丰富的人文内涵，彰显着高雅的人文情操，而且青年教师博学的知识和高尚的人格，也会在潜移默化中感染青年学子，对青年学子开阔视野、增加学识、创新思维、认知人生都有着示范、引领作用，从而有助于提升思想政治教育实效，坚定青年学子的理想信念，帮助青年学生树立正确的世界观、人生观和价值观。

第六，我们创造了二级学院学术活动自有品牌——青年博士论坛。

品牌建设或者品牌文化是我们广告学、编辑出版学、汉语言文学3个专业的优势与特长，尤其我们的广告学专业还以"企业形象与品牌传播"为研究方向。我们任何有目的的活动，都紧紧围绕专业与学科属性，突出"人文"与"传播"特色，努力形成义化品牌或者特色品牌。青年博士论坛在山东工商学院前30年发展史上未曾有过，然而，从2016年10月27日开始，到2018年12月28日为止，经过两年两个月的坚守，人文与传播学院已将青年博士论坛打造成为二级学院学术活动"自有"品牌，在全校上下产生了良好的品牌效应，赢得了全校师生员工的高度赞誉。同时，青年博士论坛还被学校推荐并成为山东省高校大学生思想政治教育典型案例。值得一提的是，我们广告学专业陶化治老师精心设计的青年博士论坛海报、我们学子组成的微信平台团队的每一期推送，都是精益求精的"传播艺术品"，都彰显着我们自媒体的专业力、表达力、传播力和影响力。

第七，我们坚守了自己的初衷——持之以恒。

2016年9月9日，我们举办了人文讲堂之青年博士论坛启动仪式。仪式上，我们对论坛宗旨、活动方式、主题选择、遵循原则、论坛目的、报告次序等作了全面设定。从2016年10月27日的第一讲《诗礼文化，道德人生》开始，到2018年12月28日的第十三讲《文学何为：如何理解20世纪中国文学》为止，我们坚持最初的设定，有计划地、有秩序地、有组织地推进青年博士论坛的持续开展，使青年博士论坛有始有终、持之以恒地坚守了两年两个月，先后为2000余名青年学子无私奉献了一场场学术盛宴，让青年学子受到了学术的熏陶，领略到了学术的魅力，使他们懂得了辛勤耕耘的价值。这其中，我们的办公室、教学管理办公室负责教师层面的组织工作，学生办公室负责学生层面的组织工作，他们各司其职，各负其责，通力合作，保证了每一期论坛的超前谋划、规范有序。由此，我们得出一个结论：只要我们努力，只要我们心齐，就没有干不成的事儿。

总而言之，青年博士论坛将课堂外的学术文化交流与榜样行为示范，作为对传统宣讲式教育的补充，进一步拓展了教师"教书"与"育人"的时间和空间，进一步搭建了青年教师成长成才的平台，进一步丰富了大学生思想政治教育的资源与形式。

青年博士论坛我们还将继续！

最后，向所有为青年博士论坛而无私奉献的青年博士们、向所有为青年博士论坛而辛勤工作的人员、向所有积极聆听青年博士论坛的师生致以美好的祝愿！

（2019年5月25日）

讲好中国故事是我们的使命与担当

旅居加拿大温哥华的华人董存发先生来到人文讲堂，为200余名师生呈现了《海外华裔讲好中国故事——唐人街是一条奔腾不息的河》的报告。报告从探寻海外华裔基因、传奇、灵魂、梦想入手，讲述了三部分内容：一是温哥华唐人街的历史和中国移民数量的变化，二是以钟锦堂、周炯华、关慧贞、杜维善为代表的华裔加籍成功者的成就，三是传承中华传统文化是海外华裔的共同使命。董先生的报告别开生面，激情飞扬，是以自己的亲身经历讲述海外华人如何讲好中国故事，是一场生动的人生课、人文课、爱国课、历史课和海外华人奋斗课。

身居海外，董存发先生强烈感受到海外华人自强不息、厚德载物的高贵品质，强烈感受到唐人街就是一条奔腾到世界的中华文明之河，与人类其他文明碰撞、交汇、融合，百川入海，形成人类共同文明的海洋。董先生的经历和所讲的内容，给我们诸多启迪：

第一，不管你大学学的是什么，到了社会只要你想干，什么都能干好。大学里的专业只是接受大学教育的一个"支点"，不代表个人未来的发展。大学教育只是个"热身"，将来的社会教育才是真正的"比赛"，每一个人都要学会在社会大学中找到适合自己的"专业"，学会在社会大学中修满应该修得的"学分"。董先生本科学的是历史学，且是中国近现代史、中国文化史，但他后来不仅拥有了金融学研究生学历，还有MBA硕士学位；不仅从事过10年以上的学术研究、新闻传播工作，也有15年以上领先保险公司资深高级管理者经历；不仅能熟练地开展中文学术研究与写作，而且还能熟练地开展英文交流和写作。董先生的经历告诉我们：只要自己想学，没有学不好的学问；只要想干，没有干不好的事业。所以，我们必须树立终身学习、努力奋斗的思想。

第二，当代大学生要正视这个时代，珍惜这个时代，感恩这个时代。目前我们所处的时代，是中华民族从站起来、富起来到强起来的时代，是海内外中国人昂扬挺胸的时代，是莘莘学子无忧无虑学习的时代。我们很幸运生活在一个幸福的时代，我们要用自己的青春来抒写这个时代、保护这个时代、发展这个时代。古希腊有个历史学家叫修昔底德，他写了一本著名的历史著作《伯罗奔尼撒战争史》，其中提出："战争不可避免的真正原因是雅典势力的增长和因此而引起的斯巴达的恐惧。"这句话，被称之为"修昔底德陷阱"。人们疑问中美两国能否避免"修昔底德陷阱"？能否发生战争？尽管中美之间目前没有炮火硝烟，但美国为什么制裁中兴、华为，为什么与我们打贸易战、科技战、金融战等，就是因为我们的复兴引起了美国的"恐惧"。仅此一例，就让我们无法无视当今中国的伟大成就，无法无视中华民族当今的豪迈。我想，董先生在海外会有切肤之感。

第三，我们人文与传播类专业的师生要有责任担当，要学会讲好中国故事，传播好中国声音，树立好中国形象。习近平总书记多次号召要讲好中国故事，传播好中国声音，树立好中国形象。这是我们中国人道路自信、理论自信、制度自信和文化自信的外在表现与必然结果。我国的综合国力和国际地位不断提升，国际社会对中国的关注前所未有，把一个真实、立体、全面的中国展现给全世界是我们每一个中国人的责任与义务。我们是汉语言文学专业、编辑出版学专业、广告学专业，"讲好中国故事"应该是我们的专业技能，"传播好中国声音"应该是我们的专业优势，"树立好中国形象"应该是我们的专业追求。所以，讲好中国故事，传播好中国声音，树立好中国形象，是我们人文与传播类专业师生天经地义的使命与担当。"文质彬彬君子也，化成天下人文也""学人文做君子，用人文担道义"就是这个道理。人文与传播类专业的师生都要像董先生今天这样，要有趣、要有料、要能讲故事、会讲故事。作为华夏儿女的华侨华人分布在世界五大洲各个国家和地区，有着数千万人，董先生今天为我们描述的只是其中的一小部分。但愿董先生今天的报告能够进一步激发我们的爱国之情、报国之志，把中国故事、中国声音、中国形象传到世界每个角落。

第四，学习历史虽然是在与过去对话，但目的是镜鉴当今和未来，学习和熟知历史是人文与传播类专业师生不可或缺的本领。我们要做好人文和传播的学问与职业，必须具备深厚的历史素养和历史底蕴。习近平总书记指出，历史研究是一切社会科学的基础,并号召我们要有大历史观,要学习研究党史和新中国史。所谓大历史观,我认为最起码有三个维度:一是全球史,从世界范围看当代中国;二是文明史,从历史长河中看当代中国;三是专门史,从各个不同领域看当代中国。梁启超讲:"史学者,学问之最博大而最切要者也,国民之明镜也,爱国心之源泉也。"我们热爱我们的国家,就必须学习历史,熟悉历史。我们学校提出要培养大学生"四项素质",其中"必要的历史知识""宽广的国际视野"两项,离不开中国通史、全球通史的修为,这样,我们的心中就会有一条历史的长河,就会有一片世界的海洋,那么,我们就能看清中国这艘"航空母舰"是怎样驶过来的,要驶往哪里去,又是经历了怎样的惊涛骇浪。今天,董先生带给我们的不仅是中国人自己的历史,也是中国人在世界的历史。

第五,树有根,人也有根,根就是气脉、魂脉、血脉和命脉。唐人街,就是海外华人心目中的根和脉,这个根就是中华民族之根,这个脉就是中华民族之脉。唐人街作为中国人在海外的一种文化符号,作为海外中国人相互帮助、相互接济、相互依靠的象征,充分说明一个道理,那就是中华民族是团结的民族、进取的民族,从而使中华优秀文化生生不息,延绵不断。董先生的报告虽然说的是唐人街的故事,但他站在外部的角度,用世界的视野,不仅诠释了中华民族自强不息、厚德载物的意志品质,也证明了中华民族的生机与活力。

听完董先生讲述唐人街的故事,我想起了《我的中国心》里的一段歌词:"流在心里的血,澎湃着中华的声音,就算身在他乡也改变不了我的中国心。"我想,这就是与董先生一样的海外华人的心声!

(2019年11月15日)

没有一流的名分但要有一流的气质
——在山东工商学院青年博士论坛人文分论坛上的发言

序言：立论依据

无论是一流学科，还是一流专业，要具备许多客观条件，这些客观条件，有些并不是靠短期突击就能够达到的，要靠历史的积淀和长久的发展。

2015年，在建校30周年之际，山东工商学院组建人文与传播学院，下设汉语言文学、编辑出版学和广告学3个本科专业。其中，编辑出版学专业2015年招生，汉语言文学专业2009年招生，广告学专业2013年招生。相比较而言，3个专业的历史不长，尤其是在以经济管理类专业为主体的财经类高校中，人文传播类专业在发展布局、资源占用、师资配备等各个方面，皆不占优势。但是，我十分赞同有位大学校长说过的话："新时代大学，专业教育为体，创业教育为翼，人文教育为魂。"所以，要办成一流大学，必须有一流的人文教育。

2016年12月8日，习近平总书记在全国高校思想政治工作会议上指出：高校立身之本在于立德树人。只有培养出一流人才的高校，才能够成为世界一流大学。办好我国高校，必须牢牢抓住全面提高人才培养能力这个核心点，并以此来带动高校其他工作。

2018年5月2日，习近平总书记在北京大学师生座谈会上的讲话中进一步指出：学生在大学里学什么、能学到什么、学得怎么样，同大学人才培养体系密切相关。目前，我国大学硬件条件都有很大改善，关键是要形成更高水平的人才培养体系。

2018年9月10日，习近平总书记在全国教育大会上强调："要努力构建德智体美劳全面培养的教育体系，形成更高水平的人才培养体系。要把立德树人融入思想道德教育、文化知识教育、社会实践教育各环节，贯穿基础教育、职业教育、高等教育各领域，学科体系、教学体系、教材体系、管理体系要围绕这个目标来设计，教师要围绕这个目标来教，学生要围绕这个目标来学。"

2018年6月21日，教育部党组书记、部长陈宝生在新时代全国高等学校本科教育工作会议上作了《坚持以本为本，推进四个回归，建设中国特色、世界水平的一流本科教育》的讲话，他指出：面对本科教育存在的突出问题，必须推进"四个回归"，就是要回归大学的本质职能，把"培养人"作为根本任务。一是回归常识，就是学生要刻苦读书学习。二是回归本分，就是教师要潜心教书育人。三是回归初心，就是高等学校要倾心培养建设者和接班人。四是回归梦想，就是高等教育要倾力实现教育报国、教育强国梦。

2018年9月17日，教育部印发的《教育部关于加快建设高水平本科教育，全面提高人才培养能力的意见》开宗明义："紧紧围绕全面提高人才培养能力这个核心点，加快形成高水平人才培养体系"，并明确提出："办好我国高校，办出世界一流大学，人才培养是本，本科教育是根。建设高等教育强国必须坚持'以本为本'，加快建设高水平本科教育，培养大批有理想、有本领、有担当的高素质专门人才。"

所以，全面提高人才培养能力，形成更高水平的人才培养体系，已经成为新时代高校落实立德树人根本任务的核心工作。

针对此，尽管我们不具有一流学科，也不具有一流专业，但是，我们要有一流的教育理念和一流的教育行为：

一、坚守一流的使命担当

学校党委、行政之所以在2015年建校30周年之际组建人文与传播学院，是基于三个方面的考虑，这三个方面就成为人文与传播学院肩负的三项使命：

（1）肩负所设专业汉语言文学、编辑出版学和广告学人才培养使命，为社会输送合格的人文与传播类应用型人才。

（2）肩负面向全校各专业开展人文通识教育使命，全面提升大学生的人文素养、人文情怀和人文精神。

（3）肩负大学文化建设使命，为学校有特色开放式高水平工商类大学建设贡献才智。

这三项使命共聚一身，在全校二级学院中绝无仅有。

二、坚守一流的行为理念

"崇仁贵和，尚德利群。"这是清华大学国学研究专家陈来教授提出的中国文化的基本价值，我们用以作为行为理念，即无论思想意识、言行举止、职业操守，还是课程建设、专业建设、学科建设等各个方面，人文与传播学院的每一位师生员工都要有仁爱之心、和谐之象、德行之美、群体之识，以此加强凝聚力、向心力建设，营造清新儒雅、惠风和畅的立德树人氛围。

在日常工作中，无论是谁，都要秉持"以学术为美、以学术为崇高"之涵养，坚守"四讲四不讲"，即：讲学术不讲心术，讲学派不讲帮派，讲学位不讲官位，讲学道不讲权道。这里的"学术"指的是"学之术"，除了学术之术外，还包括教学之术、学习之术、学问之术。

在规则面前，要旗帜鲜明地坚守"四让四不让"："四让"——让担当付出的人不吃亏、让用心干事的人不吃亏、让踏实本分的人不吃亏、让遵守规则的人不吃亏；"四不让"——不让投机取巧的人占便宜、不让我行我素的人占便宜、不让惹是生非的人占便宜、不让挑战规则的人占便宜。

行走在中国大学校园的教师，不仅是知识的化身，还是人生的楷模，必须坚守"三条底线"：一是政治底线。中国的大学是中国特色社会主义大学，这是毋庸置疑的政治方向。二是法律底线。教师肩负着为社会培养合格公民的重任，更应该做遵规守法的模范。三是道德底线。教师要有"人师"的道德品质，做人类灵魂的工程师。

三、坚守一流的教育良知

大学的良知即大学的初心和本分，这就是立德树人。

院风层面：集中人力、物力、财力，拿出每一位教师的看家本领，精心培育好前来求学的莘莘学子，让他们享受应该享受的教育资源，让他们得到应该得到的知识熏陶。

教风层面：不抓教学就是对教学行为的放任自流，不抓教学就是对学生和家长的极端不负责任；对教学要常抓，且要常抓常紧，常抓常新。

学风层面：在日常教学和管理的全过程、全方位、全环节中，要以标准第

一、质量第一为原则，决不能为了迁就学生而降低培养要求，也决不能以降低培养要求来换取功利性指标。

四、坚守一流的培养目标

紧跟时代步伐，对接社会需求，培养"有思想、有智慧、有创意、有使命、有担当"的高水平应用型专门人才。

（一）汉语言文学专业

培养具有良好的人文素养、敬业精神和创新意识，主动适应现代社会发展需要，系统掌握汉语言文学、商务、文秘的基础知识、基本理论、专业技能和现代办公自动化技术，能够在党政机关、企事业单位、社会团体，从事办公室管理、行政管理、档案管理、商务管理等工作的高水平应用型专门人才。

（二）广告学专业

培养具有开阔视野和创新精神，系统掌握广告与营销传播等理论知识和技能，能够在党政机关、教育机构、文化传媒企事业单位、互联网公司以及其他经济组织、社会团体，从事广告创意策划、设计制作和市场营销、经营管理等工作的高水平应用型专门人才。

（三）编辑出版学专业

培养具有宽广的文化和科学知识背景，系统掌握编辑出版学基本理论和专业技能，熟悉新闻与传播方面政策法规，能够在党政机关、新闻出版企事业单位、文化教育机构、互联网公司以及其他经济组织、社会团体，从事传统及新媒体编辑出版、营销策划、宣传推广和管理工作的高水平应用型专门人才。

五、坚守一流的办学特色

充分考虑学生的成长、社会的需求，立足应用型，凸显特色化，追求高水平，努力彰显专业特色，突出人才特色，张扬文化特色，凝练研究特色，形成团队特色：

（一）专业特色

紧紧依靠学校经济管理类办学母体，将编辑出版学专业设定为新媒体与财经传播方向，广告学专业设定为广告创意策划与管理方向，汉语言文学专业设定为商务文秘方向，坚定不移地走差异化发展道路，使学生经过四年的大学教育，具有"一专多能"的生存本领。

（二）人才特色

结合人文传播类专业属性，着力培养学生"六大核心能力"：认知能力、批判能力、审美能力、表达能力、创造能力、教化能力，使所培养的学生能够得到社会的认可与推崇，让学生具有立命于世的竞争能力。

（三）文化特色

结合专业、学科特性，积极构建以韵美的物态文化、优质的教学文化、奋进的学习文化、理性的学术文化、规范的制度文化、儒雅的行为文化、清新的环境文化、鲜明的特色文化、高尚的精神文化、平和的心态文化为主要内容的文化体系，让学生接受高品位、高颜值的文化浸润，使他们成为真正有文化、有内涵的高素质劳动者。

（四）研究特色

与专业方向相匹配，编辑出版学专业以融媒体与区域传播（含出版文化、出版产业）为研究特色，广告学专业以企业形象与品牌传播（含品牌传播与管理、视觉传播、广告传播）为研究特色，汉语言文学专业以中华商务文化（含商务伦理、商务文学、商务文秘）为研究特色，文化传播教学部以文化传播（含中华优秀传统文化、革命文化、社会主义先进文化、区域文化、商务文化）为研究特色，以此形成优势，给专业以有力的学术支撑，让学生受到学术的感染，使学生具有思考与探索的精神追求。

（五）团队特色

本着"增数量、提质量、调结构、凝方向、强能力、上水平"的原则，围绕专业和学科方向，聚焦文化传播、品牌传播、融媒体传播，加强学术性人才团队建设，开展有组织性科研，使学术成果能够相互支撑、相互借力，以此提升专业和学科实力，使学生接受更高水平的教育。

六、坚守一流的价值追求

"圣达立言，化成天下，人文也。""观乎天文，以察时变；观乎人文，以化成天下。""国之华彩，人文化成。"所以，人文人要有天下胸怀，能大任担当。

（1）学在人文，爱在人文，美在人文，成在人文。

（2）文质彬彬君子也（做人），化成天下人文也（做事）。

（3）学人文做君子（做人），用人文担道义（做事）。

七、坚守一流的学风建设

学风建设是个系统工程，不能光靠一点，也不能光靠一面，必须点连成线，线组成面，点面结合，齐头并进。

（一）以制度"框"学风

制度带有根本性、全局性、稳定性和长期性，是从客观上规范和制约人们思想和行为的一种硬措施，起着强制和威慑作用。健全和完善学风制度，就是要大学生尊重制度、敬畏制度、遵守制度，使学习行为自觉地纳入制度的轨道上来，并使之成为习惯。

（二）以管理"严"学风

管理是组织、是指挥、是协调、是控制，只有严格管理，严肃纪律，严密组织，才能使学生不放纵自我，不迷失方向，从而形成奋发有为、健康向上的良好局面。

（三）以考纪"促"学风

考试对学生发挥着评价、引导和激励作用，其目的是检验学生的学习效果。考纪越严，考试风气就越好，倒逼学生加强日常学习，明确学习目标，端正学习态度，通过自己的不懈努力，成就真才实学的自我。

（四）以文化"化"学风

大学即文化，文化即大学。大学文化是先进的文化，对学生具有化育和陶冶作用。加强大学文化建设，就是让学生沐浴着先进文化自觉地学习进步。

（五）以教风"带"学风

教师是知识的先行者和传授者，学生是知识的后进者和获取者，在教与学这对矛盾中，教是第一位的，起主导作用。所以，教风是学风的先导并对学风起决定作用，即有了好的教风，就能带动起好的学风。

（六）以社团"浓"学风

大学社团是教学的第二课堂，是大学教育不可或缺的一部分，发挥着实践育人作用，同时也是提升学生综合素质、完善人格品质的平台。紧密结合专业、学科特点，开展多种形式的专业、学科竞赛，引导学生开展探究性学习，培养创新意识和创新能力。

（七）以考研"引"学风

实行"导师指导、导员引导、氛围营造、全员关注"的办法，从入学那天起，课堂上、课堂下，有意识地引导学生继续深造，提高受教育的层次。

（八）以技能"提"学风

拥有一张职业资格证（如教师证、会计证等等），是迎接社会检验、提高就业能力的重要砝码。鼓励和支持大学生踊跃参加职业资格考试，也是大学生创新创业教育的重要内容，对提高学习兴趣、提升学习风气大有裨益。

（九）以榜样"树"学风

榜样的光辉有着巨大的辐射效应，尤其是身边的朋辈，经历可互相感知，经验可互相借鉴，事迹可互相信服。榜样犹如指引航向的"灯塔"，可以照亮青年学生的成才之路。

（十）以环境"造"学风

大学不仅要教书育人、管理育人、服务育人，也要环境育人。环境有硬环境，也有软环境，但不管什么环境，只要健康、优雅、文明、进取，就可鼓舞人心，催人奋进，让身处其中的大学生向上好学，奋发成才。

但是，学风建设的目的是要取得实实在在的效果，那么检验学风建设成效的标志是什么？大致有十项：

第一，课程考试的成绩优秀率与不及格率；

第二，学科性（专业）竞赛的参与率及其获奖情况；

第三，考研率（报名率、上线率、复试率、录取率）；

第四，上课迟到率、旷课率；

第五，上课精神状态；

第六，期末考试作弊率；

第七，大学英语四六级考试通过率；

第八，获得校级及以上优秀学生称号数量及频次；

第九，图书借阅量和借阅率；

第十，职业资格证书等报考比率及其通过率。

学风是大学的灵魂，学风建设是大学的永恒主题，需要所有的人共同努力。

八、坚守一流的行为规范

管理人员、教师和学生各有各的行为规范，这种行为规范都要符合人文精神和人文特质。

（一）管理人员十讲

大学管理人员首先应该是个学者，其次才是个管理者，在日常行为中，要有虚怀若谷、海纳百川的气度，内敛含蓄、和蔼谦恭的气质，礼贤下士、淡定善行的气节。

一讲学习。学理论，学经典，学先进，向书本学，向师生学，向实践学。

二讲团结。团结好每一位师生员工，用一颗真诚的心去面对集体中的每一个人。

三讲正气。要想使自己成为大家都喜欢并愿意在一起的那个人，必须一身正气。

四讲规矩。无论何时何地都要严守规矩，一言一行都要以规矩来约束、来衡量。

五讲民主。凡事不可独断专行，不可刚愎自用，不可一意孤行。

六讲理性。无论是决策议事，还是处理事务，都要遵守事物的发展本性和自然进化原则。

七讲科学。凡事要公允合理，不能有脱离实际的空想，更不能放纵个人性格。

八讲规范。凡事都不能随性而为，马虎应对，都要符合规定的标准，讲求和谐的秩序。

九讲服务。凡事必须站在教师主体地位这一边，为教师办实事、解难事、做好事。

十讲担当。对组织负责、对岗位负责、对他人负责，精心谋事、潜心干事、专心做事。

高等学校是育人的圣地，学术的殿堂，文明的场所，选择一种更加尊重人、理解人、关心人、爱护人的柔性管理方式，对于调动师生员工的积极性，发挥师生员工的创造性，凝聚师生员工的力量，会起到事半而功倍的效果。

（二）教师十问

曾子有云："吾日三省吾身。为人谋而不忠乎？与朋友交而不信乎？传不习乎？"我们的教师更应该扪心自问。

一问：我有没有放任自流自甘平庸而愧对"人师"这个称号？

二问：我有没有经过充分的积累而胜任讲好每门课程的能力和水平？

三问：我有没有能融入主流群体并为之增加正能量的人格和品行？

四问：我有没有关心团队的发展并在其中发挥应有的作用？

五问：我有没有理解组织的工作意图和核心价值并为之付诸实践？

六问：我有没有甘于担当并为他人付出的愿望与精神？

七问：我有没有以自我为中心而侵害或妨碍他人权益的言行？

八问：我有没有在自身与他人价值发生冲突时客观公正换位思考的习惯？

九问：我有没有足够的学识用以指导学生的科技创新或学术活动？

十问：我有没有锐意进取并提升自我的规划和行动？

如果我们的教师能时时刻刻以上述"十问"自省，他就会成为一名道德高尚、学识渊博、值得尊重的教师！

（三）学生十戒

荀子有云："不登高山，不知天之高也；不临深溪，不知地之厚也；不闻先王之遗言，不知学问之大也。"所以，"学不可以已"！大学生正处人生成长期，必须立志高远，修身增智。

一戒：沉溺玩娱，荒芜正业，虚度青春光华；

二戒：无视律纪，罔闻诲教，游戏知识殿堂；

三戒：心浮气躁，好高骛远，不屑脚踏实地；

四戒：目光短浅，胸无大志，舍弃美好前程；

五戒：索然寡居，形单影只，远离朋辈群体；

六戒：失信违约，不守诺言，毁誉人格品行；

七戒：自私自利，损人益己，伤害同窗情谊；

八戒：贪逸享乐，不念艰辛，挥霍双亲血汗；

九戒：忤逆尊长，心无感恩，背离人伦天理；

十戒：志趣低俗，败风伤雅，辱没诗书礼仪。

如果我们的学子都能时时以这"十戒"告诫自己，规劝自己，他就能成为一个高尚的人，一个纯粹的人，一个有道德的人，一个脱离了低级趣味的人，一个有益于人民的人。

九、坚守一流的文化品牌

紧紧围绕专业与学科属性，突出"人文"与"传播"特色，打造一流的文化品牌。

（一）大学生自媒体中心

以"专业力、表达力、传播力、影响力"为着力点，打造大学生自媒体中心，并以此为核心，发挥专业优势，充分挖掘和利用校内教学资源，建立长期稳定广泛的实践教学平台或岗位，全方位提高学生的实践应用能力。大学生自媒体中心容纳了5家大学生"自媒体"：《漂》《沐风》《人文传真》《新报人》和"山商人义传播微平台"。

《漂》创办于2009年，是由山东工商学院学生工作处主管、人文与传播学院主办的面向全校发行的学生自办杂志。秉承"聚焦新闻热点，引领校园风尚"之理念，旨在为同学们提供一个抒发自我、交流实践的平台，丰富校园文化生活。

《沐风》创办于2012年，是由共青团山东工商学院委员会主管、人文与传播学院汉语言文学系主办的面向全校发行的学生自办纯文学杂志。秉承"笔润我心、如沐春风"之理念，抒发真情实感，培养文学情怀，旨在为同学们提供一个文学交流、展示自我的平台，丰富校园文化生活，传递中国优秀传统文化。

《人文传真》创办于2016年，是由山东工商学院人文与传播学院主办，面向全校师生发行的文选性杂志。秉承"探寻世界本源，剖析人性真谛；传承文化基因，彰显人文魅力；思考大学教育，重塑大学灵魂"之理念，不定期刊登海内外大家论述人文及人文教育的既有韵味，又有思想性、启发性和指导性的精品力作。

《新报人》创办于2005年，是由山东工商学院编辑出版学专业学生自办，人文与传播学院主管，旨在培养学生新闻采写编能力的教学实践型报纸。秉承"展现专业风采，传播新闻精神"之理念，旨在提高学生的实践能力，适应社会发展需求。

"人文传播微平台"创立于2015年，是山东工商学院人文与传播学院官方微信公众号。秉承"内强素质，外塑形象"之理念，搭建学院发展、教师成长、学生成才平台，成为融媒时代人文与传播学院清新靓丽的名片。

这五种"自媒体"中有传统媒体，也有新媒体；有报纸，也有杂志；有文学创作，也有思想聚焦；有鲜活文字，也有灵动视频；有版式设计，也有摄影采风；有世俗视点，也有人文教育。它们共处一室，相互交流、相互启发、相互依靠、相互融合，促使它们由"自媒体"走向"融媒体"，全方位历练人文学子的能力与素质，多层面展示人文学子的魅力与涵养。

（二）古韵今声·国学浸校园系列活动

以学生为主导，开展"古韵今声·国学浸校园系列活动"，包括汉字听写大赛、国学达人挑战赛、诗词大赛、论语大赛等丰富多彩的具有人文气息的文化活动。

（三）悦读勤思·书香润校园系列活动

以专业教师为依托，开展"悦读勤思·书香润校园系列活动"，包括"学人自述""聊聊专业读书那些事儿""奇葩说书主题座谈会""送书进崇文""主题荐书""图书营销大赛"等多种形式的爱书、读书、说书、荐书、销书等书香文化活动。

（四）人文讲堂之青年博士论坛

人文与传播学院有青年博士15人，他们有朝气、有活力、有才华，尤其与青年学生在世界观、人生观、价值观以及生活方式等方面没有隔阂，没有代沟。他们的经验，青年学生能够借鉴；他们的教诲，青年学生能够信服；他们的人生经验，青年学生能够分享。他们有资格、有能力成为青年学生成长路上的"灯塔"。所以，开设"人文讲堂之青年博士论坛"，搭建青年博士进一步施展才华、释放学问的平台，让他们围绕专业特长和研究方向，面向所有专业所有学生举办学术报告。

（1）论坛宗旨：交融思想，启迪智慧，活跃学术，立德树人。

（2）主题选择：围绕教学科研与学生关心的热点问题，结合青年博士专业特长和研究方向，探索前沿问题，突出人文情怀和人生启迪。

（3）遵循原则：讲究学术规范，恪守政治规矩，凸显学识涵养。可以借鉴，但必须自成体系；可以引用，但必须标注来源；可以思考，但必须正面引导；可以批判，但必须遵守法纪；可以新颖，但必须符合主流。

（4）预期目的：给青年学生以思想、以学术、以智慧、以信心，让青年学生感受青年博士的风采与魅力，激发青年学生学习的热情与动力，帮助青年学生树立正确的世界观、人生观和价值观。

十、坚守一流的工作业绩

我们不仅要坚持一流的教育理念，还要取得一流的工作业绩。

（一）前期业绩回顾

1. 学术成就显著

2015—2019年度中，人文与传播学院共获国家社会科学基金项目1项、教育部人文社科研究项目6项、山东省社会科学规划项目8项，平均每年获国家级和省部级课题3项；出版学术专著和教材5部；发表高水平学术论文29篇，其中A类期刊论文1篇、B类期刊论文5篇、C类期刊论文23篇。

2. 专业吸引力和专业价值不断提升

（1）人文与传播学院新生报到率皆高于全校总报到率。

（2）根据学校入学一年后可以申请转专业的规定，人文与传播学院共转出学生10人、转入19人，净增9人。

（3）初次就业率逐年上升，前三年总排名居各学院中上水平，2019年位居各学院第1名。

3. 学风建设扎实有效

（1）人文与传播学院毕业生考取硕士研究生的平均比例超过全校平均比例。

（2）人文与传播学院毕业生考取硕士研究生的院校层次高，不少为南京大学、武汉大学、华中科技大学、华东师范大学等985、211高校。

（3）期末考试违纪率低，仅为0.15%，且其中有连续三个学期实现"零违纪"。

（4）报考教师资格证已蔚然成风，尤以汉语言文学专业为盛。

4. 学生实践创新能力强

（1）全国性、省际各类学科竞赛获奖数量逐年增加。

（2）大学生创新创业训练计划项目立项数量逐年增加。

（3）人文与传播学院的学生已成为《山东工商学院院报》稿件来源的主力。

5. 学生综合素质高

（1）全校50余个专业2万余名学生，每年评出"山商骄傲"十大优秀学子10名，人文与传播学院的学子连续4年获此殊荣，且每个专业至少1名，另有提名奖1名。

（2）人文与传播学院建院时间虽短，学生人数少，专业和学科亦非学校优势专业和学科，但涌现出大批校级学生干部或活动骨干，如校学生会主席、社团联合会主席、大学生记者团团长、新媒体中心主席、校主持队优秀主持人等。

（3）人文与传播学院建院仅有4年的时间，涌现出大批品学兼优的学子，如省级优秀学生、省级优秀干部、国家奖学金获得者、省级优秀共青团员等。

（二）今后工作规划

今后，在继续做好教育教学，组织好国家级、省部级课题申报和高水平学术论文撰写的同时，重点做好以下工作：

1. 新时代人文传播类专业大学生核心能力培养丛书

为进一步"立住"人才特色，围绕着力培养的学生"六大核心能力"（认知能力、批判能力、审美能力、表达能力、创造能力、教化能力），组织青年博士编写新时代人文传播类专业大学生核心能力培养丛书，用3年左右时间完成。

2. 学科（专业）特色丛书

为进一步"立住"研究特色，组织力量编写"中华商务文化""文化传播学""企业形象与品牌传播""区域融媒体研究"等学科（专业）特色丛书，用2年左右时间完成。

3. 新媒体系列教材

为进一步"立住"专业特色，组织3个专业的教师以及校外产学研基地兼职教师，编写《新媒体写作》《新媒体广告》《新媒体法律法规》《新媒体采编实务》《新媒体运营》《新媒体营销》等新媒体系列教材，用1年左右时间完成。

4. 文化特色丛书

为进一步"立住"文化特色,组织教师编写《人文道理——一位普通高校人文人的教育理念与思考》《人文之道——人文与传播学院教育教学手册》《人文之形——人文与传播学院形象系统》《君子何为》等文化特色丛书,用 4 年左右时间完成。

5. 教学研究成果

在经过几年的人才培养实践基础上,全面总结、梳理、提炼特色之路上的做法与得失,形成"基于学生成长发展为中心的人文传播类专业人才核心能力培养体系"研究成果。

6. 培育高层次教学和科研奖励

在组织教师做好教学和学术研究的基础上,培育高层次教学和科研奖励,包括中国高校创新人才培养暨学科竞赛奖。

7. 积极做好课程建设

我们没有一流学科,也没有一流专业,但我们要有一流课程,这就是要认真组织教师做好在线课程和"金课"建设。

结语

以上"十个坚守",可以归结为四大类,即知识教育、能力培养、素质教育和创新教育。如此一来,知识教育+能力培养+素质教育+创新教育,就能全面提高人才培养能力,形成以立德树人为根本任务的人才培养体系,进而达到一流水平!

我们的事业充满阳光,但我们的队伍需要力量。人文与传播学院 2019 年 9 月搬来山东工商学院西校区,而西校区就坐落在桐林路上,正应验了俗语"栽得梧桐树,引来金凤凰",我们处于吉祥之地。我们齐备了成功的三大要素:天时、地利、人和!热忱期待各位精英加盟到我们中来,共同开创美好的明天!

(2019 年 11 月 2 日)

你说，教师和学生容易吗？

新型冠状病毒肺炎疫情改变了人们的生活，让武汉、上海等大城市变成了"空城"。同时，新冠疫情也改变了学校的课堂，让教师、学生坐在家里实现教与学的全过程。

城市变为"空城"痛苦，学校变为"空校"也痛苦。

不说别的，就说教师在家面对着电脑授课，学生在家面对着电脑听课，看似简便易行的现代化操作，就是个开机、关机、上网、点击的问题，可是，一旦联想到现实生活中的种种"窘境"，无论教师还是学生，实有诸多的不易（孑然一身者不在此列）：

第一，家庭成员都"禁足"在家，都需要网上作业，电脑怎么分配？

第二，家里的 Wi-Fi 信号不是每个角落都好，大家总不能集聚在一个角落里"叽里呱啦"的吧？有的教师家里仅一名上学的孩子，书房成了孩子的课堂，客厅成了孩子的操场。

第三，年轻一些的教师好多是两个孩儿，那些学龄前的孩子多动，又缠人又好奇，还会嚷嚷着跟着学，上课时怎么能让他们安分？

第四，家里有上小学、初中、高中的孩子也要上网课，一个孩子好办一些，如果两个孩子同时上课呢？爸爸或者妈妈也要上课呢？这"声音的航道"到底怎么避让呢？有的教师说："在家上课老是串台，我家的房子小，没办法呀！"

第五，无论孩子听课，还是大人授课，其他家庭成员就得特别小心，都得蹑手蹑脚、屏住声息，一旦有"绷不住"的可怎么办？

第六，这么集中和大规模的网课，任何在线平台都会"拥堵"。无论是技术运用还是内容填充，不仅对线上教学"外行"的教师是极大的挑战，对线上教学"内行"的教师也是极大的考验。所以，为了应对意外或突发，每位教师都做了多手准备，可以说，课前工作量大为增加。

第七，因客观条件限制，有些学生无法跟着班级同步上网课，为了他们的学业，任课教师还要为他们单独"定制"授课方式和内容。这也是任课教师"额外"的付出与奉献。

第八，因为时差的原因，如果学校在东部如烟台，西部如新疆的学生，仿佛要"半夜"起来上网课，一二节课上完，天才蒙蒙亮。

第九，由于居家"作业"的成员陡然增多，可供利用的家庭资源不是很充足，现有住房空间允许的，电脑、书桌等"可动产"可以紧急添置，但有的教师因受各种因素干扰，甚至萌生出另外寻租房屋以资备课、授课的念头。

等等吧，这一切，都改变了一家人过往的生活习性，都得重新"布局"。

我是一名教师，我爱人也是一名教师，最近就犯过一次"忘性"的错，习惯性地在另一个屋大声呼叫："你干吗呢？你干吗呢？"结果被授课人课后一顿臭批，我只能乖乖含笑领受。

你说，教师和学生容易吗？

教师呵护着学生，学生理解着教师，有的学生反映：疫情快消失吧，我们快开学吧，我们想老师了，我们想面对面听老师讲课，因为那样有体验感和仪式感；听着熟悉的上课铃声，看着可爱的老师，就比面对冷冰冰的屏幕要好得多；再有，有的网上课程，讲得没有我们自己的老师讲得好，而且我们老师自己还得另外录课，或者用其他方式作为补充，也会很累、很麻烦的。

"学在人文，爱在人文，美在人文，成在人文"，我们的教师和学生都在实践着"人文"。

事实证明，我们的教师是有职业素养的，我们的学生是好学上进的，他们都是值得信赖的！

所以，无论哪级管理部门和干部下达指示，部署工作，都要考虑到这样一种工作和生活场景：教师和学生的教与学，都是在家庭成员无论是懂事的还是不懂事的"蜗居"在一起的情况下进行的，都是在家里老人无处安顿、学龄前孩子无处寄托的环境中进行的，都是在争用电脑、书桌、房间和网络信号的状态下进行的，都是在你躲避着我、我躲避着你的情形下进行的。他们的教与学环境远远不如明亮、舒适、安静的教室，远远不如走出家门、走进校园来得轻松与自如。

所以，在这样一种非正常时期的非正常教育举措下，各级管理者最应该多多关心教师和学生，多多体谅教师和学生，多给他们一些宽容，多给他们一些安静，少让他们精力分散，少让他们身心疲惫。我想，这才是"沧桑中的正道"。

所以，在开课一周之前，我们党总支向全体教师发出了《关于在教学过程中贯彻和体现人文关怀与心理疏导的意见》。

所以，在开课一周之后，我们班子全体成员发出了《致敬任课教师的一封信》。

衷心祝愿抗疫早日胜利！

真心希望生活和工作早日恢复正常！

（2020 年 3 月 1 日）

关于大学生就业那些事儿

当前,大学又到了毕业生就业季的关键时期,新型冠状病毒肺炎疫情也为原本不容懈怠的毕业生就业工作,增添了不小的"难度"系数。为此,我们必须攻坚克难,砥砺前行。

一、就业都是谁的事儿

1. 就业是党政负责人尤其是院长的事儿

充分发挥党总支主力军作用,一岗双责,党政同责,院长是第一责任人。

2. 就业是全体班子的事儿

履行好主体责任,就业率是二级学院准办学实体的"产量",深造率是"产量"中"质量"的重要体现。继续深造不仅仅是毕业生学历层次、职业平台、发展空间的问题,而且还是学术圈子、学术网络、学术资源的问题,通过他们会有意无意地提升教师在本学术领域的声望和专业、学科的地位。

3. 就业是专业教研室的事儿

就业是"属地"责任,"专业"责任,没有就业就没有专业,没有专业就没有这支教学队伍,就没有这个教研室。抓就业,是专业教研室的重要职责,是教研活动的重要内容。

4. 就业是专业教师的事儿

专业兴亡,人人有责,就业率是专业兴亡的重要标志。没有就业就没有专业,没有专业就没有岗位,没有岗位就没有饭碗。党政管理人员经常跟专业教师交流:"专业是你们的,也是我们的,归根到底是你们的。"自己的专业必须自己动手建设,任何等、靠、要思想,都有可能"葬送"自己耗费了青春苦学到的、甚至还从事了大半辈子的专业。

5. 就业是专业质量的事儿

就业与专业一起抓，实行就业工作与专业建设一体化——以抓就业推动专业建设上水平，以抓专业建设提高就业率与就业质量。就业是专业建设的重要组成部分，就业率和就业质量是专业建设水平的重要检验标准。

6. 就业是毕业生自己的事儿

我的职业生涯我负责，专业为我，我为专业。就不就业不仅关乎自己，还关乎自己所学专业能不能延续。我不能因为自己不就业而"毁"了自己的专业。所以，就业既是为自己负责，也是为所学专业负责，也是为师弟师妹负责，也是为母校负责，所谓"学人文做君子，用人文担道义""学在人文、爱在人文、美在人文、成在人文"的价值追求，首先是要做一名具有责任感的人。继续深造是人生的"精进"，是人生层次提升最短和最有效的途径。

7. 就业是学工人员的事儿

就业是学生工作的有机组成部分，是学生工作的出口，是学生工作职责所在。学工人员是就业的攻坚力量，他们提前介入、精力到位、工作尽心、全面覆盖、重点督促，负责就业及就业管理的全环节、全方位、全过程。

8. 就业是班子成员、学工人员、专业教研室、专业教师、毕业生五方协同的事儿

各尽其职，各负其责，各方协同，其中，班子成员起推动作用，学工人员起纽带和攻坚作用，专业教研室、专业教师起主导作用，毕业生起主动作用。五方协同的目的，就是构建以就业为导向的学院、专业、教研室、教师、学生互为依靠的"命运共同体"。

9. 就业是贯穿大学四年的事儿

就业不是几天、几个月的事儿，要贯穿大学四年始终，是党、政、教、学各方常抓不懈的重点工作。从大一入学开始，采取目标导向，把就业与专业的生存、与教师的职业成就、与学生的职业规划紧密地联系在一起。就业、深造、出国进修要早启蒙，早推动，早确立目标。对专业教师、毕业生要天天讲、月月讲、年年讲，使就业深入教师、毕业生的心灵，变成教师、毕业生的自觉行动。

10. 就业是极其综合的事儿

毕业生能不能就业或者能不能高质量就业取决于五个方面因素：（1）从国

家来说，是经济社会发展问题；（2）从学生来说，是就业观念问题；（3）从供求来说，是专业设置及其饱和度问题；（4）从学校来说，是办学质量及办学声誉问题；（5）从工作来说，是思想意识和工作方法问题。因此，就业问题不是单一的专业教育或者教学质量的问题。

二、就业都有哪些招数

在就业工作上，我们分清绿、黄、红三条线：

1. 绿线范围内的事儿（16个招数），我们尽情去做

（1）督促学生网签或签订三方就业协议。

（2）鼓励学生报考研究生。

（3）鼓励学生出国深造。

（4）鼓励学生报考国家公务员。

（5）鼓励学生报考事业编。

（6）鼓励学生报考选调生。

（7）鼓励学生报考"三支一扶"。

（8）鼓励学生服务西部。

（9）鼓励学生援藏援疆。

（10）鼓励学生创业。

（11）指导适宜的学生办理人事代理。

（12）指导学生签订劳动合同。

（13）指导学生签订灵活就业证明。

（14）早签就业协议者早予毕业论文答辩。

（15）导师主导所带学生各种方式的就业。

（16）专业教研室推进本专业学生就业工作。

2. 黄线范围内的事儿（2个招数），我们有条件地去做

（1）就业率与导师绩效工资挂钩。

（2）制定导师促进就业奖励制度。

3. 红线范围内的事儿（8个招数），我们坚决不做

（1）没签就业协议者不允许毕业论文答辩。

（2）没签就业协议者毕业论文不予通过。

（3）签订就业协议者可免毕业论文答辩。
（4）签订就业协议者可免写毕业论文。
（5）授意或允许学生签订假就业协议。
（6）授意或允许学生办理假出国手续。
（7）没签就业协议者扣发毕业证、学位证。
（8）被就业。

三、就业还能怎么办

1. 提高政治站位

就业是最大的民生，不仅是毕业生的"民生"，也是专业教师的"民生"、学院的"民生"和学校的"民生"，是本科四年人才培养的最终业绩。全体教职工尤其班子成员，要进一步提高政治站位，强化责任担当，增强服务意识，主动作为，努力作为，取得大的作为。

2. 发挥专业教研室和专业教师的主导作用

就业率决定专业的存废，深造率显示专业的层次，出国进修比率代表专业的国际化水平，每一项都是专业建设不可或缺的重要内容，专业教研室、专业教师必须主动扛起这"三大率"，并起主导作用，而不是辅助作用。那种把提高就业率、深造率和出国进修比率等工作，视为学工等党政管理人员的事儿的观念，是认识的重大误区和不负责任，这样的教师不仅不是个称职教师，也把自己所从事专业的声誉与存废问题推给了别人。

3. 突出"六大核心能力"培养

着力培养学生的认知能力、批判能力、审美能力、表达能力、创造能力、教化能力，使所培养的学生能够得到社会的认可与推崇，让学生具有立命于世的竞争能力。"六大核心能力"培养要体现在课堂教学、课外活动、教师教育、学生修身、校内学习、社会实践等各个方面，以提高学生的就业力。

4. 提高深造比率

对考研工作实行"学院推动、导员引导、导师指导、全员参与"的办法，从入学那天起，课堂上、课堂下，都要有意识地引导学生继续深造，提高受教育的层次。每一位教师，无论是不是本专业的，无论是不是自己指导的学生，只要学生有需求，都要伸出援助之手。

5.加强就业指导

增强就业指导的针对性、有效性和长效性：（1）疫情防控时期，改变指导方式，从线下指导转到线上指导；（2）学工队伍做好跟踪，确保工作不遗漏；（3）坚持全员参与，一对一指导，摸清每名毕业生现状后，导师分头指导；（4）及时发布招聘信息；（5）与用人单位沟通，改变招聘方式；（6）从毕业生切身利益出发，讲清讲透职业规划，帮助毕业生做最优选择。

6.加强责任教育

毕业生的就业问题不是简单的个人行为问题，其折射的还有对父母的责任、对老师的责任、对学校的责任问题。我们倡导"崇仁贵和，尚德利群"的行为理念，就是要用以涵养每一位师生员工的仁爱之心、和谐之象、德行之美、群体之识。毕业生积极主动地就业，包括继续深造，就是对父母、对老师、对母校的一种责任、一种担当。所以，就业责任教育，应该贯穿大学四年始终。

7.推升就业层次

大学生就业有三个层次：（1）为了签订协议而就业，即为了就业而就业，这是"协议性就业"；（2）是为了生存而就业，即为了维持生计而就业，这是"低层次就业"；（3）是为了实现人生价值而就业，即为了实现自己的人生理想而就业，这是"高层次就业"。由于就业率关乎大学的专业生存，为了有一个"好看"的就业率，在大学生就业问题上往往"饥不择食"。我们应该有的态度是：消灭第一层次，减少第二层次，增加第三层次。

（2020年3月28日）

为经济社会发展培养
有知识、有智慧、有使命、有担当的高素质人才
——在烟台市新媒体发展论坛上的发言

尊敬的市委宣传部、网信办领导，尊敬的新媒体行业企业家们：

大家好！

十分感谢论坛给我这次发言的机会，让我面对面地向各位领导、新媒体行业企业家们，就人才培养问题作一汇报，希图得到你们的矫正与指引，以期为新媒体行业培养更多、更好的专门人才。

毋庸讳言，山东工商学院不是一流大学，但也绝不是末流大学，我们正在建设有特色开放式高水平大学；人文与传播学院不是一流学院，但我们有独领风骚之处，我们的培养方案、教育理念、文化颜值、特色发展等各方面都得到全校上下的称颂，也得到全国同类院校的赞誉，更得到用人单位的认可。

2015 年，在山东工商学院建校 30 周年之际，学校调整专业和学科布局，决定成立人文与传播学院，肩负着三项使命：一是汉语言文学、编辑出版学和广告学专业人才培养使命，为社会输送合格的人文与传播类应用型人才；二是面向全校各专业开展人文通识教育使命，全面提升大学生的人文素养、人文情怀和人文精神；三是大学文化建设使命，为有特色、开放式、高水平大学建设贡献才智。这三项使命共聚一身，在全校二级学院中绝无仅有。

我们正处于全媒体、融媒体高度繁荣发展的时代，全程媒体、全息媒体、全员媒体、全效媒体已成为社会的"新宠"，新媒体无处不在、无所不及、无人不用，时代正大量需要融媒体管理、融媒体策划、融媒体写作、融媒体运营等高端人才，我们迎来了汉语言文学、编辑出版学和广告学专业的"盛世"。一流的学校、一流的学科、一流的专业固然重要，但一流的社会需求更为重要。为

此，我们坚守的信念是：即使没有一流的名分，也必须有一流的气质。

第一，坚守行为理念。

崇仁贵和，尚德利群。这是清华大学国学研究专家陈来教授提出的中国文化的基本价值，我们用以作为行为理念，即无论思想意识、言行举止、职业操守，还是课程建设、专业建设、学科建设等各个方面，每一位师生员工都要有仁爱之心、和谐之象、德行之美、群体之识，以此加强凝聚力、向心力建设，营造清新儒雅、惠风和畅的育人氛围。

第二，坚守教育良知。

大学的良知即大学的初心和本分，这就是立德树人。

在院风层面，集中人力、物力、财力，发挥好每一位教师的作用，精心培育好来自四面八方的莘莘学子，让他们享受应该享受的教育资源，让他们得到应该得到的知识熏陶。

在教风层面，不抓教学就是对教学行为的放任自流，不抓教学就是对学生和家长的极端不负责任；对教学要常抓，且要常抓常紧，常抓常新。

在学风层面，在日常教学和管理的全过程、全方位、全环节中，以标准第一、质量第一为原则，决不能为了迁就学生而降低培养要求，也决不能以降低培养要求来换取功利性指标。

第三，坚守培养目标。

紧跟时代步伐，对接社会需求，培养"有知识、有智慧、有使命、有担当"的高水平应用型专门人才。

汉语言文学专业：培养具有良好的人文素养、敬业精神和创新意识，能够在党政机关、企事业单位、社会团体，从事党务管理、行政管理、商务管理、新媒体运营等工作的高水平应用型专门人才。

广告学专业：培养具有开阔视野和创新精神，能够在党政机关、教育机构、文化传媒企事业单位、互联网公司以及其他经济组织、社会团体，从事广告创意策划与设计制作、市场营销策划、广告经营与管理、网络与新媒体经营等工作的高水平应用型专门人才。

编辑出版学专业：培养具有宽广的文化和科学知识背景，能够在党政机关、新闻出版企事业单位、文化教育机构、互联网公司以及其他经济组织、社会团体，从事传统及新媒体编辑出版、营销策划、宣传推广和管理工作的高水平应用型专门人才。

第四，坚守办学特色。

充分考虑学生的成长、社会的需求，立足应用型，凸显特色化，追求高水平。

彰显专业特色：紧紧依靠学校经济管理类办学母体，将编辑出版学专业设定为新媒体与财经传播方向，广告学专业设定为广告创意策划与管理方向，汉语言文学专业设定为商务文秘方向，坚定不移地走差异化道路，让学生具有"一专多能"的生存本领。

突出人才特色：结合人文与传播类专业属性，着力培养学生的"六大核心能力"，即认知能力、批判能力、审美能力、表达能力、创造能力、教化能力，让学生具备立命于世的竞争能力，并得到社会的认可与推崇。

张扬文化特色：结合专业、学科特性，积极构建以优质的教学文化、奋进的学习文化、理性的学术文化、儒雅的行为文化、高尚的精神文化为主要内容的文化体系，让学生接受高品位、高层次的文化浸润，使他们成为真正有文化、有涵养的高素质劳动者。

凝聚研究特色：与专业方向相匹配，编辑出版学专业以融媒体与区域传播为研究特色，广告学专业以企业形象与品牌传播为研究特色，汉语言文学专业以中华商务文化为研究特色，文化传播教学部以文化传播为研究特色，让学生接受学术文化的熏陶，使他们具有思考与探索的精神追求。

形成团队特色：围绕专业和学科方向，聚焦文化传播、品牌传播、融媒体传播，加强学术性人才团队建设，开展有组织性科研，使学术成果能够相互支撑、相互借力，以此提升专业和学科实力，使学生接受更高水平的教育。

第五，坚守价值追求。

"国之华彩，人文化成。"人文人要有天下胸怀，能够大任担当。这就是：文质彬彬君子也，化成天下人文也；学人文做君子，用人文担道义。文质彬彬，是君子的本色；化成天下，是人文的担当。学人文做君子，强调的是做人，离开人文无以为君子；用人文担道义，强调的是做事，担道义是人文的价值所在。

第六，坚守学风建设。

学在人文，爱在人文，美在人文，成在人文。以教风"带"学风，以制度"框"学风，以管理"严"学风，以考纪"促"学风，以考研"引"学风，以技能"提"学风，努力形成健康、优雅、文明、进取的学习风气，让身临其中的学子好学上进，奋发成才。

第七，坚守文化品牌。

突出"人文"与"传播"特色，打造一流的文化品牌。一是以"专业力、表达力、传播力、影响力"为着力点，打造大学生自媒体中心，多方位历练学生的能力与素质。二是以学生社团为主导，开展"古韵今声·国学浸校园"系列活动，让学生接受中华优秀传统文化的浸润。三是以专业教师为依托，开展"悦读勤思·书香润校园"系列活动，让校园弥漫浓郁的油墨清香。四是开设"人文讲堂之青年博士论坛"，让青年博士面向学生举办学术报告，给学生以学术、以智慧。

以上"七个坚守"，便是我们一流气质的主要内涵，融合了理念教育、知识教育、能力教育、素质教育和创新教育。这样，我们就能全面提高人才培养能力，形成以立德树人为根本任务的人才培养体系。我们相信，拥有了一流的社会需求加上一流的培养气质，我们的学子一定会成为一流的应用型人才。我们十分欢迎社会各界尤其在座的新媒体行业企业家们招用并检验我们培养的毕业生。

为党育人，为国育才，是高等学校的中心任务和神圣使命；为改革开放服务，为经济社会发展服务，是高等学校的重要职能和生存价值。

党的十八大以来，以习近平同志为核心的党中央高度重视传统媒体和新兴媒体的融合发展，并就网络安全、国际传播、融媒体建设等作出了许多重要论断，他指出："网络空间是亿万民众共同的精神家园。网络空间天朗气清、生态良好，符合人民利益。网络空间乌烟瘴气、生态恶化，不符合人民利益"，"讲好中国故事，传播好中国声音，展示真实、立体、全面的中国，是加强我国国际传播能力建设的重要任务"，"我们要因势而谋、应势而动、顺势而为，加快推动媒体融合发展，使主流媒体具有强大传播力、引导力、影响力、公信力，形成网上网下同心圆，使全体人民在理想信念、价值理念、道德观念上紧紧团结在一起，让正能量更强劲、主旋律更高昂"，等等。这些，都为我们新闻传播学类专业、学科的建设与发展指明了方向。

以习近平同志为核心的党中央高度重视高等教育发展事业，对高等学校和青年学生都提出了殷切期望。2021年4月，习近平总书记在清华大学考察时强调，建设一流大学，关键是要不断提高人才培养质量。要想国家之所想、急国家之所急、应国家之所需，抓住全面提高人才培养能力这个重点，坚持把立德树人作为根本任务，着力培养担当民族复兴大任的时代新人。他希望广大青年立大志、明大德、成大才、担大任，让青春在为祖国、为民族、为人民、为人类的不懈奋斗中绽放绚丽之花。2022年4月，习近平总书记在中国人民大学考察时强调，要坚持党的领导，坚持马克思主义指导地位，坚持为党和人民事业服务，落实立德树人根本任务，传承红色基因，扎根中国大地办大学，走出一条建设中国特色、世界一流大学的新路。他希望广大青年牢记党的教诲，立志民族复兴，不负韶华，不负时代，不负人民，在青春的赛道上奋力奔跑，争取跑出当代青年的最好成绩！等等。这些，阐明了高等教育"为谁培养人、培养什么人、怎样培养人"的根本问题。

我们正面临世界百年未有之大变局，正处于世界新的动荡变革期，科技越发达、经济越发展、社会越复杂、世界越多元，越要发挥人文的力量。在国内，无论是推进共同富裕，还是发挥第三次分配作用，发展慈善等社会公益事业，都要建立在人文底蕴雄厚的价值基础之上。在国际，无论是构建和平、发展、合作、共赢的人类命运共同体，还是弘扬和平、发展、公平、正义、民主、自由的全人类共同价值，人文始终是其中的灵魂和力量。因此，大学人文教育工作者要自觉以回答中国之问、世界之问、人民之问、时代之问为学术己任，以彰显中国之路、中国之治、中国之理为思想追求，发挥人文学科在融通中外文化、增进文明交流中的独特作用，传播好中国声音、中国理论、中国思想，让世界更好读懂中国。

当今时代，"媒体竞争关键是人才竞争，媒体优势核心是人才优势"。山东工商学院地处"仙境海岸·鲜美烟台"这个人杰地灵、河清海晏的魅力城市，得到了烟台市委市政府以及各个职能部门的大力支持，也厚植于七百多万烟台人民的滋养沃土，我们要义不容辞地去热爱烟台、建设烟台、呵护烟台，让烟台的美名远播海内外。山东工商学院人文与传播学院一定会发挥自身优势，努力为烟台新媒体行业培养"有知识、有智慧、有使命、有担当"的高素质应用型人才，为烟台经济社会发展提供强有力的人才和智力支撑，为讲好烟台故事、传播好烟台声音、展示好烟台形象，为建设现代化国际滨海城市作出我们应有的贡献。

社会的需求就是我们人才培养的动力与方向。当前，校企合作、产教融合、政产学研协同育人，已经成为推动高等教育创新发展的重要途径，我们非常愿意与党政机关、企事业单位等社会各界"牵手"，创新办学模式，丰富教育内涵，提高培养质量。我们十分欢迎烟台市委、市政府各部门的领导，以及各位企业家来山东工商学院人文与传播学院检查指导工作，探讨和开展多种形式的合作办学，更好地培养堪当民族复兴大任的时代新人。

　　衷心祝愿烟台市新媒体协会不断发展壮大，我们愿意并渴望为协会提供更多、更好的服务。

　　衷心祝愿各位领导、企业家身体健康、工作顺利、生活幸福！

　　谢谢大家！

（2022年6月29日）

第三章　师者言表

让青年博士教师成为大学生成长路上的灯塔

经过两个多月的筹备，山东工商学院人文与传播学院"人文讲堂之首届青年博士论坛"正式开讲。

人文与传播学院教职工共计 38 人，专任教师 31 人，其中青年博士教师 13 人，占专任教师总数的 42%。他们来自北京师范大学、武汉大学、南京大学、中国传媒大学、山东大学、上海师范大学、中国海洋大学、东华大学、厦门大学等 9 所国内外知名大学。

博士是什么？在中国古代，博士是个官，是个学官，是个教授之官，是个博通古今之官。所谓"博士，博士，博通古今之士"，这句话不无道理！在世界当代，博士是学士、硕士、博士三级学位中最高的一级学位，代表学生能够达到的最高水准。博士，作为象牙塔最顶尖的一小部分人，深受众人羡慕，他们是智慧和能力的象征，是绝大多数人可望而不可即的梦想。

博士是以学术研究为基础的，离开了学术研究就失去了博士的意义。在西方现代大学里，没有任何可以被承认的"非科学"的"博士"，也没有任何"非科学"的研究活动。

所以，人文与传播学院这 13 位博士可不是"普通人"，他们是人文与传播学院的"塔尖"，是人文与传播学院的希望，代表人文与传播学院的水准。他们年富力强，有朝气、有活力、有才华，尤其与在座的青年学生，在价值观、世界观、人生观以及生活方式等方面没有隔阂、没有代沟，你们之间好沟通、好交流。他们的经验，你们能够借鉴；他们的学历，你们能够复制；他们的学识，你们能够获得；他们的教导，你们能够信服；他们的人生经验，你们能够分享！所以，他们有资格、有能力而且必须成为你们成长路上的"灯塔"！

开设"人文讲堂之青年博士论坛"，拿出师资队伍中的精华部分，围绕专业特长和研究方向，面向人文与传播学院所有专业、所有学生，举办学术报告，让青年学生享受应该享受的教育资源，让青年学生得到应该得到的知识熏陶，这是大学的良知，也是大学的王道。

具体说来，开设"人文讲堂之青年博士论坛"目的有二：一是搭建青年博士进一步施展才华、释放学问的平台，请他们面向青年学生讲人文、讲人生，给人文学科的青年学子以思想、以学术、以智慧、以信心。二是通过青年博士论坛，让青年学生感受青年博士的风采与魅力，激发青年学生学习的热情与动力，帮助青年学生树立正确的世界观、人生观和价值观。

大学人有思想、有文化、有知识、有素质，是觉悟性、达理性都很高的群体，尤其是人文类专业师生，都有着经过长期专业训练的人文素养和人文情怀，他们应该是一个高度自觉、高度理性的"学之术"团队。所以，在日常工作、生活中，大学人应该秉持"以学术为美、以学术为崇高"之养成，让学术文化成为大学文化的主流，而不是"关系文化""权术文化""心术文化"占据主导，使青年学生在学术文化的陶冶中享受真理的沐浴。

俗话说，听一场精彩的学术报告，不亚于选修一门课程。这句话可能偏颇，但是，听一场学术报告，完全可以升华所学课程的内容；还有可能，所学课程内容在毕业后会很快被抛在九霄云外，但一场听进去的学术报告的内容会伴你一生。

所以，我希望人文与传播学院的学子们能够珍惜好这种学术熏陶的机会，踊跃地来到青年博士论坛的现场，聆听我们青年博士老师的诠释，领略我们青年博士老师的风采，感受我们青年博士老师的魅力。

也希望人文与传播学院的学子们，无论现在还是将来，一定要养成聆听学术报告或人生讲座的习惯。这很重要——会对你们视野的开阔、学识的增加、思维的提升、个人的成长，都有着不可估量的影响。

按照正理，大学里类似这样的学术报告，是不用组织都要爆棚的。可惜的是，我们目前还没有做到这一点。究其原因，就是我们没有形成浓厚的学术文化氛围，没有养成主动参与学术活动的自觉性。要改变这种状况，我希望从我们的人文与传播学院做起，从现在做起！

（2016年12月2日）

天下没有白费的努力
——如何做好科研工作

做科学研究是件极其不容易的事,有"耗时耗力耗青春"之感,但我们既然身居"围城"之中,就得承受和经得起这种"煎熬",并与这种"煎熬"抗争到底。为此,对待科研工作,我们应当有充足的思想准备和端正的学术态度。

1. 要有团队合作的意识

从去年(2017年)开始,学校对山东省社科规划项目、山东省自然科学基金项目等限额申报的项目,采取了向各二级学院分配申报名额的办法。分配的原则:一是遵循二级学院申报者多少,二是二级学院总体人数多少,三是适当向弱势学科倾斜。由此可见,我们的教师申报得越多,获取的推荐名额就会越多。所以,我们决不能无所作为,拱手把机会让出去,必须积极而为,努力而为。这里面,有人会当"分子",有人会当"分母",而只有上面的分子"走"了,下面的分母才能"冒"上来,就是说,今天你为他人做了分母,明天你才能做分子,所谓"我为人人,人人为我"。这就要求我们的各位教师必须有团队意识,发扬"狼的精神",实行团队"作战"。申报课题是如此,我们完成科研目标任务也是如此,也得依靠我们每一个人的共同努力,所谓"千斤重担大家挑,人人身上有指标"。这与我们一贯倡导的"崇仁贵和,尚德利群"的行为理念相符合。

2. 要有做好科研工作的恒心与毅力

无论是发表论文,还是申报课题,抑或是申请奖项,竞争态势都异常激烈,因为全校、全省、全国专业技术人员都有科研任务,都有科研压力。所以,谁也不敢保证一次就能成功,每一个人都要有锲而不舍、奋发有为的思想准备。在科研的问题上,很少有"年年播种,年年收获"的好事。无论干什么,每个人都有"瓶颈期",科研更是如此。只要突破了自己的科研"瓶颈期",形势就会一片大好,前途就会一片光明。"瓶颈期"的长短与自己努力的程度有很大关系,即努力的程度越大,突破"瓶颈期"的时间就会越短,反之越长。如若不努力,就会永远被卡在"瓶颈期"里而无法自拔。

3. 要端正科研工作的态度

做课题,写文章,一定要讲究,一定要符合规矩,一定要态度端正,一定要为自己负责,一定要高标准严要求,这样有助于养成良好的科研涵养和水准。我们都说"字如其人""见字如面",写文章、写本子的确能看出一个人的性格和态度。所以,可不要小看写文章、写本子的行为,自己可能感到无所谓,但在外人和专家学者眼里,这是做学问的态度问题,甚至是做人的态度问题。写文章、写本子,写的是态度,是规矩,是规范;做学问,做的是人生,是品位,是观念。如果一个人写文章、写本子不讲究,总是给人一种对付、充数之感,这个人的形象就会受到影响!所以,写文章、写本子,要有功夫,要有真功夫,要自己主动长功夫和下功夫,主动向有经验的人学习、请教功夫,养成积极主动的科研习惯,端正科研态度,讲究科研规范,丰富科研涵养,提高科研能力。除此之外,没有再好的办法。

4. 要营造和崇尚美好的学术氛围

每次申报课题前,学院都要召集大家在一起讨论、交流,目的是相互碰撞、相互启发、相互借鉴、相互提醒,让大家互相给长长眼色,审视一下选题的可行性,以提高命中率。尽管我们不是专家和评委,但我们毕竟是同一学科下的同事,把自己闭门撰写的申报书或者苦思冥想的选题拿出来,让大家议论议论、讨论讨论,听听冷眼人的意见,总不是坏事。所以,我们要养成"交流切磋"的科研习惯,共同提高科研能力和水平。这是一种十分美好的学术氛围。从人文与传播学院成立那天起,我们就多次提出:大学文化尽管有多种形态,学术文化应该成为主流,而不是"关系文化""厚黑文化"占据主导。所以,在日常工作、学习中,我们要秉承"以学术为美、以学术为崇高"之涵养,坚守"四讲四不讲",即:讲学术不讲心术,讲学派不讲帮派,讲学位不讲官位,讲学道不讲诡道。这就是在营造和崇尚一种自在的、轻松的"学之术"氛围。

5. 要有做科研工作的野心

做好科研工作要有两种"野心":一种野心是"百花齐放春满园"的野心,

就是说，不要把聪明才智用在一个科研种类上，不仅要有论文，还要有课题、有专著、有教材、有奖项、有课题经费等等，因为岗位聘任、职称申报政策显示，我们在科研上要"全面发展"，不能"偏科"，否则，在某一项上再强，也无法保住岗位或晋升职称。另一种野心是"芝麻开花节节高"的野心，发表了C类论文，就要瞄准B类或A类论文，获批了省部级课题的，就要瞄准国家级的课题。因为，科研的规律是越做问题越多，越做问题越高深，自然研究的深度、广度和高度都要再上一个新台阶。所以，我们坚决不能把视野只放在一个层次上，要有更高层次的追求。

6.要正确认识科研工作的受益者

为了教师能够获批省部级和国家级科研课题，发表高水平论文，学院方面想出了能够想出的一切办法，鼓励和支持教师"进学术圈，入专家围，合学问流"。有人说这是为了壮大专业和学科实力的需要，此话有理。但是，专业和学科实力壮大了，教师就会有高一点的平台、坚实一点的依靠。说穿了，课题获批了，论文发表了，成果获奖了，真正受益的是教师自己。所以，科研不是为他人做的，而是为自己做的。尤其是十几位年轻博士，如果你们不去研究学术，不去探讨学问，而是在"柴米油盐酱醋茶"的世俗生活中，耗费"博士"之美誉，实在是一种奢侈得不能再奢侈、浪费得不能再浪费的行为。年轻的博士大有可为，应该有所作为！

总而言之，大学的职能和教师的目标任务已经摆在我们面前，我们从来没有感到努力方向如此清晰，责任如此重大，压力如此巨大，我们已经没有了任何讨价还价的余地，我们只能主动作为，埋头苦干，开拓创新，勇往直前！胡适有言："天下没有白费的努力！"所以，只要努力了，我们的功夫就不会白费。

（2018年6月23日）

我做着，所以我快乐着

为了配合我们的混合式教学课程建设，也为了配合"两学一做"活动，我们有幸邀请到了 S 大学社会科学学院副院长、硕士研究生导师 L 博士，为我们讲授"新技术新媒体在人文教育教学中的有效应用"。

L 博士的先进事迹在社会上产生了广泛的影响。2008 年，东方卫视《走进他们》播放了专访 L 博士的专题片《我做着，所以我快乐着》；《中国教育报》刊登了《解码 L：思政课教师的魅力从何而来》；《人民日报》刊登的《高校思想政治理论课满意率高，魅力从何而来？》，介绍了 L 的先进经验。2010 年，《人民日报》在《开创思想政治教育新境界》一文中这样写道："教思政课的 S 大学社会科学学院 L 老师拥有一大批学生'粉丝'，他的课是'受追捧的思政课'。"《光明日报》在《看！精彩课堂这样炼就》一文中写道："L——高校大学生们心向往之的思政课教师。"中央电视台《新闻直播间》栏目，也介绍了 L 博士的先进事迹。2013 年，L 博士还成为《上海滩》杂志的封面人物，并刊登了《L：为实现中国梦尽绵薄之力》的长篇纪实报道。

为此，L 博士在 S 大学赢得的最通俗的称呼是"S 大一宝"！

L 博士牺牲了一天的时间，从方法、内容、逻辑、技术四个层面给我们展示了他的授课魅力。作为一名历史专业出身的人，他居然能把新技术、新媒体理解、掌握、运用得如此深刻、娴熟、得心应手，令人赞叹。今天的讲授仅露出冰山一角。从这"冰山一角"，就给了我以下四点体会：

第一，L 博士之所以能成为"S 大一宝"，来自他的功夫！那么，他的功夫来自哪里？功夫来自平时；功夫来自积累；功夫来自视野；功夫来自思考；功夫来自钻研；功夫来自有心；功夫来自勤奋；功夫来自求新；功夫来自耐心；功夫来自实干。

也就是说，眼、脑、手、心、身几个要素全部调动，综合运用，才能成就事业。

第二，对教育教学工作的热爱。L博士之所以被媒体称为"关心、支持、奉献教育事业，影响、推进教育事业改革和发展的人物"，是因为他对教育教学工作的热爱，在他眼里，什么东西都可以成为他教育教学工作的素材，如中国的哀乐、日本的动漫。所以，不管什么，只要有了爱，什么事情都能发生，什么成绩都能取得，这就是媒体描写L博士说的那样："我做着，所以我快乐着！"

第三，一些教育教学思想或者理念值得借鉴。L博士在讲授过程中，不经意间会流露出一些教育教学思想或者理念，在座的各位老师可能没注意到，如：新技术新媒体不仅仅是工具，已经超越了工具，已成为现代化本身；可提供给学生的，不是教案而是学案；学生要的不是知识而是思想；教学是天底下最难做的事情；等等。这些观点，不经过认真的思考和深入的实践是不会有这样的认识的。

第四，与L博士相对照，我们的几个做法或观念不行了。要想在教育教学上取得成绩或者有所作为，听了L博士的授课，我感到：不懂或者不掌握不运用新技术新媒体，这样的教学不行了；掌握了新技术新媒体，但不与时俱进即不及时更新不行了；一门课由一位教师讲授不行了，或者几门课由一位教师把持更不行了；传道、授业、解惑，只提供一个背景描述不行了；不因材施教，不因受众不同而改变教学内容不行了；备课想一劳永逸不行了；眼界或知识面仅仅局限于自己专业的小圈圈不行了；所以，要想提高教育教学水平或者提高课堂教学魅力，没有任何捷径可走，每一位教师必须为此付出艰辛的努力！

如此等等，L博士为我们提供了许许多多的思考和体会，望我们好好品味，好好消化，推动我们的混合式教学课程建设。

（2018年7月9日）

老师，你的言行真的很重要

教师是太阳底下最光辉的职业，教师也是人类灵魂的工程师。教师不仅要言传身教，更要为人师表。

作为老师，你的一句话完全有可能损毁你的形象，你的一个行为完全有可能产生意想不到的后果。

某大学某学院某一新闻传播类专业，为了提高学生的综合素质和拓展基本技能，在其必修课里设置了一门理学性质的课程——"统计学"。某学期，该专业某年级两个班67名学生同时上该门课程。到了期末考试，竟然有21名同学该门课程成绩不及格。这是什么概念？该专业所在的年级共218人，本学期期末考试不及格者共计28人，该专业就占21人，达75%。

这本来是学风很正的两个优秀班级。究其原因发现，造成大面积不及格的原因与任课教师有直接的关系。

原来，这位教师是理工科出身，而所教班级是文科班级。问题就出现在理工科教师的一些瞧不起文科生的言行上。

此事儿的起因是课堂上的同学们不懂excel表某些功能的使用，该教师十分生气，就说："我最瞧不起你们文科生了，什么也不会！"

此话深深地刺痛了全班同学的心，其中有位同学当场不忿，就问老师："那老师你懂新媒体编辑软件吗？"不承想，这位老师一脸的茫然，说："我不懂！"全班同学于是哄堂大笑！原来同学们笑的是这位理工科出身的教师不也有知识盲点吗？怎么能因不懂某个软件的使用就瞧不起人呢？按老师自己的逻辑，是不是自己也应该瞧不起自己呢？

后来，有一位学生告诉我，她本来每节课都坐在第一排，抬着头、竖着耳、瞪着眼认真听老师讲课，可是从那节课开始，她再也没有认真听这位老师讲课。

不仅她这样，全班同学都对这位任课老师的讲课持有不屑一顾的态度，因而影响了这门课程的考试成绩。

还有一位教师，曾遭遇过全班同学不来上课的事情。此事发生在20世纪一次英语课上。这位教师讲课水平上乘，对学生要求严格，平时的态度也较严厉，这本来值得肯定。但是，这位教师刚刚从复旦大学硕士毕业，课堂上张嘴复旦怎样、闭嘴复旦怎样，次数一多，全班同学就受不了了，自信心严重受挫，以致发展到对该教师上课很反感。

这年4月1日愚人节，上午一、二节课正好是该教师的课程，有位胆子大的同学就在上课教室的门上用粉笔写下大大的一行字："今天老师有事儿，一、二节课停上。"这下遂了全班同学的愿，没有一个到课堂上课。任课教师走进教室大吃一惊，偌大的教室空无一人，她还以为自己记错上课时间或者走错教室了呢。

这位教师本就脾气急，性格刚烈，待确认自己上课时间和地点无误后，气冲冲地奔到分管学生工作的党总支副书记面前兴师问罪，说："你是管学生的，今天学生集体罢我的课，你必须处分学生！"

副书记好说歹说才安抚住了这位教师，便让她回去休息，等待答复。

送走任课教师，副书记就通过班长和团支书把全班同学找到上课教室，调查了解发生此事儿的原因。一开始全班同学都低着头，没有一个开口说话。后来，在副书记耐心劝导下，团支书站起来说："老师看不起我们，我们知道自己不如复旦大学的学生，但老师在课堂上总是复旦这复旦那的，我们受不了！今天不是愚人节吗，有同学就愚弄了一下老师和同学。这要是在平时，我们谁也不敢啊！"说到此，全班女生哽咽。

原因查明了，副书记如释重负，就找来任课教师，如此这般地把事情的原委说了一遍。任课教师也感到平时没有注意，自己不经意的语言竟然会深深地伤害同学们的自尊心，便当着全班同学们的面表示今后决不再说伤害同学们自尊心的话，也希望同学们好好配合老师上好课。团支书代表全班同学，向任课教师深深地鞠了一躬，对开过了头的玩笑向老师表示深深的歉意，并表示今后决不再犯。此事就这样在教师和学生互谅互解之中烟消云散。

以上两例是任课教师中的反例，再看一个正例。

某高校一大楼教室和办公混用，上课下课之际，教师和学生不免要排队上下电梯。有的教师不管来的早晚，不管有没有排队的学生，也不管学生有没有礼让，电梯门一开，他就很自然地先行迈进电梯。可是，有一位教师不这样，他会主动排队，按顺序上电梯。他的这种举动自己没有感到有什么特别之处，却让一位他本院的学生看在眼里，记在心里。

有一次，这位同学又碰到了这位老师在等电梯，这次人数就几个人。这位同学认真地翻找自己的书包，掏出一粒牛肉干，说："老师，我是您的学生，送给您一粒我家乡的特产，就这一粒，请您收下。"这位教师看着她认真的样子，也是费了好大劲儿才从书包里翻出来的，就没好意思推辞，就欣然接受了。

后来，这位老师就问这位同学为什么那天送给自己一粒牛肉干，这位同学道出了事情的原委："您跟别的老师不一样，您跟我们学生一样也排队上电梯。此事儿我假期回家不经意间说给了我父母听，我父母说您这位老师值得尊重。为了表达我对您的尊敬，我才那样做的。"弄了半天，这位老师遇到的是位很有心的同学。

以上正反两方面的事例表明：老师的言行在学生眼里和心中真的很重要，重要到可以左右学生的成绩，可以左右学生的自尊心，可以左右老师在学生心目中的形象，乃至可以左右学生的人生轨迹。所以，言传身教，为人师表，可不是说着玩的，也不是停留在纸面上的，而是要慎重对待、时时躬行的。

（2019年7月14日）

转变观念　跟上时代　在大变局中求得发展
——2020年及今后需要转变的观念

人是欲望的囚徒，也是观念的囚徒。人要改变行为，先要破除观念束缚，只有解放思想，才能解救自己，才能在逆水行舟的道路上轻装前行。

（一）为什么要转变观念？

一是时代变化所逼。我们面对着百年未有之大变局，世界在变，中国在变，教育在变，大学亦在变，一切都在变。游戏规则、发展速度、竞争强度、资源分配、利益分割、考核方式等等，都随着时代的变化而发生了改变。我们所处的是一个"新时代"，新时代一个主要特征就是"变"！时代的碾压，逼迫我们必须适应它的变化。

二是学校发展所需。国家把2020年作为决胜全面建成小康社会的攻坚年，也是决战脱贫的攻坚年。今年，我们学校正好是建校35周年，学校也把2020年作为建设以财富管理为特色的开放式高水平财经类大学的攻坚年。要想做到"攻坚克难"，就得抛弃过去原有的思维模式，以超常规的举措和行动，谋求新的发展。

三是治校理念所应。学校第三次党代会以来，全体教职员工都有这样的体会：抓得紧了、责任实了、要求高了、任务重了、速度快了、规则严了、压力大了。2020年，学校党委不仅要继续坚持"一个中心、两条主线"，还提出"四个统领"的方针：以政治建设统领党的建设、以党的建设统领各项工作、以财富管理特色建设统领教育教学工作、以责任制建设统领治理体系和治理能力现代化。要适应这些新的治校理念，就必须转变观念。

四是个体成长所愿。无论是适应新时代变化、适应学校发展的需要，还是适应学校党委新的治校理念的需要，落脚点就是要促进我们自己——学院、教师、学生的发展提高上。发展自己、壮大自己，是我们每一位师生的迫切愿望。一成不变，会落后于现实和时代；随遇而变，能合着现实的脉搏，紧跟时代的步伐。

（二）怎样转变观念？

逆水行舟，不进则退，慢进也是退。要转变观念，没有轻松自如、快乐幸福的办法，只能记住三句话：不转也得转，痛苦也得转；早转早主动，早转早受益；谁转谁成功，不转就落伍。

（三）转变什么样的观念？

1.视政治理论学习为额外负担的观念

要点一：没有不讲政治理论的人文，也没有不讲人文的政治理论，人文与政治理论从来就是形影不离，目的都是"教化"。人文以道，传播以理，是从事人文与传播教育的教师落实立德树人根本任务的最基本的指向和底线。

要点二：党和国家的路线方针政策、重要会议精神和领导人讲话，是人文人、传播人所从事专业、职业的应有之义，是人文与传播的方法和灵魂，是开展教学改革和科学研究的指南针和风向标。人文学科或传播学科不应该存在政治理论的学与不学的迷茫。

2.仅以业务能力就能评聘专业技术职务或者聘任岗位的观念

要点一：《山东工商学院专业技术职务评价实施办法》（院发〔2019〕135号）明确规定，职称评价实行"综合评议＋学术评议"的方法。这是学校职称评价制度的重大改革，并将其延伸到岗位聘任，希望每一位教师都能读懂其中的含义。

要点二：学院发展、学科建设、专业建设、教研室建设、指导学生（就业、考研、学科竞赛）、集体活动、社会服务等等各种综合性工作（公共性事务），每位教师不仅不可做看客或者旁观者，还要有贡献度。这些，都会成为今后评聘专业技术职务或者聘任岗位的重要依据。今后，业务能力再怎么强，如不关心、不参与、不从事公共性事务，职称评定和岗位聘任就有靠边的可能。

要点三：人的能力有大有小，除了自己的业务能力必须保持一定的水准外，其他各项综合性工作（公共性事务）的贡献度也允许有大有小，但最起码要做正能量的实践者和传播者。

要点四：学院、学科、专业、课程、队伍的发展，班子成员要做好谋划和规划，教研室和每一位教师要有执行力，执行力就是进取心、责任心。只要我们上下同心协力，主动作为，积极作为，就能有所作为。

要点五：学校党委、行政反复要求我们，各项工作都要以解决问题为导向，以问题解决为目的。不但没有贡献，反而制造问题，就与这个大方向背道而驰。

3. 悠闲自在、安稳舒适地靠一门课、一部教材、一份PPT就能胜任教师职业的观念

要点一：打造"金课"，淘汰"水课"，已经成为高校的一种"时尚"。"金课"建设不是建几门课程的事，而是高校常态的教学文化。

要点二：我们没有一流学科，也没有一流专业，再过一两年，要是连一门一流课程都没有，我们就几无立锥之地。

要点三：新冠疫情让学校无法正常开学，网课就成了学校教育的"救火"手段。我们要利用这个"契机"，彻底改变只能走进真实空间——教室里教学的观念。会线上教学，是当代教师从业的基本技能。会线上教学包括两层含义：一是会使用线上已有课程进行授课，二是把自己的课程搬到线上授课。

要点四：疫情促使教师、学生坐在家里就可实现教与学，"未来大学"是否已露端倪？"虚拟校园""虚拟课堂"是否已经显现？大学是否还有必要保留大量的固定编制的教师？教师是否还只属于一所大学？类似的问题，都需要我们认真地、清醒地面对。

4. 有假即休、有周末即歇、舒舒服服过日子的观念

要点一：学校发展靠学科，学科发展靠学院，学院发展靠教师。凡是等一等、靠一靠、歇一歇、有假即休、有周末即享、舒舒服服往前走的思想和行为，已经与时代不同频、不同步、不同轨，必将落伍于时代。

要点二：管理体制、机制和政策的变化，使我们这个层次的学校受到全面挤压。学校要发展、学科要发展、教师要发展，就必须突出重围，需要我们为此付出比别人多得多的心血和汗水。

要点三：要善于学习与吸收，紧跟大数据、区块链、移动互联网、物联网、云计算、人工智能、虚拟现实等发展趋势，积极对相关教学内容进行"换血"。当前，学校正在加大"财富管理特色"建设力度，我们的"中华财富文化"要求我们大家刻苦钻研、努力而为。

要点四：占着资源不干活（如岗位聘任高聘一级）或者达不到考核标准还

能享受100%待遇的时代一去不复返了。"花钱必有效，无效必问责"已经成为各个管理部门的通用法则。要正确处理个人努力与职业期望值之间的关系，高职务、高岗位就得高付出、强努力；反之，只有高付出、强努力，才能有高职务、高岗位。

要点五：要有危机意识，珍惜现有得之不易的工作岗位。从近一两年开始，编制问题已不再是保有工作的法宝，解除编制在法理上已不再有障碍。所以，无论是在政治底线、法律底线、道德底线上，还是在职业素养、团队合作、履职尽责上，我们来不得半点"闪失"，我们只有不断修炼，不断进取。

5. 教师对学生的就业、考研和出国进修起辅助作用的观念

要点一：评价一个专业是否高水平或者一流，学生的就业率、考研率和出国进修比率等都是重要的指标。专业教师在提高就业率、考研率和出国进修比率等方面必须起主导作用，而不是辅助作用。

要点二：教风决定学风，学风决定考风。教风的提高靠每一位教师，学风的养成靠教风的带动，考风的纯正靠学风的严谨，教风是学风、考风的源头。每一位教师在专业建设、教学建设上必须发挥好主人翁作用，决不可做看客或旁观者。

6. 靠自由式、兴趣式、分散式开展教学、科研或学科建设的观念

要点一：现代社会，要想出成果、出好成果、出大成果，必须有团队作为依靠。我们的教师必须具有科研团队意识、人才团队意识和课程团队意识。

要点二：我们要进行学科建设或者突破硕士学位授予权的瓶颈，必须集合力量，凝聚方向，开展组织性科研，努力使教师的科研成果都是学科需要的"有效"成果，都能归于学科的某一方向，教师之间的科研论著、科研课题都能相互支撑、相互利用，这才是科研和学科建设的"绿色"生态。

7. 应用型高校不用搞科研的观念

要点一："回归常识、回归本分、回归初心、回归梦想"是更高层次上的回归，教师教书育人的职责必须"回归"，但是教师的科研压力不但没有减弱，反而增大。我们的教师千万不要把"四个回归"想象得轻松又自在、舒适又美好。

要点二：应用型高校必须是教学与科研并重。没有一定的学术研究作为支撑，教学内容就没有一定的高度、深度和广度；没有一定的教学研究作为引领，即使有学术研究成果也不会变成教学内容。要想提高教学水平，学术研究与教

学研究不可偏废。

要点三：今年是硕士学位授权点的申报年，学校定的基调是应报尽报，能报尽报，确保增量。我们要对照申报条件，寻找当前的劣势，明晰今后的方向。这其中，高层次学术成果、省部级以上教学和学术奖励是不可或缺的指标，需要我们为此付出极大的努力。

8. 靠资源投入才能推动发展的观念

要点一：学校对教师的科研成果有奖励政策和机制。学校多次警告，二级学院或学科点用日常经费或学科经费对教师取得的学术成果进行奖励，属于双重奖励，属于违规。所以，老师们要想"扩大再生产"，只能凭自己的成果向学校争取资源。

要点二：无论是山东省对高校的拨款机制，还是其他各种资源的分配，不再是按事先拟定的比例统一摊派，而是采取愿景激励机制，即靠最终绩效来分配资源。这项"变革"传导到我们学校，就是二级学院不能再靠学校的投入来支撑发展，而是二级学院要有获取外在资源的能力，要有自我造血功能。

要点三：既然组织对组织的资源分配机制发生了改变，我们教师对自己的资源获得观念也要发生改变，也要有自我造血的能力。比如，要树立"大绩效观"，不要把自己的绩效都放在教学工作量这一个"篮子"里。教学工作量不足，就开选修课；选修课开不出来，就写论文、拿课题、出成果。事实证明，科研匹配、科研奖励等的力度远远超过教学绩效。

要点四：要纠正一种心态，没有课上可以找教研室主任、分管教学副院长和院长商量解决问题的办法，但不能蛮横无理。课程需要自己开设，天地需要自己开辟。

9. 把科研经费用来改善生活待遇的观念

要点一：任何科研经费都姓"公"不姓"私"，科研经费只能用于科研，必须受科研管理的相关规定约束。

要点二：科研经费是用来扩大再生产的，是用来参加学术会议、考察交流、学习调研、聘请或拜访专家、出版或发表学术成果等用的，不是用以提高生活待遇的。

要点三：所有经费，不管有没有住宿费，如果不分时间、节点随意以外出调研、出差名义用以报销的，都是不规范的。

要点四：任何人都要严格遵守学校有关规定，宁可把问题想得严重些，也不要有无所谓心理，因为你报销的每一笔经费，都会始终被记录在账，几年、十几年、几十年都无法更改，谁也不知道幸运和意外哪个先来。

要点五：凡没有住宿费或者住宿费金额明显低于当地住宿费标准的差旅费、凡法定节假日内或者跨法定节假日的差旅费、凡外出超过10天以上的差旅费，如果没有"铁定"证据证明没有任何问题，学院不予以签字报销。

10. 都是别人对不起自己的观念

要点一：我们倡导的"崇仁贵和，尚德利群"工作理念，就是希望每一位师生员工，都要涵养仁爱之心、和谐之象、德行之美、群体之识，让我们都工作、生活在清新儒雅、惠风和畅的氛围之中。眼里只有自己的利益而没有他人的利益的言行，与这种理念格格不入。

要点二：凡事从自身寻找原因，万千的不如意都不是别人给你造成的，都是自己的心态在作祟。如果你感到别人对你不公，就请检视一下自身，深刻反思自我，努力认清自己。否则，会把自己的路越走越窄，会让自己身边的人越来越少。

要点三：在实际生活中，你寻求帮助时，你先想到的人，一定是你信赖的人。同理，在工作中，人们常说：要想别人想着你，首先你能行，首先你靠谱；你不能行，又不靠谱，谁有事愿意找你。你的业绩或者岗位不是别人给的，都是自己凭实力、凭信誉争取的。

要点四：人的欲望是无限的，欲望可以激发人性光辉的一面，也可以诱发人性阴暗的一面。只有规则和制度，才能让人性的阴暗无处发挥。每一位教师都应该认真研究规则、通晓规则，做到遵守规则、敬畏规则，不能按照自己的喜怒哀乐行事。人文人和传播人更不可任性，要靠"圣达立言，化成天下"。

要点五：有意见可以按正常渠道逐级反映，但是学校党委、行政明确表态，只要程序合法，什么结果都应该接受。一遇到不平不忿之事，就去学校办公楼"上访"，并有不理智的举动，有失大学教师风范，是被禁止的行为。

要点六：世上没有无缘无故的爱，也没有无缘无故的恨。人往往要过的是自己心头那道"坎儿"。我们都是凡人，我们都不重要，别人不会把时间和精力浪费在关注我们这些人身上，还是与人为善，各得其安为幸福。

最后，推荐一篇风靡官媒和自媒体的文章给大家阅读并共勉：《请善待你所在的单位》。

疫情期间，大家肯定会考虑到一个问题：有单位真好，有能发出100%工资的单位好上加好！没有单位，吃啥？喝啥？没有单位你能安心"禁足"在家？恐怕连网上学习、授课的条件都不具备。所以，知足常乐，知足常安，知足常福，知足常善！请善待我们的学校，善待我们的学院，善待我们的专业，善待我们的岗位，善待我们身边的每一位人！

（2020年3月7日）

履职尽责为人师　防风化险保平安

远程网络教学已经第六周了,老师们的教学工作量加大了,而不是减少了,大家都十分辛苦!

如何做好新形势下的意识形态工作,我们已经传达了学校有关会议和文件精神,并提出了工作要求。同时,我们还就毕业论文、创新创业和就业工作也作了部署。关于这些问题,再提出一些想法,希望能有助于统一我们的认识和行动。

一、关于毕业论文问题

自2015年8月人文与传播学院成立以来,我们一直高度重视毕业论文问题,也一直在抓毕业论文质量。

2016年我们召开过毕业论文工作专题会议,提出根据专业特点和学科属性,无论是论文形式,还是论文内容,都要成为全校的标杆,即形式和内容都要为"王",成为"双冠王",而且还告诫老师们,在毕业论文工作中,一些基本的、外在的、形式的东西,老师负有不可推卸的责任,有八个方面:

(1) 选题不恰当;

(2) 题目不正确;

(3) 结构不合理;

(4) 格式不规范;

(5) 观点不清晰;

(6) 文题不相符;

(7) 篇幅不达标;

(8) 重合率超标。

类似这些问题，影响了论文质量，要么指导老师不负责任，要么指导老师没水平，要么指导老师既不负责又没水平。尤其是一篇拿不出手的论文，指导老师仍然让他过了关，这是指导老师对自己、对学生、对专业极大的不负责任，极大的没水平。

近年来，国家对博士、硕士论文实行抽检制度，以后还会延伸到学士论文。从抽检情况看，反映出来的问题恰恰就是上述八个方面。结果，导师被停止招生资格，学校被上级主管部门约谈。由此，业界得出一个不中听的结论："在毕业论文问题上，老师如放过了学生，现实则不会放过老师。"话尽管难听，但说出了认真对待毕业论文工作的极端重要性，以及不认真对待毕业论文工作的严重后果。所以，请老师们务必高度重视毕业论文指导工作，论文文本务必经得起历史的检验和上级部门的抽检。请老师们记住一句话：论文答辩过程留不下来，但论文文本会被长期保存，如实行学士论文抽检制度，谁也不知道幸运和意外哪个先来。这是对自己、对学生、对专业负有极大责任的工作，马虎不得。

二、关于创新创业问题

创新创业教育是现代教育的重要组成部分，也是专业建设的重要组成部分，是衡量专业水平的重要指标。指导学生开展"双创计划项目"，是教师的责任和义务。

所谓"双创计划项目"，就是国家大学生创新创业训练计划项目，也称"国创计划项目"，面向所有的专业，没有实用性和非实用性专业之分。在"双创计划项目"问题上，学生不懂，是因为教师没有讲清楚；学生没有积极性，是因为教师没有组织推动。教师不能"以其昏昏使人昭昭"，教师千万不能把教书育人的逻辑理解反了。我们提出的《教师十问》挂在会议室墙上，其中第九问"我有没有足够的学识用以指导学生的学术活动或创意设计？"，其目的就是提醒老师们，我们的一切都要对得起"人师"这个称谓。

大学生创新创业训练计划项目包括创新训练项目、创业训练项目和创业实践项目三类。

创新训练项目是本科生个人或团队，在导师指导下，自主完成创新性研究项目设计、研究条件准备和项目实施、研究报告撰写、成果（学术）交流等工作。

创业训练项目是本科生团队，在导师指导下，团队中每个学生在项目实施过程中扮演一个或多个具体的角色，完成编制商业计划书、开展可行性研究、模拟企业运行、参加企业实践、撰写创业报告等工作。

创业实践项目是学生团队，在学校导师和企业导师共同指导下，采用前期创新训练项目（或创新性实验）的成果，提出一项具有市场前景的创新性产品或者服务，以此为基础开展创业实践活动。

我们的汉语言文学专业是商务文秘方向，广告学专业是广告创意策划与管理方向，编辑出版学专业是新媒体与财经传播方向。按照我们的人才培养目标和培养方案，这3个专业，在"双创计划项目"上，完全可以大有作为，就看教师有没有积极性和责任心，就看教师有没有能力和水平。"双创计划项目"完全可以与课堂教学、专业实习、学年论文、毕业论文、社会实践等第一课堂、第二课堂结合起来。

我们从大学一年级开始就实行导师制，前来求学的莘莘学子被三五成组分配给每一位教师，"教师"由此升华为"导师"，对学生的思想、心理、生活、能力、素质、学业、考研、毕业论文、就业等实行全过程、全方位、全环节指导和引领。导师应该有着一种无私奉献、纯洁高尚的"荣耀"，自然不可无所事事，徒有虚名。指导学生开展"双创计划项目"，应该是导师制不可或缺的内容。所以，导师应该切实担负起自己的职责，让"导师"这个角色鲜活、生动起来。学生什么都懂，什么都会，什么都能干，还要导师干什么？务请老师们把指导学生当成义不容辞的责任——我的学生我负责！

三、关于就业问题

2017年10月24日，我们特意把专业建设和就业工作放在一起，召开了一次专业建设与就业工作会议，自那时候起，我们一再强调并坚持以下做法：

1. 就业是专业教研室的事儿

就业是"属地"责任，"专业"责任，没有就业就没有专业，没有专业就没有这支教学队伍，就没有这个教研室。抓就业，是专业教研室的重要职责，是教研活动的重要内容。

2. 就业是专业教师的事儿

专业兴亡，人人有责，就业率是专业兴亡的重要标志。没有就业就没有专业,没有专业就没有岗位,没有岗位就没有饭碗。自己的专业必须自己动手建设,任何等、靠、要思想,都有可能"葬送"自己耗费了青春苦学到的、甚至还从事了大半辈子的专业。

3.就业是专业质量的事儿

就业与专业一起抓,实行就业工作与专业建设一体化——以抓就业推动专业建设上水平,以抓专业建设提高就业率与就业质量。就业是专业建设的重要组成部分,就业率和就业质量是专业建设水平的重要检验标准。

4.就业是班子成员、学工人员、教研室、专业教师、毕业生五方协同的事儿

各尽其职,各负其责,各方协同,其中,班子成员起推动作用,辅导员起纽带和攻坚作用,专业教研室、专业教师起主导作用,毕业生起主动作用。五方协同的目的,就是构建以就业为导向的学院、教研室、专业、教师、学生互为依靠的"命运共同体"。

简而言之:(1)就业是专业建设的重要组成部分;(2)就业是专业的责任,没有就业就没有专业;(3)没有专业就没有岗位,没有岗位就没有饭碗;(4)自己的专业不能等着别人去建设——我的专业我负责。

党政管理人员经常跟专业教师交流:"专业是你们的,也是我们的,归根到底是你们的。"那种把就业工作视为党政管理人员的事儿的观念,是认识的重大误区和不负责任,这样的教师不仅不是个称职教师,也把自己所从事专业的声誉与存废问题推给了别人。

在毕业生就业问题上,教师不可做看客和旁观者,要做积极的推动者和实践者。

四、关于意识形态问题

意识形态工作可以用5个"严"来概括:严肃、严格、严重、严管、严爱。

近期,数所大学的数名教授被推到舆论的风口浪尖。有的是因为"选边站队"被扒历史,有的是因为"出言不逊"遭人举报。这些人有两个共同的特点,一是几乎都是从事人文学科教学与研究工作的,学历高、职称高;二是他们的言论大都是以前在微博等新媒体上说的,有的恐怕连自己都想不起来了。可见,舆情问题还真的不知"风从哪里来",何处有风险。

现在是全程媒体、全息媒体、全员媒体、全效媒体的时代，信息繁杂、媒体嘈杂、真假交杂、正负混杂，舆情的爆发点变幻莫测，意识形态领域的陷阱星罗棋布，如果不注意明辨是非、美丑、对错，不注意理性分析、思考、研判，我们还真不知道什么能"爆燃"，也不知道在哪里"爆燃"，还不知道怎么"爆燃"，更不知道什么时候"爆燃"。俗话说，星星之火，可以燎原。一旦舆情之火燃烧起来，首先"烧"到的是自己，然后还会连累其他人，包括自己的家人。就连某演员一句不经意的不懂知网为何物之语，不但使自己丢了博士学位，还把相关高校推到了风口浪尖，同时还衍生出成千上万的博士无法按期毕业的窘境。

有篇《"正面报道"引发舆情，值得深思》的文章，其中有两个核心观点，值得我们重视：

1. 正面言论也能形成舆情

抛开走极端不谈，引发舆情、带来问题的，有相当比例的是正面言论，内容上没有问题，导向也很正面，却依然引发了舆情，有的是被网络舆论"带进沟里"。

2. 传播方式大为不同了

传统媒体时代，传播是单向的，你说了之后，受众即便觉得"不可思议"，甚至大为厌恶，也只能烂在肚子里，或者说给朋友听听，大不了打个电话怼怼你，别无他招。现在不同了，受众有着许许多多发泄的渠道，他们的反馈变得十分积极而且有效。一旦触动了他们的神经，马上就有人发朋友圈，会有自媒体借机炒作，形成舆情。在这个时候，你如果还固守传统媒体时代的舆情思维，不预判、不研判、不揣摩受众心理，就很容易出问题。

所以，建议各位老师要有风险意识和风险思维，你所说的话、所写的文章和所做的事儿，都要经得起风险的推导和研判。尤其在全员媒体即"人人都有麦克风，人人都是信息的传者和受者"时代，我们从事人文学科教学与科研的人，必须时刻保持如履薄冰的思想防线，养成慎之又慎的行为习惯，冷静、理性、客观、全面地看待一切事物，摒弃一时冲动和头脑发热的不理智言行。

自2015年8月人文与传播学院成立以来，我们在各种场合一再提醒：行走在中国大学校园的教师，不仅是知识的化身，还是人生的楷模，必须坚守住"三条底线"。

一是政治底线。中国的大学是中国共产党领导下的大学，是中国特色社会主义大学，必须为人民服务，为中国共产党治国理政服务，为巩固和发展中国特色社会主义制度服务，为改革开放和社会主义现代化建设服务，这是毋庸置疑的政治方向。

二是法律底线。遵守法律法规是每个公民的行为准则，而教师肩负着为社会培养合格公民的重任，更应该做遵规守法的模范，不断增强依法从教的意识。

三是道德底线。教师要担负起教育的责任，不仅取决于学识水平，更取决于道德水平，因为道德水平在很大程度上影响着治学、治教、奉献的精神和品质，影响着能否真正做到教书育人。一名思想扭曲、品德低下的教师不配人类灵魂工程师称号。

如果触碰了这三条底线，无论是谁，其职业生涯就会受到影响，轻者检查、通报，中者停职、转岗，重者解聘、开除。坚守这三条底线，就是帮助我们筑牢意识形态风险防线。

按照居安思危、未雨绸缪的思维，任何人都要对自己欲采取的行为做出风险评估。任何原则性、大局性、政治性、热点性、敏感性的问题，都存有潜在的风险。在行动之前和行动之中，都要对自己的行为可能有的风险做出全面评估，并积极做好化解预案，并把风险化解在萌芽之中。凡行动之前和行动之中，评估和预防了所有风险并谨慎而为，则其行为就不会出现风险；凡行动之前和行动之中，以为没有任何风险而随意而为，则其行为必然出现风险！

某位教师通过网络签名、微信朋友圈和微信群转发及发布不当言论，触碰了政治底线，受到严肃处理。这件事就发生在我们身边，事例鲜活，学校态度鲜明，极有镜鉴价值和教育意义。我们每一个人必须以此为戒，举一反三，警钟长鸣，始终保持清醒的头脑、理性的思维、风险的意识，提高明辨力、洞察力和免疫力，在信息不对称、背景不了解的情况下，对既非自己的专业领域，也非自己的熟知领域，热点问题最好少说，不明问题最好慎说，敏感问题最好不说，哪怕从保护自身、保护家人、保护自己的职业生命的角度，认真对待并做好意识形态工作，把注意力集中到自己的教学和科研上去，时刻保持警觉："风从哪里来"，何处有风险？

延续职业生涯，是一生的经营；终止职业生涯，是一瞬间的工夫。我们真得谦虚谨慎地说好每一句话，做好每一件事。

（2020年4月4日）

不断提高育人能力和水平是我们的责任与使命

2020年秋季学期开学，全校所有学子走进教室正式上课。这就宣告了学生七八个月的"家庭课堂"业已结束，教师居家开展的"远程教学"告一段落，学校未曾有过的"网络大学"暂停连线，空寂了冬季、春季、夏季的"无人校园"有了生气。能够紧张有序地在校园工作、生活、学习真是不容易，也是件十分美好的事情！

新的学期，新的形象。进一步发展好人文与传播学院，我们需要稳稳魂灵、理理思绪、聚聚心气、瞧瞧远方，使我们的工作、生活、学习更加诗情画意。

一、对管理人员的要求

总的要求是团结一致，守土有责，自己分管的工作要积极努力认真做好，各自岗位上的工作要上心、用心、细心，每一个人都要做个靠谱的人，让大家放心、安心、省心的人。具体要求如下：

第一，严禁工作漏项。网络办公已成为常态，网站、微信群里的各种通知和工作部署要及时掌握，自己的工作要不等、不靠，要主动去做，且要做好。大家要相互提醒，相互拾遗补阙。

第二，严禁工作应付。无论日常工作，还是临时工作，都要做得到、做得好。做出来的事儿或者写出来的材料不是"精品"也要成为"成品"，绝不允许是"次品"或者是"废品"。

第三，严禁工作懈怠。要珍惜在一起共事的缘分，要相互担当、相互体谅，由己推人，换位思考，做一名大家靠得住、信得过的同事或者工作伙伴儿。

除了这三项要求以外，凡要求教师做到的，管理人员必须首先做到。

二、对教师综合素质的要求

第一，要有自信。无论教学，还是科研，事实证明我们能行，我们的学识、能力、水平、做法不比别人差，有些甚至更胜一筹，差就差在没有自信：把别人看得很高，把自己看得很低。其实际情况远远不是这样，只是我们缺乏"野心"，缺乏"冲劲"，缺乏在竞争中取胜的信心。由于没有自信，我们错失了不少可以有所收获的机会。

第二，拓宽视野。在教学、科研项目选题、申报上，不要闭门造车，不要被自己的眼界与思维所限制，自己的所思所想绝不是事情的全部，仅仅是事情的一点。所以，要多看看其他人都干了什么，都是怎么干的。一个捷径是多关注历年各类课题的立项公告，认真研究立项课题的题目就可以使自己眼界大开，思维顿悟。不要因为视野狭窄、思维闭塞，限制了我们的实际行动。

第三，保持韧劲儿。无论教学，还是科研，没有一蹴而就的事情，都需要持之以恒。一门课不磨合个三五次，无法保证其质量；一个课题不打磨个三五年，就不会浑厚扎实。所以，我们要聚焦学科方向、瞄准工作目标、重视日常积累，坚持不懈地做下去，一定会有收获。千万千万不要浅尝辄止，或者一遇到困难、瓶颈就放弃，一定要反复默念王国维的"学问三境界"。

第四，适应变化。我们正处于一个百年未有之大变局的时代：宇宙在变，自然在变，人类在变；秩序在变，规则在变，思想在变；面孔在变，情绪在变，人心在变。这一切，都以"变"为主旋律，以"变"为主特征，以"变"为主方向。所以，面对现在和未来之巨变，我们必须摒弃四种思想：一是对变没有任何感知，无动于衷；二是在变面前瑟瑟发抖，不知所措；三是总是走在变的后面，被动应对；四是以应变为由，自乱阵脚。我们生存于这个时代，只能迎面接受这个时代，并顺应其变化。如果我们对"游戏规则"的变化无动于衷，就会出局，就会被淘汰。最简单的办法，就是稳住阵脚，锲而不舍，一步一个脚印，稳扎稳打地做好当下每一件事儿，一定会成功走向未来。

第五，积极行动。我们的中老年教师都接受过高等教育，绝大部分中青年教师都是名牌大学博士毕业，我们的学历、阅历、经历不亚于任何人。由于缺乏自信，限制了我们生成一种强烈的发自内心的行动欲望。没有欲望就没有行动，没有行动就没有作为。无论是教学还是科研，只要是项目、只要是荣誉，我们都要积极行动，努力争取。不行动、不争取，我们会一事无成、一切归零。

第六，懂得规则。该干什么、不该干什么，什么时候该干、什么时候不该干，要有最起码的价值判断。规则要懂，规矩要守，规范要做，且不可做"现成的制度不看、基本的规则不守、屡犯的错误不改、别人的付出不管、集体的荣誉不顾"等耗费管理成本的人。

第七，自重自爱。别把自己的事情当成别人的事情，也别拿自己不当回事却让别人拿自己当回事。自己的事情要按照要求、时间主动去办且要办好。自己总也约束不好自己，总是让别人为你跑腿办事、解决问题，那是在消耗自己的声誉，是拿别人的高尚当义务。凡事要自省、自警、自重、自爱，有正确的行为认知，既要珍惜自己的声誉，也要怜惜他人的劳动。

第八，善于合作。我们正处于一个靠自己的能量而无法生存的时代。作为一名大学教师，如果单打独斗，自我陶醉，自我欣赏，即使耗费了自己所有的体力、精力，还有可能没有效率、没有效果；如果融入集体，融入团队，相互切磋，相互支撑，做到"我为人人、人人为我"，就会借势而为，借力有为。

第九，胸中有局。每一个人都是职场中人，每一个人都是局中的一点。没有局，你这个点就不存在。我们目前的局是专业、是教研室、是人文与传播学院、是山东工商学院，我们每一个人就是专业、教研室、人文与传播学院、山东工商学院中的一员。为了我们这个局稳、这个局好，我们每一个人都要发挥自己积极的能量。有个组织法则："能力是非常重要的，是你能够胜任工作的一个必要条件，但是同时还有一个更重要的条件，就是对于组织而言，你是否愿意热情、主动地付出，如果你不肯付出，总是让组织为你特别费心协调来迁就你的习惯，你就会变成组织前进的阻力，那么，即便你能力再强，对于组织而言，你就是可有可无的了。"所以，在组织中要能解决问题而不是制造问题。不解决问题反而制造问题的人，对组织来说就是负担，就是负能量。

第十，勇于担当。无论是教研室建设，还是专业建设、课程建设，每一位教师都有责任。教研室不是教研室主任的教研室，专业不是某几个人的专业，课程也不是个人的课程。专业兴亡人人有责，任务担当人人有份。任何称职的教师都应该首先勇于承担专业基础课和专业核心课，然后再考虑开设选修课。再一次重申，我们不提倡、不支持四种行为：一是有专业课不担当而去开设选修课的行为；二是本学院有课不担当而去外面学院担任课程的行为，三是除了自己几门课的事或者个人的事而对其他综合性公共业务不闻不问的行为；四是专挑驾轻就熟的课程而不担当新课或者有难度的课程的行为。

三、对教师课堂教学的要求

第一，加强自我管理。要全面掌握并严格履行《山东工商学院教师课堂教学行为规范》（教发〔2020〕4号）和《山东工商学院教学事故认定与处理暂行规定》（院发〔2018〕46号），做到烂熟于心，秋毫无犯，这就是自我管理，更是一种自我保护，绝不是额外的工作负担。加强自我管理、自我保护，不仅仅是对自己负责，还是对学生负责、对其他教师负责、对整个集体负责。所以，自我管理、自我保护不仅仅是个人的问题，如做不好还会"连累"其他所有的人，甚至还会让其他人的心血与汗水付之东流。

第二，加强课堂管理。思考好、回答好、解决好10个课堂教学问题：其一，为什么上课学生不记笔记？其二，为什么上课学生不带课本？其三，为什么上课学生不带笔和笔记本？其四，为什么上课学生不愿意抬头？其五，为什么上课学生不愿意往前排坐？其六，为什么上课学生不愿意回答问题？其七，为什么上课学生不认真听讲？其八，为什么上课学生会忍不住看手机？其九，为什么上课学生会不停地看时间想什么时候下课？其十，为什么上课学生不愿意主动问问题？这10个问题是课堂管理的最具体、最基本的问题，解决了这些问题，课堂管理就到位了。但是，这需要教师严格要求、精心设计、合理安排、全面引导。对课堂不管理，对上课不要求，对教学不设计，对学生不引导，课堂只能是原生态式地"放羊"。

第三，加强时间管理。不迟到、不提前下课，这是最起码的时间管理，这方面更多地体现为自我管理。但是，两节课，每节课45分钟，要讲多少内容，该在什么地方结束，应该有个明确的安排，随意拖堂、经常中间不休息，都会让学生产生课堂厌倦。时间管理还有个单位时间的讲课数量和质量问题，也就是说课堂教学要保质保量，提高单位时间的效率与效果。

第四，加强质量管理。课堂教学怎么算才有质量？按照厦门大学教育学专家别敦荣教授所说，就是自身有品质，外在有满意度，内外结合，就是既有品质又能让人满意的课堂教学。质量管理就是要想尽一切办法提高课堂教学质量。除了要加强课堂管理外，还要提高自身教学能力与水平，千万不要把自己"经营"多年、十几年、几十年的课讲成"水课"。别敦荣教授给出了"水课"的五个标准，凡符合其中任何一个就是"水课"：（1）教师照本宣科；（2）教师唱独角戏；（3）教师满堂灌；（4）教师把自己教出职业病——职业倦怠；（5）让学生被动学习。对照这五个标准，如果自己哪一条也不符合，那么你的课堂教学质量就是上乘。课堂教学要与教学研究、学术研究相结合，不能满足于知识介绍、现象描述、流水账式讲述；课堂教学还要与创新创业项目、学科赛事、学术训练等实践教学结合起来，变教学内容为素质、能力培养，并以此带动课堂教学。

总而言之，我们作为教育工作者，作为"人师"，恪尽职守，扎实工作，是我们的本分与义务；不断提高育人能力和水平，是我们的责任与使命。

（2020 年 9 月 4 日）

教师的高度自觉
是高等教育高质量发展的动力源

新时代高等教育的重要主题就是高质量发展,但是,高质量发展不是上级要求出来的,也不是制度设计出来的,还不是规划规制出来的,更不是口号喊出来的,而是干出来的。谁来干?只有靠教师来干,靠教师自觉来干。教师的高度自觉是高等教育高质量发展的"源动力",没有教师的高度自觉,教育高质量发展就无从落实。在这种大势下,山东工商学院人文与传播学院各项工作也要高质量发展,每一位教师都要有高度的自觉性,只有教师自觉了,人文与传播学院这列列车就会由"普客"变成"高铁"或"动车",平稳而快捷地行进。

所谓自觉,其主要特征就是自我觉悟、自我发展、自我解放和自我实现。自觉是基本的人格,如没有了自觉,就没有了人格。

教师的自觉很多,结合我们的工作实际,最为主要的是政治自觉、道德自觉、规则自觉、认知自觉、教书自觉、育人自觉、学术自觉、组织自觉、行为自觉和适变自觉。

1. 政治自觉

政治自觉,就是教师为谁育人的认知程度以及教书育人实践中所应坚守的政治方向。

中国的大学是中国共产党领导的大学,是社会主义大学,要为人民服务、为中国共产党治国理政服务、为巩固和发展中国特色社会主义制度服务、为改革开放和社会主义现代化建设服务。这是大学教师最基本的政治指向,含糊不得,游弋不得。"政治正确"理念是世界范围的意识形态,它起源于西方。西方人更加讲"政治正确",只不过不同的国家、不同的政党、不同的组织、不同的群体,在不同的时期,有着不同的政治正确内涵而已。所以,"讲政治"或者

"政治正确"理念并不是中国的"独特现象",我们的大学教师都应当增强政治意识,善于从政治上看问题,善于把握政治大局,不断提高政治判断力、政治领悟力、政治执行力,持续深入地学思践悟习近平新时代中国特色社会主义思想,自觉用新思想纠正理念偏差、思维偏差、方法偏差,推动视野格局、理念思维、工作方法全面适应新时代。为党育人、为国育才,培养德智体美劳全面发展的社会主义建设者和接班人,就是中国教育和全体教育工作者最大的政治。

学术研究无禁区,课堂讲授有纪律。从一定意义上讲,"学术研究无禁区"是个"虚命题",尤其人文社科研究绝对有边界,论文发表、著作出版、课题申报、奖项评审等等,都要经得起政治和价值观的衡量,就是自然科学研究也得符合人性;"课堂讲授有纪律"是个"实命题",教学内容、教材选用、教辅发放、言论语调等等,都要符合意识形态和道德的审视。

作为人文学科的教师必须意识到,所有的课程、专业和学科,其本身都具有意识形态属性,可以说课程、专业和学科就是意识形态本身。因为人文是人的核心价值及其规范,意识形态也是人的观念、观点、概念、思想、价值观等要素的总和。在意识形态方面,人文学科教师应该比其他学科教师有着更强的自我认知力和自我约束力,应该自觉地把学习、研究、信奉、传播马克思主义意识形态,作为所有课程、专业和学科的灵魂,做坚守马克思主义意识形态的典范。对于人文学科而言,课程思政是个"全景式"思政,不仅是课程思政,还是专业思政、学科思政。在中国大学,人文学科如果离开马克思主义意识形态的指导,任何课程、专业和学科都会走偏,都会走进死胡同。这就是人文学科教师所应该有的政治自觉。

2. 道德自觉

道德自觉,就是教师对应有的道德水准的认知程度以及在教书育人实践中所应坚守的道德涵养。

教师是"人师",是人类灵魂的工程师。这就决定教师必须是"人上人",其教学、其学术,其思想、其观念,其道德、其灵魂,来不得半点的玷污与瑕疵,这就是教师不同于任何社会群体的高尚与"人设"所在。教师要担负起立德树人的责任,不仅取决于学识水平,更取决于道德水平,因为道德水平在很大程度上影响着治学、治教、奉献的精神和品质,影响着能否真正做到教书育人。

教师的道德是个"全德"，即社会公德、职业道德、家庭美德和个人品德。所以，教师的道德不仅要高水准，还要全素养。教师的一言一行、一举一动，都要率先垂范，为人师表，都要成为社会的标杆，都要引领社会道德风尚，不可"低级趣味"，正所谓"大学之道，在明明德，在新民，在止于至善"。

教师的职业是高尚的，但需要时时刻刻地去磨炼。曾子有云："吾日三省吾身。为人谋而不忠乎？与朋友交而不信乎？传不习乎？"我们的先贤尚且如此，我们的大学教师更应该扪心自问，反躬自省：我有没有放任自流自甘平庸而愧对"人师"这个称号？我有没有经过充分的积累而胜任讲好每门课程的能力和水平？我有没有能融入主流群体并为之增加正能量的人格和品行？我有没有关心团队的发展并在其中发挥应有的作用？我有没有理解组织的工作意图和核心价值并为之付诸实践？我有没有甘于担当并为他人付出的愿望与精神？我有没有以自我为中心而侵害或妨碍他人权益的言行？我有没有在自身与他人价值发生冲突时客观公正换位思考的习惯？我有没有足够的学识用以指导学生的科技创新或学术活动？我有没有锐意进取并提升自我的规划和行动？道德是激励人的，也是约束人的。如果我们的教师能时时刻刻以这"十问"自警、自省、自励，就会成为一名道德高尚、学识渊博、值得尊重的人，这就是教师的道德自觉。

3. 规则自觉

规则自觉，就是教师在日常工作、生活中要自觉践行包括政策、制度、规矩、习俗、道德、纪律、法规和法律等在内的、规范人的言行的一切准则。

任何规则都是维护社会道德、守护社会良知的底线。规则是每个公民都应遵守的行为准则，而教师肩负着为社会培养合格公民的重任，更应该做遵守规则的模范，不断增强依规、依纪、依法为师为事的意识。

我们经常会用"涵养"一词来看待一个人，其实，涵养并不抽象，其中就有规则意识问题，就是在内心与言行、为人与做事、认知与现实、个体与群体、自身与他人、奉献与利益等各个方面，自己能否管理好、调试好、平衡好自己的问题。心中无规则，行为无规矩，人格无底线，一切凭自己的内心驱动行事，动辄给他人增添不必要的麻烦，给组织增加额外的管理负担，就是缺少涵养。尤其一名大学教师，识文断句超乎常人，结果凡事需要他人去告知、去解释、去督促甚至去监管,这是否就是"巨婴"?这还有资格充任"人师"?有些规则是写在字面的,有些规则却是隐藏在字面背后的。我们是人文学科教师,不是都习惯于讲字意、词意、句意、文意嘛,那就抽时间去好好研究研究规则,懂了规则,才能行动,才能评说。否则,只能止步,只能止语。所以,主动研究规则,全面掌握规则,熟练地运用规则,随时随地地遵守规则,这才能凸显一个人的涵养。

教师是文化、知识和文明的化身,遵守规则是文化人、知识人和文明人的标志,否则就是野蛮。要不郭德纲怎么会发出一句惊世骇俗的感叹:"离那些不守规则的人远一点,因为雷劈他的时候可能会连累到你。"

规则,有学院的规则,有学校的规则;有省市的规则,有国家的规则;有教学的规则,有学术的规则;有晋职的规则,有聘任的规则;有精神的规则,有物质的规则;有为人的规则,有做事的规则;有言论的规则,有行为的规则;等等。这些都与我们的切身利益息息相关,是我们为人处世、职业延续的准则,我们在工作和生活中都必须熟知和遵守。

在工作和生活中,为什么有些人的困惑那么多、问题那么多、烦恼那么多、糟事那么多,其中的原因就是不懂规则、漠视规则、逾越规则。我们应当记住:规则是集体的共识,约束该集体中的每一个人,它并不会因你的不羁就不发挥效力,恰恰相反,有时候规则就是因为你的不羁而做的准备。我们一再强调,在组织中,不能解决问题反而制造问题的人,或者不遵守规则反而破坏规则的人,其能力再怎么强,也是组织的累赘、组织的麻烦、组织的负担、组织的负能量,有他不如没他。这时,如果不主动退出或者作出自我修正的话,他的处境就会很痛楚、很尴尬,要么被组织闲置,要么被组织淘汰。

为了防止腐败,领导干部要把权力关到制度的笼子里。我想,为了人生舒适,我们每一个人都应把言行关在规则的笼子里。因为有人说过:"再也没有什么比规则更冷冰冰、硬邦邦、毫无人情,你不遵守它,它比老虎还要可怕,当你遵守它,它就是你最坚实的盔甲和最温暖的外衣。"

4. 认知自觉

认知自觉,就是认识事物的态度和认识事物的素质与能力。

认知是思想观念的"元点",是为人处世的"起点",如果"元点"不正,"起点"走偏,则一切就会在荆棘丛生的道路上踽踽独行,不是自己"翻车",

就是与他人"撞车",再不就是众人与他"错车",总汇入不了主流,总与他人产生摩擦,总与他人不相融洽。

在生活和工作中,人们会经常发现:有些人不是"无知",而是"有知",但是这个"有知"并不是"良知",而是"元无知",或者叫作"坏"。他们的这种"坏",往往是一种原生态的"坏",一种秉性的"坏",一种根深蒂固的"坏",一种披着正确的外衣的"坏",一种外力无法纠治的"坏",而且越纠治越纠缠,越纠缠越严重。这样的人,凡事不经过内心和大脑,不经过分析与思考,总认为自己出于"正义",总把自己摆在天下苍生"代言人"的立场上去指点江山。其实,他们的言行已经偏离了事物的本来机理而不自知,他们的做派已经引起了人们的反感而不自察。不管什么事情,只要他一出现就会正常变为不正常、小问题变为大问题,就是外人给他梳理、分析也讲不清道理。所以,有人坦言,无论什么时候,都不要试图去改变一个认知有问题的人,那样会给你带来更大的问题。

可见,认知自觉决定教师的人际关系和在人们心目中的形象,决定工作乃至职业的兴衰。教师如果有认知自觉,则可以使自己自省、自励,可以获得和谐的际遇,还可以拥有集体的融洽。否则,会被人们当成"另类"敬而远之。

5. 教书自觉

教书自觉,就是教师对待教书的态度以及所要努力达到的境界。

教书是教师首要的职业活动,是教师赖以生存的"手段"。然而,教书不是站在讲台上念着课本、解释个概念那么简单,教书既要有"道",也要有"术",正所谓"道为行,术为用"。实现高等教育高质量发展,有赖教师教书的"道"和"术",非依靠教师的自觉不可。

教书的"道",决定教书能否行以致远;教书的"术",决定教书能否用以致学。所谓"行以致远",是指教书要有"灵魂",这种灵魂贯穿教师教书的全过程,并为教师教书指引方向,提供动力,保证教师的教书活动有"诗和远方"。这就是要搞清楚"为什么教、为谁教"的问题。所谓"用以致学",是不断改进教书的方法和技巧,不断完善教书的技术与手段,不断提高教书的能力和水平,不断激发学生的学习动力和热情。这就是要搞清楚"怎么教,教什么"的问题。

现代社会,信息高度发达,资源丰富多彩,学习的技术、途径和平台层出不穷，教师在知识的"先行"和"传播"方面，已经不再具有优势，还有被"弱化"和"边缘化"的趋势。教师固有的知识程度、知识体系、知识结构和教书手段，甚至连话语体系、表达方式，都已不足以站稳讲坛，必须不断充实、不断更新和不断建构。

进入新时代，建设一流本科教育已经成为高等教育发展大势，教师的职业远比过去要求得多、要求得高，因而难干得多，建设"金课"，消灭"水课"，成为大学课堂教学的新标准。按照教育部高教司司长吴岩所言：金课的标准有"两性一度"，即高阶性、创新性、挑战度。所谓"高阶性"，就是知识能力素质的有机融合，是要培养学生解决复杂问题的综合能力和高级思维。所谓"创新性"，是课程内容反映前沿性和时代性，教学形式呈现先进性和互动性，学习结果具有探究性和个性化。所谓"挑战度"，是指课程有一定难度，需要跳一跳才能够得着，老师备课和学生课下有较高要求。与金课相反的就是"水课"，即低阶性、陈旧性和不用心的课。"金课"是种理念，是种质量，没有旁观者，都是建设者。

面对此种大势，教师如果不自我觉悟、不自我发展，不自我创新，仍然因循守旧，不思进取，都是教书不自觉的表现，终归会被淘汰。

6. 育人自觉

育人自觉，就是教师对待育人的态度以及如何通过教书把育人作为职业的终极目的。

教书的目的是育人，而育人要通过教书来实现。教书与育人犹如一个硬币的两面，是不可分离的统一体。之所以我们常常把教书和育人分开谈，是为了提醒我们的教师对这两者不可偏废。

孔子说："学而不厌，诲人不倦。"韩愈说："师者，所以传道授业解惑也。"陶行知说："先生不应该专教书，他的责任是教人做人；学生不应该专读书，他的责任是学习人生之道。"杨叔子说："教育是'育人'而非'制器'，是以'文'化人而非以'识'造物。……固然高校育人应立足于治学（术），但治学（术）须首先服务于育人，所培养的人必须有高度的社会责任感。"爱因斯坦说："务必让学生对价值观念有所理解并产生热烈的感情。对于美和善，他必须有强烈的感受。"这些都很形象地概括了教师的本职工作——教书育人。所以，教师不仅要通过教书实现种德立命，更要通过教书培养修身治世的人才。

新中国成立以来，我国的教育方针虽有变化，但教书育人是教师的天职这一基本定位从来没有改变，什么"又红又专"，什么"四有新人"，什么"育人为本、德育为先"，什么"立德树人"，什么"培养德智体美劳全面发展的社会主义建设者和接班人"，等等，无不指向教师既要教书又要育人，只有教书与育人两者互为依存，方能构筑全面的"教育"。

现代社会，海量的知识充斥着整个互联网，学生获取知识的途径和手段极大丰富，人工智能也有取代教师劳动的趋势，教师是"知识的化身"这一光环已黯然失色，教师过去不可、现在更不可做知识的"搬运工"和"投递员"，而要成为新知识的创造者、灵魂的铸造师、人生的引路人，也就是说，教师不仅仅要传授知识，还要启迪智慧，更要塑造人生，"做学生锤炼品格的引路人，做学生学习知识的引路人，做学生创新思维的引路人，做学生奉献祖国的引路人"。教师通过"人"与"人"的知识传授来达到"育人"这一职业终极，显得更加突出与可贵。所以，教师无论从职业认知层面，还是从职业实践层面，全面理解、深刻把握、自觉履行教书育人的责任，不是可有可无的命题。

处理和把握好教书与育人之间的关系，一要求教师必须有"可以胜任教授"的学问，这是教师的"能极"；二要求教师必须有"可以为人师表"的道德，这是教师的"魂极"，两极合一，就是所说的"学高为师，德高为范"。教育部部长陈宝生曾说："高校教师要做到'德高'，以德立身、以德立学、以德施教；做到'学高'，下苦功夫、求真学问，以扎实学识支撑高水平教学；做到'艺高'，提升教学艺术，善于运用现代信息技术，提升改造学习、改造课堂的能力。""德高""学高""艺高"这就是教师的育人自觉。

7. 学术自觉

学术自觉，就是教师对待学术的态度以及为学术而刻苦钻研的精神。

大学是育人的圣地、学术的殿堂，大学文化尽管有多种形态，但学术文化是其主流。这里的"学术"指的是"学之术"，除了科研学术之外，还包括教学学术，大学人都要有"以学术为美，以学术为崇高"的涵养，自觉做学术的拥有者、创造者和传播者。教书育人是教师的天职，开展学术研究是更好地实现教书育人的"推进器"或"加油站"，不开展学术研究或者学术研究不深、不透、不恒的教师，充其量是知识的"搬运工"和"投递员"。

学术研究不是为他人所做，更不是为功利所做，而是为提高自己的职业能力和水平即促进教书育人而做，主要体现在三个方面：一是研究经费、设施能改善教学条件和手段；二是学术成果可以转化成教学内容；三是教师的学术研究有利于培养学生的创新精神和实践能力，促进学生学法的变革，提高学习效率。高质量或者高水平的教学工作，必定吸收或蕴藏着学术研究的精髓；没有一定的学术研究作为支撑，教学内容就没有一定的高度、深度和广度；没有一定的教学工作作为引领，即使有学术研究也不会变成教学内容。可见，要想提高教书育人水平，学术研究与教学工作不可偏废，既要重视学术研究，又要重视教学工作，要"两手抓，两手都要硬"。当然，学术研究必须围绕教学内容来开展，凡偏离教学内容的学术研究要么是业余爱好，要么是不务正业，要么是社会服务。

需要进一步强调的是，学术自觉万万不可离开政治自觉、道德自觉和规则自觉，从一定意义上说，政治自觉、道德自觉和规则自觉是学术生命的护身符。

8. 组织自觉

组织自觉，就是对待组织的态度和在组织中所应起到的作用。

每一个人都是组织中人，每个人都要在组织中求得生存与发展，每个人心目中都要有组织，并为组织的发展壮大主动贡献应有的力量。对我们来说，学校、学院、学科、专业、教研室、团队就是"组织"，就是教师的生存之地，就是教师赖以生活的"江山"。江山破碎，身何以安？所以说，教师不仅要做"指点江山"者，更要做"美化江山"者或者"妆点江山"者，在精神上要效仿女娲补天、精卫填海，在行为上要摒弃哪吒闹海、水漫金山。

不管是学校、学院、学科的发展，还是专业、教研室、团队的发展，每位教师不仅不可做看客或者旁观者，还要有贡献度。人的能力有大有小，除了自己的业务能力必须保持一定的水准外，其他各项公共性事务的贡献度也允许有大有小，但最起码要做正能量的实践者和传播者。

学校、学院、学科、专业、教研室的发展，虽然各个负责人要做好谋划和规划，每一位教师也要有领悟力、肩负力和执行力。领悟力、肩负力、执行力就是进取心、责任心、使命感，就是自觉性。事业是大家的事业，大家的事业由大家干。只要上下左右同心协力，主动作为，积极作为，就能有所作为。

学校党委、行政反复要求我们：各项工作都要以解决问题为导向，以问题解决为目的。既没有贡献，反而制造问题，就与这个大方向背道而驰，是不受欢迎的人。"人人为我，我为人人"是教师组织自觉应该有的境界。

9. 行为自觉

行为自觉，就是行为的内心驱动和所能带给组织或者他人的影响。

"我从未试图在任何场合取悦别人"的爱因斯坦认为："当我们开始审视自己的生活和工作时，很快就能察觉到，我们几乎所有的行动和愿望都跟他人的存在息息相关。"就连爱因斯坦这么个"超人"都离不开他人，更何况我们这些"凡人"。由此看来，我们每个人的行为还真不能只顾自己，还要考虑周边的人。凡是组织或者团队部署的工作都要积极主动地去完成，不要总做"最后一个"或者总等到"最后一刻"，也不要靠别人推着走、催着办，更不要为他人增添额外的工作负担；凡事要符合规矩、规则、规律，不要因为自己的私心杂念或者考虑不周而把别人"拖下水"；凡事与他人价值、利益发生冲突时，要换位思考，不要沉溺于自我而不能自拔；等等。自己在行为之前一定要慎重，一定要考虑周全，一定要评估正当与否，一定要衡量是不是有利于组织或者他人，不要因为临时突击或者一时"冲动"而引发不必要的"枝节"。有人说："人一定要学会心平气和地与自己对话，淡定中肯地与自己和解，否则，既对话不了他人，也和解不了他人。"

在日常工作和生活中，价值正当的行为自觉应该是既有利于自己又有利于他人、既有利于个体又有利于集体。然而，舍生取义、大公无私，为了集体的利益而努力工作甚至可以牺牲自己的一切，这才是一个人最高层次的行为自觉，也是共产党员义不容辞的责任与义务。约束自己欲望的行为，或者激励自己干事的行为，都是行为自觉的表现。

总而言之，人活着就要创造价值，最起码能让人快乐，不让人讨厌。否则，就没有一点价值。没有价值的人，就是累赘，就是负担，就是行尸走肉。

10. 适变自觉

适变自觉，就是对待外界变化的态度和适应变化的能力。

人类正处于一个百年未有之大变局时代，高等教育的利益格局、资源配置、竞争态势、生存方式、职业环境等等都随之发生了重大变化，这个变化可以说是空前的，令人目不暇接的，是不以人的意志为转移的。要想在这个变局中求得生存，要想在这个变局中求得发展，就得主动拥抱变化、适应变化，就得在变化的大局中"变化"自己。变化是客观的，适应变化是主观的；存在是客观的，提高认知是主观的。无论你愿不愿意，无论你高不高兴，无论你适不适应，变化仍然存在，变化仍然要持续下去。

  北京大学战略管理专家陈春花教授认为："这是一个以变化为尺度的时代，但是拥有变的能力，跟上变的节奏，其核心还是认知的能力。"还有人认为："一个人最大的能力，是能够摸清这个瞬息万变的时代的脉搏，并在关键时刻做出正确的选择，获得比别人更快的进步、更好的生活。"这两种观点所宣扬的都是"适变自觉"。伟大的民主革命先驱孙中山所说的"天下大势，浩浩荡荡，顺之者昌，逆之者亡"的局面已经实实在在地摆在我们每一个人面前。如果这也不愿意干、那也不愿意干，这个不会干、那个不会干，就是自暴自弃、自我淘汰。其实，面对滚滚向前的巨变洪流，我们应该采取积极的态度，这就是"随波逐流"，在"浪花里飞出欢乐的歌"。

  党的十九届五中全会指示我们，要"认识和把握发展规律，发扬斗争精神，树立底线思维，准确识变、科学应变、主动求变，善于在危机中育先机、于变局中开新局，抓住机遇，应对挑战，趋利避害，奋勇前进"。努力决定结局，选择决定全局，在变局面前，只有身临其境，并主动选择，主动适变，才有可能成为"局中人"。如果我们没有适变的自觉，只有出局的风险。著名的日本企业家稻盛和夫曾说："人生有三把钥匙：接受、改变与离开。不能接受那就改变，不能改变，那就离开。"可是，真要离开，你能到哪里去？

  想干事、能干事、会干事、干成事的人，都是自觉的人，靠谱的人，不用靠督促、逼迫和监督。所以，自觉很重要，它是一种极其优秀的品质，极其深厚的涵养。人如果自觉了，就会得到人们的尊敬，就会得到机遇的关爱，就会赢得人生的成长与发展。

  人生从来都是越自觉越主动，越努力越轻松，越坚强越幸运，越奋斗越幸福。在人生的旅途中，一切追求与奋斗都是为了幸福。

（2021年3月6日）

老师可不可以骂学生

老师可不可以骂学生？

好像这不是个问题。说它不是个问题，上了年纪的人都挨过老师骂；说它是个问题，老师因骂学生而丢职业的大有人在。

《论语·公冶长》记载有这样一件事，原文是："宰予昼寝。子曰：'朽木不可雕也，粪土之墙不可圬也！于予与何诛？'子曰：'始吾于人也，听其言而信其行；今吾于人也，听其言而观其行。于予与改是。'"宰予是孔子的弟子，能说会道，言辞动听，原本深得孔子的赏识。可是，宰予有个毛病，白天不学习，却爱睡大觉。孔子听说后气愤难耐，于是骂道："腐烂的木头不可雕刻，用污秽的泥土砌成的墙不可粉刷！对于宰予这样的人，我还有什么好责备的呢？"孔子还不解气，进一步引申道："起初我对人，是听了他说的话就相信他的行为；现在我对人，不仅要听他说的话还要观察他的行为。这是因为宰予而改变了我看人的态度。"

孔子是谁？是有教无类、循循善诱、诲人不倦的圣人！看看，孔圣人也骂学生了，更有甚者，此事还被记录于两千多年来一直被中国人奉为修身治世圭臬的儒学经典《论语》之中，加以歌颂和传诵。

古代人的学习讲究"头悬梁，锥刺股"，讲究"寒窗苦读"，讲究"凿壁偷光"，等等，把学习当成"苦海泛舟"。中代人（本文指20世纪70年代以前出生的人）因有老师教诲自己的"犬子"，感到无比的荣幸，将老师看得无比的神圣，遂拜托老师曰："犬子如果不听说，你就该打打、该骂骂！"当时，教室里是有一个叫"教鞭"的东西的，它除了用于指黑板外，还用来打手予以惩戒，至于被撵出教室罚站（不管天冷天热，还是刮风下雨）是经常的事情的。

无论古代，还是中代，在书房里让老师批评、罚站、惩戒是一件很不光彩的事情，哪敢回家向家长告状？哪敢上诉于学校、主管部门、公检法机关？挨老师骂、挨老师罚、挨老师打，是件十分丢人的事儿，哪有那个脸到处嚷嚷？保不齐还得与小伙伴"攻守同盟"，绝对保密呢！

然而，现代人讲究的是快乐学习，阳光校园，温室效应，学生是"掌上明珠"，含在嘴里怕化了，拿在手里怕掉了，得百般呵护，万般疼爱，什么骂，什么打，连训斥一声都不敢。

孔圣人都可以骂自己的学生宰予"朽木不可雕也，粪土之墙不可圬也"，今天的教师为什么不可以骂学生？对不起，没有为什么，今天的老师有修养、学生懂礼节、家长知羞耻，所以教师真不可以骂学生。

老师如父母，但父母可以打骂孩子，老师能行吗？凡事说起来道清理明，实则谬论。老师如父母，只是一种比喻而已。

（2021年6月6日）

人文教师都应是有爱心、有公心、有情怀的人

近一个时期以来，有几个变化趋势，应引起每一位教职工高度重视：

第一，新时代教育评价变化趋势。学校关于《深化新时代教育评价改革实施方案》早已印发，这是指引学校今后教育教学发展方向的"纲领性""总体性"方案，与教师的个人成长、事业发展、绩效待遇密切相关，也不时号召教职工认真学习，领会精神，全面把握。大家务必清醒：规则再怎么制定，我们也很难成为"标本"；规则再怎么修改，我们也很难占到"便宜"。我们必须认清形势，准确定位，以积极的心态迎接挑战。

第二，职称评价制度变化趋势。尽管"破五唯"的呼声越来越高，政策越来越清晰，路径越来越落地，但是，从我们的实际能力和水平来看，"破五唯"还"破"不到我们这个层次，我们的"唯"还没有达到"破"的标准。可千万千万不要天真地认为"破五唯"就是不要科研，不要论文，不要项目，不要荣誉。从假期前颁布的新的职称评价条件来看，原先有的条件仍然有，原先没有的条件有所补充，原先"价码"较低的条款还有大幅度提高。这些都可成为我们工作的风向标，望仔细研究，全面把握。

第三，毕业生质量评价变化趋势。目前有个毕业生质量评价办法，就是把学生入学时的质量等级划分为A、B、C、D、E五个等级，毕业生的质量等级也划分为A、B、C、D、E五个等级，然后两者进行比较，看等级的变化。如果毕业生质量等级高于入学时质量等级，则培养质量高，反之就低。毕业生的质量等级计算方法是将本科毕业生升学率和薪酬按一定标准计算，得到全国大学本科毕业生质量排行榜。升学率高、薪酬高的大学排在前面，升学率低、薪酬低的大学排在后面。毕业生质量排名可以理解为产品质量排名，哪个学校培养的毕业生质量高，就把哪个学校放在前面。按照毕业生的升学率和薪酬划分

毕业生的质量等级，可以直观反映培养质量，可以引导高考志愿的填报。我们三个专业招生时的生源质量排在学校前10位，挤进学校前三分之一，四年后的毕业生质量是否也能挤进学校前三分之一？按照A、B、C、D、E五个等级来讲，毕业生质量至少要提高一个等级，在校内的排名至少也要提高一个位次。原地不动或者等级、位次后退，就是我们的工作没有做好，就是教育的无用和无效，就是教育的失职和失责。对此，我们每一位教师、每一个专业务必要高度重视。

第四，硕士学位教育变化趋势。2020年9月，教育部、国家发改委、财政部联合发布《关于加快新时代研究生教育改革发展的意见》，其中提出："稳步发展学术学位研究生教育，以国家重大战略、关键领域和社会重大需求为重点，增设一批硕士、博士专业学位类别。新增硕士学位授予单位原则上只开展专业学位研究生教育，新增硕士学位授权点以专业学位授权点为主。"可见，国家对学术硕士教育收紧，支持、鼓励开展专业硕士教育。所以，学术硕士授权点我们无可奢望，我们只有把眼光放在专业硕士教育上，"十四五"期间我们必须要有所作为。

第五，特色建设变化趋势。浙江成为"共同富裕"示范区，中央财经委8月份召开会议研究了"共同富裕"问题。从本学期起，学校不仅要打造财富管理特色和财商教育特色，还要举全校之力打造共同富裕研究特色。学校层面成立了"共同富裕研究院"，各个学院都要成立其下的"研究中心"。经过论证，我们叫"共同富裕文化研究中心"。所以，共同富裕问题业已成为每一位教师新的教学和学术研究领域。

第六，学术活动变化趋势。新冠疫情带来的一大变化是线上教学、线上学术会议增多，要求我们进一步转变"学术活动"观念，进一步认识"学术交流"空间。也就是说，学术活动包括线上和线下两种方式，不是线下学术会议才是学术活动或者学术交流，线上学术会议也是学术活动或者学术交流。所以，要充分利用线上学术会议资源，积极参加网上学术交流活动。

以上六大趋势，每一个人必须保持头脑清醒，心中有数！

鉴于变化趋势，鉴于前一时期实际工作中所表现出来的林林总总，特总结今后工作中所应坚持的"9+1个反对"，呈现给大家：

1. 反对佛系

我们是凡夫俗子，生活在凡间尘世，来不得佛系，尘世和禅界是两个不同的"界别",凡夫俗子不可能同时横跨两个世界生活。我们要吃喝拉撒睡,要衣食住行劳,要婚丧嫁娶养,不仅要与世俗"随波逐流",还要与世俗"和光同尘",我们就是想佛系也无法做到与世无争,六根清净。佛系,是自我陶醉、自欺欺人的"自我安慰"。

2. 反对躺平

我们要成长,要进步,更要幸福,就要有进取、有追求。我们还没有达到功德圆满、功成名就的境界,财富不自由,生活不自由,来不得躺平,躺平还没有资格、没有条件,没有那么大的空间,没有可供身下铺、身上盖的绫罗绸缎,还必须站着去争斗、去拼搏,否则,我们连立锥之地都没有,更甭说躺平用的"席梦思沙发床"了。躺平,是自不量力、自以为是的"自暴自弃"。

3. 反对冷漠

我们生活在群体之中,群体就得相互关心、相互关爱。你想让人关心你,你要首先关心人。对待群体和组织也一样,想让群体或组织关心你,你就得先融入群体或组织。这个不干那个不干、这个困难那个困难,都是冷漠的表现。水冷结成冰,水热会沸腾,人与人之间的关系也一样。人生在世,一切都是互相的。热心地对待自己的专业、学科、教研室、学院和学校,会收到超出付出的收获。

4. 反对旁观

课程、专业、学科、特色、学院、学校是我们每一个人的,无论是课程建设、专业建设、学科建设,还是特色建设、学院建设、学校建设,人人有份,人人有责,来不得半点旁观。如若做旁观者,不久就会被边缘,被淘汰。地球离开谁都能照常转,请不要把自己看得太重,也不要把自己看得太轻,要和大家一起努力,一起向前,只有这样才能有力量、有价值。有人说,最美好的生活方式,莫过于和一群志同道合的人奔跑在梦想的路上。我相信大家都会赞同这个观点。

5. 反对嫉妒

嫉妒就是眼红,眼红就是懒惰加贪婪。懒惰加贪婪,人生一定很痛苦。尤其自己不好,也见不得别人好的人,就会心生歹念,做出令人不齿之事。要学会欣赏,学会敬佩,学会喝彩,学会赞扬。一个人如果对身边的人和事常持欣赏之情、敬佩之心、喝彩之举、赞扬之声,是一件高尚、豁达、阳光、愉快之事，还会让人心生甜蜜与幸福。

6. 反对自利

总考虑自己的利益，不关心他人和集体的利益；我行我素，我走我路，想干什么就干什么，想怎么干就怎么干；轻松的事抢着干，简单的事争着干，复杂的事往外推，困难的事躲老远，一切都在自己的内心世界转悠。这些都是自私自利的表现。俗话说得好："要想废掉一个人很简单，就让他闲着、闲着、闲着。"自利心是人生的一剂毒药，伤情毁誉；利他心是人生的一种甜蜜，幸福快乐。

7. 反对敷衍

工作不认真，对人不真诚，对事不思考，心中没有质量、效率、效益、水平和灵魂，得过且过，应付了事；凡事有头脑没想法、有想法没办法，能推就推，能躲就躲，能不干就不干，能少干不多干；工作浮在表面，不仔细、不检查，以交差为完成任务。这都是不靠谱之为，这样的人也是令人不放心、不信任、不可合作共事之人。无论工作上还是生活中，追求的最高境界应是做一个靠谱之人，靠谱就是忠诚、有责任、有担当、有作为。靠谱之人用责任心做事，用感恩心做人。这样的人是最理想、最坚毅的合作伙伴，也是人生旅途中完全可以依赖的朋友。在一起共事，让人感动的是真诚与靠谱，让人厌恶的是愚弄和虚伪。

8. 反对自弃

无论佛系还是躺平，都是一种自弃。这里要说的是另外两种情况的自弃：一种是条件思维。总是要等到所有的条件都具备了再去干；如果有一点条件不具备，就停滞不前，就主动放弃。如果总这样，那么我们就会落后得特别稳定。条件是创造出来了，不是天上掉下来的。另一种是不行思维。总是拿别人的长处来和自己的短处对比，总是把别人看得十分强大、自己非常渺小，这个时候自己的自信心就会荡然无存，总认为自己干啥啥不行，干啥啥失败，因而就主动放弃，不参与竞争，结果和别人的差距越拉越大。

9. 反对平庸

佛系、躺平、敷衍、自弃等，都是自甘堕落、自甘平庸的表现。平庸，就是把自己局限于平庸之人，做着平庸之事，没有追求，没有抱负，不拼不博，不进不取，终日浑浑噩噩，碌碌无为，总是依附如风，甘为人后。其实，我们绝大部分人都不是平庸之辈，有些还有口皆碑，可惜的是，我们"只在此山中，云深不知处"，缺乏的就是不甘平庸的决心和信心，缺乏的就是争取一流的闯劲和耐心。尽管我们取得了一定成绩，如生源质量、就业工作等，也尽管我们不甘落后，但有名无实、徒有虚名，都是平庸的表现。要紧的是，我们身处百年未有之大变局时代，我们教授着青年英才，身为大学教师，我们更是平庸不得。

除了上述之外，还应该有个反对内卷的问题。但是，内卷由不得个体、由不得基层，这是一个自上而下由环境、氛围、生态等生发出来的问题。作为个体和基层，我们不是"内卷"，而是"被卷"。所以，我们虽然极端厌恶内卷、坚决反对内卷，但身不由己，左右不了"被卷"的命运。

以上"9+1个反对"我们必须旗帜鲜明，必须立场坚定，必须时时刻刻用以镜鉴自己！

"9+1个反对"只是我们的工作态度，但光有态度无用，关键是要有行动，这就需要有"10个心"：

1. 事业心

事业是生活的主要组成部分，没有事业就没有生活，就没有幸福。但是，事业是干出来的，不是混出来的。每一个人都应好好珍惜和热爱现在拥有的单位、岗位和平台，在本单位、本岗位、本平台积极主动地奉献出自己的智慧和才华。事业是自己的，也是大家的，但归根结底还是自己的。没有事业，我们什么也不是。

2. 责任心

岗位就是职责，职责就是担当，担当就是价值。学校建设、学院建设、教研室建设、学科建设、专业建设、课程建设等工作是每位教职工自己的事，我们自己不做，别人不能替我们去做，我们必须守土有责、人人尽责，都要有"责任有我"的担当，把各项工作做好。

3. 自信心

有自信才有底气，有底气才能干好工作、成就事业，否则一事无成。我们的学识、学力不差于别人，我们有我们的长处，就是缺乏一定的自信和必要的行动。《人民日报》公众号有篇文章：《不要用别人的优秀，来怀疑自己的能力》，其中说："做人，万不可妄自菲薄。谦虚固然是一种美德，但过分贬低自己也并不能让自己取得什么进步。"还说："每个人都有自己的光彩，如果你能找到自己的潜质并加以强化，那你也能优秀得'很明显'。"说的就是我们自己。

4. 热心

要热爱工作，主动作为，把课程建设、专业建设、学科建设、教研室建设、学院建设、学校建设作为自己的职责，应当应分去研究、去探索，做这方面的行家里手，甚至这方面的专家，也就是说，工作要有灵魂、有理念、有指导思想、有目标、有方法、有路径。这一切，都来源于热爱，没有一颗热爱之心，什么都被动，什么都不去想、不去做。在工作中，我们可以没有轰轰烈烈的业绩，但不能没有兢兢业业的口碑。

5. 耐心

工作要认真去做，用心去做，不能拖拖拉拉、毛毛糙糙，不踏实、不深入，浮在表面，漏洞百出。要沉下心、屏住气，靠一种韧劲和责任心，把自己的业务或分管的工作做细、做实、做深、做透、做到位。对待工作，还是有点"强迫症"为好。如果有点强迫症，工作反复检查、审视几遍，有一些"担忧"，讲究一下细节，则是万分大好的事情。

6. 恒心

凡事都要持之以恒，既不能三心二意，也不能浅尝辄止，还不能推一推就动，抓一抓就紧，要让恒心成为一种习惯，一种风格，一种动力，把自己的工作持续不断地推向前方。做学问、做教育，如果没有了恒心，就永远达不到理想的境界。

7. 同心

事业的兴旺发达需要群体、团队的力量，这种力量就来源于同心。学院班子对学校党委、行政要上下同心，在学院内部，班子与教研室、与教师之间也要上下同心。上下同心，就是要有凝聚力和执行力。如果我们每一个人都能做到上下同心、团结一致，各司其职、各负其责，心往一起想，劲往一起使，我们的事业就会蒸蒸日上。如果各怀异心，一盘散沙，我们就会一事无成。

8. 连心

我们是一个整体，每位教师、每门课程、每个教研室、每个专业都是组成学院的有机"单元"，你中有我，我中有你，谁也离不开谁。课程与课程之间、专业与专业之间、教师与教师之间、教研室与教研室之间，都要左右连心，齐心协力、齐头并进，共同做好各项工作。左右连心，就是相互尊重、相互包容、相互鼓励、相互欣赏，工作、生活在这样一种环境生态中的每一个人，都会有很高的幸福指数、很大的成功可能。

9. 顺心

我们处于一个百年未有之大变局时代，世事繁杂，节奏加快，面对工作多、任务重、时间紧等外在压力，负面情绪肯定会有。这就要求我们必须有自我管理的能力、自我调剂的能力，以积极的心态，去准确识变，科学应变，主动求变，自觉适变。只有这样，我们才能平顺心态，提高心气，做到高高兴兴工作，顺心顺意生活。我们左右不了局势，但我们可以左右自己的内心。

10. 戒心

做事有规矩，人生有戒律。每一个人尤其是党员干部都要洁身自好，严守底线，遵守三项基本标准：一是该得的一定要得，是为公私分明；二是可得可不得的尽量不得，是为防患未然；三是不该得的坚决不得，是为洁身自好。正所谓：心底无私，可以坐观日月；心态淡定，方能决胜千里。

无论是"9+1个反对"，还是"10个心"，都是一种爱心、一种公心、一种情怀。作为人文学科的教师，我们都应该成为有爱心、有公心、有情怀的人。

（2021年9月3日）

"人类灵魂工程师"小析
——基于大学教师的视角

苏联政治家、革命家、早期的国家领导人米哈伊尔·伊凡诺维奇·加里宁说:"很多教师常常忘记他们应该是教育家,而教育家也就是人类灵魂的工程师。"从此,"人类灵魂工程师"成为教师特定的称谓而家喻户晓。即便如此,人们未必都能全面理解"人类灵魂工程师"这一教师崇高赞誉的详细含义。所以,有必要对之进行一番解析。

第一,是"人类"灵魂工程师,对整个人类负责,而不是对某一个个体负责。

第二,人类"灵魂"工程师,塑造的是人类的"灵魂",不是某一具体的器物。

第三,人类灵魂"工程"师,塑魂是一项"工程",不是某一件单独的简单的器物制作。

第四,人类灵魂工程"师",是"师",是为人之师,是灵魂之师,不是某种技能之师。

因此,大学教师是大学生的灵魂工程师,塑造的是大学生的灵魂,做大学生的灵魂之师。这比做小学生、中学生的灵魂之师的要求更高、难度要大。因为,大学生都已成人,思想观念、行为方式、认知喜好等各方面都已成型,再去塑造他们的"灵魂",必须要有超越他们原来"灵魂"的"灵魂",需要花费更大的功夫,需要提供更多的智慧。

然而,这个超越原来"灵魂"的"灵魂",对大学教师来说是极大的考验:这个灵魂是什么?这个灵魂如何塑造?这个灵魂如何让大学生接收?等等这些问题,都是对大学教师"灵魂"的拷问!也就是说,大学教师没有灵魂,如何去塑造大学生的灵魂？大学教师的灵魂俗不可耐，如何能塑造大学生的高尚灵魂？大学教师的灵魂无法超越大学生的灵魂，如何做大学生的灵魂之师？这就是"教育就是一棵树摇动一棵树，一朵云推动一朵云，一个灵魂唤醒另一个灵魂"的逻辑所在。

所以，大学教师真的要有灵魂，要有超越大学生灵魂的灵魂；大学教师真的要做人之师，要做有灵魂的人之师，从内心到外表、从心灵到言行，真的时时、处处、事事都要有灵魂。

（2021年10月27日）

以青春之风采激发青春之动力
——青年教师应当何为

  青年是希望，是力量，是美好。青年教师有朝气、有活力、有才华，更戴有"人师"的光环，尤其与青年学子在世界观、人生观、价值观等方面没有隔阂，没有代沟，有资格、有能力而且必须成为青年学子成长路上的"灯塔"。因此，面对青年学子这一群体，青年教师必须自警、自励、自尊、自爱，以青春之风采与魅力，去激发青春之热情与动力。

  第一，做好人。这是事业之基。先做人，才能后做事。做好人，说复杂，那是一辈子的事情，涉及时时刻刻、事事处处、方方面面、公公私私；说简单，《朱子语类》有云："光明磊落底便是好人，昏昧迷暗底便是不好人。"不做好人，就没有合作伙伴，就没有援助之手，就没有可做之事。做好人，首先要有自知之明，要有自我检视意识，要有自我反省习惯，要有自我矫正能力。出了问题，要自我检讨、自我矫正，不能一有问题就找他人、就找客观原因。在一个组织中，问题不断的人就是不会做人，就是人没做好。

  第二，守规矩。这是护身之法。无规矩不成方圆，规矩是护身之宝。规矩有党纪国法或单位规章，这是"刚性"，如果违背，由国家机器、纪检监察机关对你处理；还有行为礼俗或者公序良俗，这是"软性"，如果违背，由道德品质、口碑信誉来评判。需要强调的是后者，尤其要引起高度重视，尤其不要认为是可有可无，不要按照自己的喜好行事，有时这方面更能让人抬不起头、挺不起脊梁，更能让人就此边缘。

  第三，融集体。这是力量之源。集体是智慧的集中地，是力量的发祥地。人生的闪光点，只有在集体中才能闪现；人生的成就感，只有在集体中才能体验；人生的美誉度，只有在集体中才能获得。单打独斗、冷漠旁观、避而远之、若即若离等等，都是脱离集体的表现。以工作为中心，以集体为半径，才能画出丰满而又美丽的人生之圆。以自我为中心，以私欲为半径，人生的轨迹就会杂乱无序，四处碰壁。

第四，有担当。这是为人之魂。有担当才能有作为，不担当就会把脚下的路越走越窄，把自己的精神世界搞得越来越萎缩。不担当就是不靠谱，不靠谱就是让人和组织无法信任、无法合作，就会被闲置。一旦被闲置，就会处于自生自灭的状态，就会尴尬无比。

第五，勤作为。这是成长之根。不作为、慢作为、懒作为，都要被淘汰，要善作为、快作为、勤作为。看待或者评价一个青年人的成长，都是以小见大，而不是以大代小。青年教师绝不可眼高手低，大事做不了，小事不愿做；更不可做井底之蛙，眼里只有天，没有地。小能见大，小能变大；勤能补拙，勤能成人。不积跬步，无以至千里。所以，青年教师要从细微处着眼，从小事情做起，集腋成裘，积小为大。

第六，教学优。这是立足之本。教师的职责就是教书育人，教学不好，就站不稳讲台，就当不好教师，就没有立足之地。教学是育人的手段，不仅要能力过关，还要达到优秀。人类灵魂的工程师、太阳底下最光辉的职业，来不得平庸，来不得一般，必须优秀。责任心、爱心是青年教师教书育人的首要条件，也是个人事业成长的内在涵养。

第七，科研强。这是发展之翼。做人体现在平时，教学体现在功夫，学术研究则体现在层次。要想立业扬名，要想快速成长，要想显山露水，科研则是腾飞的翅膀。尤其是教师，要想教学上水平、上质量、上层次，就得有研究。研究分隐性和显性两种：一是深入思考，形成了自己的学术观点，尽管没有形成学术成果，但直接用之于工作和教学，提升了工作质量和教学水平，这是隐性研究；二是刻苦钻研，形成了自己的学术思想，既转化成了学术成果，又提升了工作质量和教学水平，这是显性研究。两种皆可，但后一种更能助推事业发展。

第八，会生活。这是人生之道。工作是为了生活，生活就是人生，幸福地生活是人生的目标。人文本身就是美好、就是优雅、就是仁爱。所以，人文的教师生活一定要美，一定要有爱，一定要有品位。我们每一个人，都要为了幸福生活而努力地工作。

总而言之，青年教师最大的资本是"年轻"，而年轻最大的资本是有无限发展的时间和空间，什么都来得及，什么都有可能。所以，青年教师大有可为，应该有所作为。

（2021年12月11日）

第四章　学以成人

在人文的诗书礼乐中升华人生
——为汉语言文学专业自办的《沐风》杂志撰写的卷首语

圣达立言,化成天下,人文也;笔润我心,如沐春风,《沐风》也!

《沐风》杂志是我们人文学子驾驶的一叶小舟,载着我们在人文的百花园中沐浴着文学的芬芳。借《沐风》新的一期,我要为人文学子呐喊,为人文学子欢呼!

何谓人文?《辞海》的定义是:"人类社会的各种文化现象。"其实,人文是人类文化中的先进部分和核心部分,即先进的价值观及规范。老祖宗早已告诫我们:"文明以止,人文也";"圣达立言,化成天下,人文也";"言圣人观察人文,则诗书礼乐之谓,当法此教而化成天下也";"人文,人理之伦序,观人文以教化天下,天下成其礼俗,乃圣人用贲之道也",等等等等,莫不高歌人文是崇高的使命和神圣的事业!所以,能够与人文携手,就踏上了通往崇高和神圣的道路。这,就是我们的睿智!

凡选择并且能够安心于人文类专业的每一位学子,都是有品位、有胸怀、有雅量、不随波逐流的人!我们不世俗、不低俗、不媚俗、不庸俗,我们有大任担当,这个社会需要人文去"教化",去"化成",正所谓"国之华彩,人文化成","观乎天文,以察时变;观乎人文,以化成天下"!别人以利益为天下,我们则以天下为利益!这,就是我们的荣耀!

每一个人,无论是谁,想要在社会上扎根立足,或者取得长久的成功,或者受到人们的尊重,最为重要的因素,不是他们的专业,不是他们的技能,而是他们的人文精神、人文素养和人文情怀。所以,经过人文类专业的熏陶,我们浑身上下会散发出一种与众不同的"人文气息",清新而典雅,光鲜而靓丽,我们会成为未来社会真正的"精英"和"脊梁"!《论语》中说:"文质彬彬,然后君子!"这,就是我们的非凡!

尽管有人认为人文类专业不热门、不实用,但任何时候,任何地方,任何行业,做人最热门,做人最实用,而恰恰人文类专业就是研习如何做人的专业,我们有着比其他人更为直接的、得天独厚的专业熏陶。从某种意义上讲,人文类专业是教人做人的思想和境界,其他热门专业是教人做事的技能与方法,孰主孰次,无须赘言!拥有或者从事这样的专业,是人生之幸事,值得好好珍惜!借用圣人孔子的话说:"君子居之,何陋之有?"这,就是我们的优势!

人文果真无用?说没用的人是因为他们小视、短视、近视和偏视,他们是把"有用"的标准放在眼前和直接的经济利益上,这当然不会是"人文之用"。"人文之用"在长久,在间接,在底蕴,在精神,在灵魂,在人性,它决定人生方向和高度,决定做人方式和准则,决定人的道德品行和修养,决定人的处世态度和价值。人文不仅有用,而且有大用!亚圣孟子早有断言:"人之所以异于禽兽者几希。"如此一来,人世间如果没有了文化,就会变成禽兽的乐园;人如果离开了人文,就会与动物无异。所以,与人文为伍,就是与品质为伍,就是与人伦为伍!这,就是我们的价值!

真心希望我们的人文学子能够抛弃一切世俗的迷惑和引诱,心无旁骛地多读几本有价值的书,多修炼修炼自己的意志品行,多思考思考自己的人生走向,多书写书写自己的纯真浪漫。到那时,我们的人文学子必然会是时代的"宠儿",必然会在人文的诗书礼乐中升华人生!

《沐风》,你在塑造我们人文人的历程中担负着光荣而又艰巨的使命,希望你越来越好,越来越强大!

(2016年12月23日)

千万不要相信"读书无用"的鬼话
——"聊聊专业阅读那些事儿"笔谈

今年 4 月 23 日("世界图书与版权日",又称"世界读书日"),山东工商学院人文与传播学院为此举办了一系列活动,其中有一"聊聊专业阅读那些事儿"笔谈。活动的组织者——可敬的老师们、可爱的同学们让我聊聊我的专业阅读那些事儿。

说实话,面对这个题目,我有些汗颜,因为我大学有专业——历史学,但毕业后根本没有从事与历史学专业有关的工作。所以,很是对不住"专业"俩字,也恐对不住那些老师和同学们。

其实,我是喜欢书的,也很爱买书,家里也有不少藏书。我对图书信息的掌握没有固定的渠道,或各种媒介,或实体书店,或亲朋好友。购书大致可分三类:

一是专业驱动购买的书。我毕竟读了大学四年历史学专业,尽管毕业后没有从事与所学专业有关的工作,但它毕竟改变了我的人生,成为我站上职场的基础。所以,历史书籍占据我的藏书近一半。

二是工作驱动购买的书。我大学一毕业就在高校从事教育管理工作,为了"补课"或者"充电",我也购买了不少大学教育管理方面的书籍。

三是兴趣驱动购买的书。除了上述与专业、与工作相关的书籍外,对自己感兴趣的书也会购买一些,但也仅限于人文社会科学范畴。

当然,能够让我带回家、摆上我的书架的图书,在没有到人文与传播学院工作前,是以内容为"王"的;后来受编辑出版学专业老师们的熏陶,方知人世间居然还有"中国最美的书"和"世界最美的书",于是兴趣有了转变,又以形式和内容皆为"王"。

爱书、买书、藏书与读书是两码事。我对图书的阅读一般不很专一，总是在同一段时间内阅读好几本，甚至十几本，因而读书不是很"认真"，也很少把一本书从头到尾一口气读完，这是我读书的一大缺陷。

人有走不尽的路，也有读不完的书，所以我认为，读书无定法，但读书必须得法。对于读书，我提倡"五法"：一是"心读法"。有些书无须拿在手里一页一页地读，而是可以摆在家里的某一个地方，用眼睛隔空瞭望之，用"心"去读。二是"翻读法"。有些书拿过来看看目录，翻看一下重点即可。三是"泛读法"。有些书只做一般性阅读，无须仔细认真地揣摩其要表达的意思。四是"精读法"。有些书必须认真地、一字一句地去读，不仅要读懂表层的意思，还要读懂深层的意思。五是"查读法"。有些书如同工具一样，是作为查阅用的。尽管如此，这五种读书法，无论哪一种，都要做到知书、懂书，就是说，对于任何一本进入自己视野的书，都要知道它都说了什么，懂得它的价值所在。

我对读书还是比较传统的，只青睐纸质图书，因为它不仅有美丽的外表，又有沁人的墨香，可以把玩，可以欣赏，这是电子图书所无法代替的。我还有一个癖好，就是凡遇到喜欢的书，或流行的新书、好书，必须自己拥有，所以很少从外人手里借阅，包括到图书馆借阅。

总而言之，我读书不多，也读书不精，但我有几个爱书、买书、藏书的小故事，可以与大家分享。

故事一：省吃俭用攒钱买书

上大学期间（1982—1986年），每月23.5元（后来变成21.5元）的助学金，几乎每月都要挤出5元钱买书，宁愿吃一角钱的菜，早晨一般还不吃菜。可不要小看了当时的这5元钱！在20世纪80年代，每本书的价钱比现在可要便宜多了，1～2元就能买一本比较厚的平装书，就是精装书也在2元左右。这样算下来，我每月能买2～3本书。由于积攒的书过多，毕业离校时书"泛滥成灾"，光办理托运就忙乎了好几天，运费花了不少且不说，一个老辈传下来的樟木箱子也因装书太多，在托运旅途中压散了架。

故事二：不买书走不出书店

我很愿意逛书店，在书店里，想买的书很多，在书架前总是流连忘返，如果不买一本书，是走不出书店的。限于资金，不能把自己喜欢的书都买下，自己就在心里一遍遍劝诫自己：这本书为什么要买，那本书为什么不买。只要自己能过自己这关,才决定买还是不买。可是,事后往往对看好的而没有够买的书感到后悔,茶不思饭不想,不得不再回去买。这种情况下,有存货还好,如果没了存货,就会懊恼不已!当然,现在有网购了,就不用跑书店了。

故事三:不看书睡不着觉

我有不少藏书,书柜里三层外三层都摆满了书,但书柜还是不够用,就把平时自己最愿意看的书摆到了床头和床尾,无论竖摆还是横摆,书脊必须朝外,保证一目了然。每当脱衣上床,必须左顾右盼,挑选自己睡前最愿意看的书。时间长了,就留下了"后遗症",不管多晚,必须看上一会儿书才能入睡,否则,就像少了一道工序一样不踏实。

故事四:顾盼书柜是最惬意的事

我时常在空闲的时候,坐在书柜前,顾盼着满满的书柜,是最惬意、最悠闲的事情。浏览着、欣赏着琳琅满目的书籍,让我有一种财富感;用手触摸着咯咯愣愣的书背,让我有一种温馨感;嗅闻着书籍散发出来的别样的芳香,让我有一种沉醉感;毫无目的地翻看其中任何一本,让我有一种充实感。

故事五:讲究书的不同版本

我对喜爱的书有一个特点,就是讲究书的不同版本。这里有三层含义:其一是同一作者的同一本书的不同版本。购买同一作者的同一本书的不同版本,既是为了阅读,也是为了珍藏。其二是不同作者的同一内容的书的不同版本。购买不同作者的同一内容的书,可以通过对比、辨别,达到博采众长、求真求是的目的。其三是同一作者的同一本书的最好版本。在资金拮据或万般无奈的情况下,对自己特别喜爱的图书会采用此办法。

故事六:梦想购全中国世界文化遗产丛书

每到外地,我很少采购土特产或者纪念品,而是购买内容最新最全、图文并茂的,介绍当地风土人情、名山大川、名胜古迹、趣话轶事、悲情壮举等方面的书籍。我曾有个不切实际的梦想:游遍全国的世界文化遗产地,购全中国的世界文化遗产丛书。这样做至少有两方面的好处:其一,说明自己到过这些地方,这是自己人生"履历"的重要组成部分;其二,有空的时候翻翻这些书可以进一步领略祖国的大好河山和人文地理,不会因时间的逝去而忘却对它们的记忆。总之,既有纪念意义,又储存了知识,可谓一举两得。

故事七:爱书、藏书深深地影响了女儿

我的最大欣慰，是我爱书、买书、藏书的习惯，对自己的孩子产生的影响。她在初、高中的六年时间里，总成绩一直名列前茅，不仅理科成绩好，文科成绩尤为突出，尤其是语文，每次考试分数都很高。平时的随笔、考试的作文，既有思想又有深度，更能引经据典，时常成为全年级的范文。我的同事和她的老师多次问我们是如何培养她、教育她的，当初我们并没感到有什么特意之处，事后我们感到，我和我爱人的爱书、买书、藏书的习惯，给了她潜移默化、润物无声的影响。2009年6月，女儿高考过后不几天，我们全家去了趟西安。回来后，女儿自己关在房间，用三天的时间写了一本近5万字的小册子，起名为《不摇折扇自然凉——夏游西安》，在后记中她写有这样一段话："这是我第一次完完整整地写这么多字，其间在西安在烟台都得到了很多人的帮助。我的爸爸给了我对历史热爱的基因，让我总是在他丰富得不可思议的书架前流连，所有的一切都是从书中得来，间接的也是从我爸爸那里得来。"每当看到这段文字，我都会感到很欣慰、很庆幸！

这些我的爱书、买书、藏书的小故事，很寒酸，很平常，根本算不上什么故事，贻笑大方了！

但是，我要告诉同学们的是，上大学一定要好好读书，因为大千世界，芸芸众生，乔布斯与比尔·盖茨仅是特例，千万不要相信"读书无用"的鬼话！

我们常说"条条大路通罗马"，可是，你们有没有想到，有人一出生就生在罗马，有人不得不去修通往罗马的路，有人不得不在通往罗马的路上艰难地跋涉。"读书是门槛最低的高贵"，"读书自会有一种从容不迫、雍容高雅的风度"。作为凡夫俗子、无依无靠、无势无力的我们，要想缩短通往罗马的路，要想在罗马城里与罗马"土著"一样幸运，唯一的路径就是读书。我们可以想一想，都是什么样的人在说读书无用？无非三种人，一是没有资格或者读不了书，只有靠苦力打拼养家糊口的人；一是没怎么读书，但是凭着自己的努力或者聪明有了点小成就的人；三是虽然读了书，但是没读出什么名堂，于是就哀叹的人。所以，"读书无用"是居心叵测"拉人下水"的大骗局！

我们上大学就是要读书！读书要读专业的书，也要读非专业的书。读专业的书，是因为用它来接受专业教育；读非专业的书，是因为用它来提升和实现大学教育。读君子的书，也要读小人的书。因为君子与小人如影随形，读君子和小人的书，能知道什么是君子之道，什么是小人之行，即明辨是非之理。读高雅的书，也要读通俗的书。高雅是人生的境界，通俗是人生的本分，人既要高雅又要本分。所以，你要坚持读书，全面地读书，读各种各样的书，只有这样，在人际交往中，你就能以谈吐、学识和修养来赢得他人的尊重。

（2018年5月19日）

人文人都要成为君子
——在2018级新生见面会上的讲话

2018级的同学们：

大家好！

很高兴，也很荣幸，在这个秋高气爽、万果飘香的季节里，与你相逢在凤凰山下、黄海岸旁！

我代表人文与传播学院41名教师和551名师哥师姐，对你的到来，表示热烈的欢迎。

欢迎你来到烟台！烟台虽小，但它因山而生，因海而兴，有着山海交融、物我合一的自然风光。烟台，人杰地灵，物阜年丰，风调雨顺，四季分明，春来繁花遍野，夏来海风拂面，秋来百果飘香，冬来白雪皑皑。这里是全国文明城市、最适合人类居住城市、国家卫生城市、全国最安全城市、中国优秀旅游城市、国家园林城市、最佳魅力城市。

欢迎你来到山东工商学院！山东工商学院虽小，但她依山而建，傍海而居。她出身高贵、纯净，既不是合并院校，也不是升格院校，是原煤炭工业部隶属的本科起点的普通高等学校，只是名字由原中国煤炭经济学院改为现在的山东工商学院。虽然她不叫大学，也不是重点，但她有着足够的空间任你驰骋与飞翔。

欢迎你来到人文与传播学院！人文与传播学院虽小，但她清新、典雅、靓丽，是学校最具活跃力、感染力和凝聚力的学院。她虽然没有学校的优势学科和优势专业，但她塑造着学校之魂、文化之韵——大学精神和大学文化，因为大学精神的核心就是人文精神，大学文化的目的就是人的文化。

欢迎你来到我们这些教师身旁！我们的教师虽大多年轻，但他们有朝气、有才气、有底气，他们身出名门，有南京大学、武汉大学、厦门大学、中国人民大学、华东师范大学、北京师范大学、复旦大学等等。他们的学识与人格，足以引领你徜徉知识的海洋，使你享受应该享受的教育资源，获得应该获得的知识熏陶。他们是一个有爱的团队，他们要把自己的爱奉献给你，让你在爱的情愫中沐浴阳光成长。

所以，烟台的山海交融、学校的依山傍海、学院的山魂海韵、师生的山盟海誓，必然让我们在这块土地上共同演绎着山的坚毅、海的宽广。

你进入大学校园已半月有余，但你还没有正式踏进大学课堂。你仅仅完成了大学第一课——军训。军训的主要目的是检验体能、磨炼意志、规范行为，让你不再任性，或者学会不再任性！我作为老师，首先恭喜你顺利通过了军训第一课，更希望你在今后的大学生活中，把在军训中养成或感受到的那种毅力与激情发扬光大！

今天，我们举办新生见面会，可以视为你进入大学的第二课。在这里，除了认识到场的教师外，我也通过此，让你知道什么是人文，如何不辜负人文！

人文与传播学院成立于2015年8月，现有编辑出版学、广告学、汉语言文学3个专业，另外承担"中国传统文化"等全校人文通识课程。广告学和编辑出版学属于新闻传播学一级学科，汉语言文学属于中国语言文学一级学科。设有汉语言文学系、编辑出版学系、广告学系、文化传播教学部和全媒体实验教学中心5个教学组织。

同学们自填报志愿那天起，就在关心一个问题，那就是：我将来能干什么？其实，招生简章、学院网站、山商人文微平台，以及报到时所发的山东工商学院人文与传播学院手册里都已提到。

汉语言文学专业培养的是具有良好的人文素养、敬业精神和创新意识，主动适应现代社会发展需要，系统掌握汉语言文学、商务、文秘的基础知识、基本理论、专业技能和现代办公自动化技术，能够在党政机关、企事业单位、社会团体，从事办公室管理、行政管理、档案管理、商务管理等工作的高水平应用型专门人才。

广告学专业培养培养的是具有开阔视野和创新精神，系统掌握广告与营销传播等理论知识和技能，能够在党政机关、教育机构、文化传媒企事业单位、互联网公司以及其他经济组织、社会团体，从事广告创意策划、设计制作和市场营销、经营管理等工作的高水平应用型专门人才。

编辑出版学专业培养的是具有宽广的文化和科学知识背景，系统掌握编辑出版学基本理论和专业技能，熟悉新闻与传播方面政策法规，能够在党政机关、新闻出版企事业单位、文化教育机构、互联网公司以及其他经济组织、社会团体，从事传统及新媒体编辑出版、营销策划、宣传推广和管理工作的高水平应用型专门人才。

这样说，你可能还是不解其中之意，我再作进一步的解释：

学院和老师们充分考虑你的成长、社会的需求，立足"应用型"，凸显"特色化"，追求"高水平"，努力彰显专业特色，突出人才特色，张扬文化特色，凝练研究特色。

在专业特色上，紧紧依靠学校经济管理类办学母体，将编辑出版学专业设定为新媒体与财经传播方向，广告学专业设定为广告创意策划与管理方向，汉语言文学专业设定为商务文秘方向，坚定不移地走差异化发展道路。也就是说，你们所学的专业已不仅仅是一般意义上的编辑出版学、广告学和汉语言文学，而是增加了现代社会需求的诸多要素，使你经过四年的大学教育，具有"一专多能"的生存本领。

在人才特色上，结合人文传播类专业属性，着力培养你的"六大核心能力"，即认知能力、批判能力、审美能力、表达能力、创造能力、教化能力，使所培养的你能够得到社会的认可与推崇。也就是说，无论课堂上还是课堂下，无论理论课还是实践课，在四年的大学生活的全过程、全方位中，老师们都要以你的成长与发展为中心，让你具有立命于世的竞争能力。

在文化特色上，结合专业、学科特性，积极构建以韵美的物态文化、优质的教学文化、理性的学术文化、规范的制度文化、儒雅的行为文化、清新的环境文化、鲜明的特色文化、高尚的精神文化、平和的心态文化为主要内容的文化体系建设，努力使人文与传播学院的文化引领二级学院风尚。也就是说，你的四年大学生活要浸润在高品位、高颜值的文化氛围之中，让你成为真正有文化、有内涵的高素质劳动者。

在研究特色上，与专业方向相匹配，编辑出版学专业以融媒体与区域传播为研究特色，广告学专业以企业形象与品牌传播为研究特色，汉语言文学专业以中华商务文化为研究特色，文化传播教学部以文化传播为研究特色。以此形成优势，给专业以有力的学术支撑。也就是说，四年的大学生活，不仅要让你得到知识的熏陶，还要让你受到学术的感染，使你具有思考与探索的精神追求。

如此，专业特色（知识教育）+人才特色（能力培养）+文化特色（素质教育）+研究特色（学术支撑），就能构建起以立德树人为根本任务的人才培养体系，让你成为不仅有用且有大用之人。

从9月1日报到的那天开始，你就正式加入了人文与传播学院这个团队，成为专业的、正宗的"人文人"。古语有云："国之华彩，人文化成。"那么，何为人文？

《辞海》的定义是："人类社会的各种文化现象。"百度百科认为，人文就是人类文化中先进的、科学的、优秀的、健康的、核心的部分，即先进的价值观及其规范，其集中体现是重视人、尊重人、关心人、爱护人。简而言之，人文，即人的文化。这是学理层面的概念。从精神层面来讲，人文其实是一种责任、一种使命、一种胸怀，是普天之下舍我其谁的气魄，是人之为人进步进化之力量。我们的老祖宗早已反复告诫我们："文明以止，人文也"；"圣达立言，化成天下，人文也"；"人文，人之道也"；"言圣人观察人文，则诗书礼乐之谓，当法此教而化成天下也"；"人文，人理之伦序，观人文以教化天下，天下成其礼俗，乃圣人用贲之道也"；"观乎天文，以察时变；观乎人文，以化成天下"！所以，人文的视野是天下的视野，人文的情怀是天下的情怀，人文的使命是天下的使命，人文是崇高和神圣的事业。

哈佛大学校长福斯特应邀访问美国陆军学院西点军校时提到，根据英国议会的调查显示，在国际上，大约55%的领导人持有人文学科或社会科学的学位，而75%的商界领袖都承认，最重要的职场技能都与人文学科有关，即：分析问题的能力、人与人之间沟通的能力和写作能力。对领导者来说，人文学科可以提供三重价值：真知灼见、即席演讲与劝导说服。

但是，就是这样，总有一些"不人文"的人在喧嚣：人文无用！人文果真无用？说无用的人是因为他们小视、短视、近视和偏视，他们是把"有用"的标准放在眼前和直接的经济利益上，这当然不会是"人文之用"。"人文之用"在长久，在底蕴，在灵魂，在人性，它决定人生方向和高度，决定做人方式和准则，决定人的道德品行和修养，决定人的处世态度和价值。人文不仅有用，而且有大用！亚圣孟子早有断言："人之所以异于禽兽者几希。"如此一来，人世间如果没有了文化，就会变成禽兽的乐园；人如果离开了人文，就会与动物无异。现如今，人类的科技迅猛发展，人类的脚步已踏入智能化时代大门，如若没有了思想、精神和道德，人世间会变得更加冷血与冷漠。所以，与人文为伍，就是与品质为伍，与人伦为伍！由此，我可理直气壮地说：凡选择并且能够安心于人文类专业学习的每一位学子，包括你的家长，都是有品位、有胸怀、有雅量、不随波逐流的人，拥有或者从事这样的专业，是人生之幸事，值得好好珍惜。借用圣人孔子的话说："君子居之，何陋之有？"

每一个人，无论是谁，想要在社会上扎根立足，或者取得长久的成功，或者受到人们的尊重，最为重要的因素，不是他的专业，不是他的技能，而是他的人文精神、人文素养和人文情怀。所以，经过四年的人文传播类专业的熏陶，你浑身上下会散发出一种与众不同的"人文气息"，清新而典雅，光鲜而靓丽，你会成为未来社会真正的"精英"和"脊梁"！《论语》中说："文质彬彬，然后君子！"

你可能已经注意到，人文与传播学院有一致的追求与担当，即："文质彬彬，君子也；化成天下，人文也！"中国文化中最深入人心的人格，便是君子。人文之道即为君子之道，每一位人文人都要成为君子！

何为君子？"君子"一词，起先多指"君王之子"，着重强调政治地位的崇高。后来，孔子为"君子"一词赋予了道德的含义，"君子"一词便有了德性，并与"小人"相对，成为人格高尚、道德品行兼好之人。

《孔子家语》记载，鲁哀公问孔子："什么样的人才可以称为君子？"孔子回答说："所谓君子，诚实守信而内心无怨恨，施行仁义而面无夸耀之色，考虑问题明智通达而不自以为是，笃厚坚定地施行所信守的道义，自强不息，态度从容，看上去很容易被超越的样子，但最终却无法企及。这样的人就是君子。"

今天，利用这个机会，综合古代典籍和各种文献的阐释，我尝试着把"如何为君子"这一问题，为你略微一说，请你在今后的人生之路上用心揣摩，身体力行。我的立论是：欲为君子，须为君子之学。

君子之学乃大人之学。进入大学，你就与"大"字结缘！"大学者，大人之学也。"所谓大人，就是"与天地合其德，与日月合其明，与四时合其序，与鬼神合其吉凶"。大人之学，绝不是功利之学，而是"求道"之学，不为名利所累，不为物欲所惑，只以追寻真理作为自己求学的初心和归旨，即上大学，拜大师，读大书，做大人，创大业。

君子之学乃大学问之学。大学问之学，不求一时之事功，而求恒久之真理。人文之学，即为"大学问"之学。看似无用，实则有大用；看似玄虚缥缈，实则为一国文化之根基。君子之学，在中国传统文化中主要指"诗书礼乐"为代表的儒家之学。儒家追求"穷则独善其身，达则兼济天下"的治国理身之道。儒学之所以为"大学问"，即在于能够贯通修身、齐家、治国、平天下诸层面，是一种真正的"大用"之学。

君子之学乃大志之学。为学当立大志，不立大志，难成硕学。《论语》有言："博学而笃志，切问而近思。"朱子亦云："百学须先立志。"古代典籍和先贤诸子对于"立志"极为重视，认为只有树立大的志向和理想，并予践行，才能成就大的学问，才能成为仁人君子。王阳明说："学本于立志，志立而学问之功已过半矣。"今天做学问，也要树立追求真知、真理的大志。人处谷底便是"俗"，人居山顶即是"仙"。所以，人必须有鸿鹄之志。

君子之学乃大气之学。为学需有"大气"。孟子曰："我善养吾浩然之气。""浩然之气"即"大气"。"养浩然之气"，就是一种人格气质的修炼。只有养成"大气"，成为大气之人，方可做得大气之学。大气之养成，并非一蹴而就，需日积月累，需经常检讨每日之言行是否合于"道义"，是否无愧于心。只有以大气、正气为学，格局才能宏大，视野才能开阔，胸怀才能宽广。

君子之学乃大善之学。《大学》开篇云："大学之道，在明明德，在亲民，在止于至善。"君子之学，当追求至善圆满之境。为学不求"至善"，学问的境界就会低浅，就不可能将学问做得深刻。《道德经》有云"上善若水"，并提出"七善"之说：居善地，心善渊，与善仁，言善信，正善治，事善能，动善时。居善地，就是要找到适合自己的定位；心善渊，就是要拥有清澈平静的心灵；与善仁，就是与人交往要心存友善；言善信，就是要信守诺言；正善治，就是要积极稳妥地掌控局势；事善能，就是要善于发挥自己的才能；动善时，就是要懂得把握时机。做到这"七善"即为大善。大善之学，需要自我的坚守与日常的累积，即"勿以恶小而为之，勿以善小而不为"。

君子之学乃大仁之学。"仁"尽管难以用一句话加以言说，但《礼记》有言："温良者，仁之本也；敬慎者，仁之地也；宽裕者，仁之作也；孙（逊）接者，仁之能也；礼节者，仁之貌也；言谈者，仁之文也；歌乐者，仁之和也；

分散者，仁之施也。"仁是传统儒家所追求的最高人生境界，是德性的统称，其核心内容是"爱人"，即"仁者爱人"。君子本就是个"仁者"，仁是君子的安身立命之本。仁者从容、淡泊，能知人善恶、知事曲直、知理是非、知物美丑。君子之学，当志于成为"仁者"。其实，要成为"仁者"并非难事。仁者当"以仁存心"，有"恻隐之心"；仁者当先人后己，"己欲立而立人，己欲达而达人"；仁者当推己及人，"己所不欲勿施于人，己所欲者亦施于人"。

君子之学乃大爱之学。人文的集中体现是重视人、尊重人、关心人、爱护人。可见，爱是人文的核心，没有爱无以为人文。所以，人文人必须有爱，且要有大爱。孟子曰："爱人者人恒爱之，敬人者人恒敬之。"爱是教育的灵魂，没有爱就没有教育。教师要爱教育、爱学术，更要爱学生，学生沐浴爱的滋润，也要爱亲人、爱同学、爱老师，也要爱祖国、爱社会、爱人类。所以，我们提倡：学在人文，爱在人文。

君子之学乃大忠之学。古之大忠之学，乃以"道"辅佐君主、教化百姓之学。此与"国之华彩，人文化成""化成天下，人文也"相契合。《韩诗外传》有云："以道覆君而化之，是谓大忠也；以德调君而辅之，是谓次忠也；以谏非君而怨之，是谓下忠也。"当今，大忠之学，即做学问当奉献社会和人民，有益于国家和民族，当为实现中华民族伟大复兴的"中国梦"而奉献才智。

君子之学乃大信之学。大信之学就是内心有诚信，则无须依赖于外在约束之学。《礼记》有云："大德不官，大道不器，大信不约，大时不齐。""忠信"二字，古人常连用。《大学》中说："君子有大道，必忠信以得之。"即君子要获得大道，就要依靠忠信来获得。当今治学，也应当怀"忠"有"信"，作忠厚之人，作诚信之人。忠厚诚实，不仅是做真学问的基础，更是做真君子的根本。

君子之学乃大智之学。《论语》有云："知（智）者不惑。"大智之学，能明辨是非，不惑于人，不惑于物，不惑于世。《孟子》有云："是非之心，智之端也。"所以，欲为大智之学，当首先明是非之理。只有明是非之理，才是真正的智慧。但是，真正的大智不阴柔造作，不穿凿附会，而是顺其自然，浑然天成。同时，真正的大智也不是盛气凌人，唯我独尊，而是"大智若愚"。《孟子》还讲："知者无不知也，当务之为急。"大智之人虽无所不知，但能以当下之事为急。分清主次缓急，合理有序安排自己的学习、工作和任务，亦是一大智慧。

君子之学乃大勇之学。君子之学需有"大勇"。《论语》有言："勇者不惧。"

唯有不惧，方可有胆识求真知。苏轼《留侯论》说："古之所谓豪杰之士者，必有过人之节。人情有所不能忍者，匹夫见辱，拔剑而起，挺身而斗，此不足为勇也。天下有大勇者，卒然临之而不惊，无故加之而不怒。"所以，君子之"勇"，绝非匹夫之勇。君子之"勇"，在于"立义""行礼"，心不淫邪，行不逾礼，不惊不怒，冷静沉着。康有为在《中庸注》也说："若隐居求志，行义达道；穷达一辙，不以曲学阿世；遭乱际变，守节奉义；生死一致，不以患难易操。凡四者，皆大勇也。"所以，践行道义，追求真知，不迎合权贵，不阿谀奉承，有节操，有骨气，有意志、有毅力，乃为大勇之学。

君子之学乃大孝之学。大孝之学，不仅指事亲之学，而且还指求仁、行道、扬名、立身之学。孔子说："孝悌也者，其为仁之本与。"《孝经》讲："身体发肤，受之父母，不敢毁伤，孝之始也。立身行道，扬名于后世，以显父母，孝之终也。夫孝，始于事亲，中于事君，终于立身。""大孝"在于立身扬名以显父母和后世，在于求仁行道以奉献国家。君子之学，当以报效国家和社会为追求，亦为大孝之学。

这十二项君子之学，是人生一辈子的修为，大学四年你未必能够做到，这不要紧，要紧的是你要努力去做，方能趋近君子。民国先生胡适有言："天下没有白费的努力！"所以，只要努力了，你的功夫就不会白费。

2018年6月，教育部部长陈宝生在全国本科教育工作会上指出：中国教育"玩命的中学、快乐的大学"现象应该扭转，对中小学生要有效"减负"，对大学生要合理"增负"，提升大学生的学业挑战度，改变轻轻松松就能毕业的状况。所以，不要指望柳荫湖畔、花前月下就可完成大学四年的学业，不要指望大学四年老师会教会你一切，不要指望大学四年你会学会一切，更不要指望大学四年你会修成金刚不坏之身。无论是谁，就是天才也要不停地努力，不断地进取，正所谓：生命不息，修行不止！

苏州留园五峰仙馆有一佳联："读书取正，读易取变，读骚取幽，读庄取达，读汉文取坚，最有味卷中岁月。与菊同野，与梅同疏，与莲同洁，与兰同芳，与海棠同韵，定自称花里神仙。"所以，希望你沉下心来，抛弃一切世俗的迷惑和引诱，心无旁骛地多读几本有价值的书，多享受享受大学生活的纯真浪漫，多修炼修炼自己的意志品行，多交往交往校园里的男女同学，多聆听聆听大学老师的苦心教诲，多思考思考自己的人生走向，多观察观察无法摆脱的社会百态，多体味体味必然经历的人间沧桑，正如哈佛大学校长福斯特勉励西点军校学员所说的那样，要"代表你我，负起责任；代表国家，肩挑重担。同时，也要代表人文学科，走在前列——因为人文学科代表着人类经验和人性洞见的传统"。

  同学们，文质彬彬，我们超凡脱俗；化成天下，我们大任担当！衷心祝愿我们每一位人文学子都能顺利完成学业，莫负韶华，莫负人文！

  老师与你同行，好运伴你左右！

  谢谢大家！

（2018年9月26日）

让青春像季锐凡一样不平凡

2018年11月17日星期六上午,山东工商学院山商书苑举办了一场读者分享会,主角是山东工商学院法学院2015级在校本科生季锐凡(笔名),她向到场的青年学子分享了她的作品《张爱玲:花自飘零》的创造心路和张爱玲的人生。

作为一名人文与传播学院的教师,尽管与季锐凡不在一个学院,也未曾谋面,但我惊叹她的青春才华,也惊喜她有精美的作品问世,便于早些时候加为微信好友,并有不多的交流。我们曾经约定,她的著作《张爱玲:花自飘零》要签名送我,我便应约也参加了她的读者分享会,还客串了一把"点评人"。

初识季锐凡,并经过短暂的交流,我就感到她是一名有智慧、有思想的新时代学子,富有人文气质,外表柔情似水,内敛谦和,内心波澜不惊,细腻如玉。继之听她的创造心路分享后,一位不平凡的季锐凡就呈现在读者的眼前。

一是永恒的季锐凡。季锐凡的书《张爱玲:花自飘零》已于2018年10月由百花洲文艺出版社出版。在分享会开始之前,她送我的并不是这部书,而是另一部——《何以寄相思》。我这才知道,她送我的是她的第二部书,已由辽宁人民出版社出版,将于2019年1月正式上架与读者见面,她送我的是出版社寄给她的样书,珍贵之至!这就意味着,还是一名学生的季锐凡,竟然已有两部书问世!书是什么?书是精神的财富,但对作者而言,书是作者思想的外露和灵魂的显现,书在思想在、灵魂在,思想在、灵魂在,则人就在。所以,伴随着两部书的流传于世,季锐凡的生命将延续到至少三百年以后。这就是永恒的季锐凡。

二是了不起的季锐凡。作为一名本科生,且是在校本科生,各项学业本就繁重,在保证其顺利完成的前提下,能够出版两部书,这是件了不起的事儿。据我所知,全校出版过著作的教师占50%左右,也就是说,仅就出版著作而言，季锐凡已经超过了一半以上的教师。我这不是说我们的教师不行，而是季锐凡让我想起了唐朝大文豪韩愈在《师说》中所说的一段话："孔子曰：三人行，则必有我师。是故弟子不必不如师，师不必贤于弟子。闻道有先后，术业有专攻，如是而已。"所以，季锐凡以她的实际行动验证了一千多年前老祖宗的判断是完全正确的。这就是了不起的季锐凡。

三是令人自豪的季锐凡。季锐凡是法学院的一员，更是山东工商学院这个大家庭的一员。全学校所有的教师、学生都与她是师生、是校友、是同学，她能取得这样的成绩，是整个学校、全体师生的光荣与骄傲。《孟子》一书中提到君子有三乐：一乐，父母俱在，兄弟无故；二乐，仰不愧于天，俯不怍于人；三乐，得天下英才而教育之。山东工商学院有季锐凡这么一位富有才华的青年学子，当然让全校师生员工感到高兴。这就是令人自豪的季锐凡。

四是无可限量的季锐凡。我是 1986 年毕业分配来学校任教的，从那时起，就盼望着校园内有一家像模像样的书店。2018 年，山东工商学院与烟台新华书店合作，在校园内开办了"山商书苑"，我的夙愿在 32 年后的今天得以实现。可以说，山商书苑是校园内目前为止最有墨香、最有品位、最有文化的地方，我们的青年学子应该充分利用好这个平台，努力使自己与书为伴，与书为友，与书同行。书可以放飞梦想，书可以幸福生活，书可以丰富阅历，书可以拓宽人生，书可以增进气质，书可以涤荡灵魂。古人所言"书中自有黄金屋""书中自有颜如玉"可不是骗人的。季锐凡之所以有智慧、有思想、有气质、有颜值，得益于她好读书、善思考、勤写作，正所谓"腹有诗书气自华"。这就是无可限量的季锐凡。

分享会后，我与季锐凡又进行了较为深入的交流，我们有"七对一问一答"：

问：书都是什么时间写的？为什么不耽误功课？

答：其实感觉上了大学之后，属于自己的可支配时间明显多了，这些时间用来写东西足够了，和学习并不会有什么冲突……主要是自己要有自己的时间规划吧。

问：你是因为读书多而写作还是因为写作而读书多？或是因读书而思考还是因思考而读书？

答：自己小时候就很喜欢听故事，后来变成自己看故事，看得多了之后自己开始尝试写故事。在写作过程中，如果对于有些东西拿不准，就会去查资料。读书—思考—读书，感觉更像是一个循环的过程。

问：你的父母是怎样的人（文化程度、职业）？父母对你读书、写作和出书有没有影响？父母对你读书、写作、写书持怎样的态度？

答：我父母都属于比较开明型的，我做了什么决定他们都会挺支持我的，我特别小的时候他们就会订杂志给我看。当时《张爱玲：花自飘零》出版之后，他们还在朋友圈帮我宣传来着。

问：你们学院的老师、同学和师弟师妹对你出书都怎么看？

答：在《张爱玲：花自飘零》这本书出版发行之后，我特别感动的就是很多老师、同学、朋友包括师弟师妹们都自发地在朋友圈帮我宣传，然后我一个一个把图都截下来了，觉得自己人缘还凑合，真的很感谢他们。

问：你出书哪来的经费？是自费还是出版社免费为你出书？

答：走出版书的这条路算是机缘巧合，是和文化公司签的约，我卖版权，他们负责出版事宜。自己没有花钱，不过稿费不多。

问：你是通过什么渠道或者是什么机缘让出版商知道你并与你签约的？

答：当时正好给"美读"公众号投了一篇有关张爱玲的文章，编辑问我要不要写一本张爱玲传记，就开始写了……

问：张爱玲是怎样进入你的视野和灵魂的？为什么不是丁玲、林徽因、冰心等？

答：个人很喜欢张爱玲的文风，总感觉她能够把很多东西看得通透，她写人情世故社会百态很厉害，在民国时期的女作家里很吸引我。

在上述"七对一问一答"中，我问得很具体、很实在。没想到，季锐凡回答得很轻松、很简练。其实，她能取得今天的成绩，与她的笔耕不辍是分不开的，因为她开有微博，除了关注她喜欢的人物外，还经常写写网络小说，如《彼时有流年》等。由此，我便有了一个定论：写作是勤奋人的闲暇，忙碌是惰性人的借口！

时代这么美好，条件如此优越；榜样就在眼前，事迹鲜活靓丽。真心希望全校的青年学子能向她取经、向她学习，勤奋读书，早日成才，让青春像季锐凡一样不平凡。

（2018年11月24日）

"六大核心能力"是怎么提出与形成的

2015年8月,山东工商学院(原中国煤炭经济学院)建校30周年之际,成立人文与传播学院,设有汉语言文学、编辑出版学、广告学三个本科专业。

自成立以来,人文与传播学院立足"应用型",凸显"特色化",追求"高水平",努力彰显专业特色,突出人才特色,张扬文化特色,凝练研究特色,建立健全以专业特色(知识教育)+人才特色(能力培养)+文化特色(素质教育)+研究特色(创新教育)为主要内容的落实立德树人根本任务的人才培养体系。

人光有知识不行,还得有能力和素质。有知识、有能力、有素质,才能站稳社会并为社会所用。尤其在当今和未来这个瞬息万变的时代,无论大学生在校期间学习掌握了怎样的知识,很快就会被时代所淘汰,所以,能力和素质显得尤为重要。

人的能力有很多,不同的人有不同的能力,不同专业的人更有不同的能力,就是同一专业各种能力所处的地位也有不同,有的是基本能力,有的是核心能力。

由此,我们提出,人文与传播学院所培养的学生应具有"六大核心能力":认知能力、批判能力、审美能力、表达能力、创造能力和教化能力。这是人文与传播学院所培养的学生的根本色,也是辨别色,又是生命力。

那么,"六大核心能力"是怎么来的?如何提出的?怎样形成的?

第一,问题缘起。

2015年9月9日,学校党委书记到人文与传播学院调研工作,与班子成员座谈时指出:"目前,我们的核心问题是目标定位问题,对此我们必须有清醒的概念。我们的目标定位不仅要与我们学校总体办学属性、办学目标相一致,要面向商业和市场经济这个主战场来思考问题,所培养的学生应该有高品位的思辨能力和与时俱进的文字写作、编辑能力，还要有与之密不可分的艺术、美术、美学、经典阅读等素养。一句话，人文与传播学院培养的学生，应该有着明显不同于其他学院学生的气质与品格。"

在这个谈话中，党委书记明确提出人文与传播学院所培养的学生应具有思辨能力、文字能力、编辑能力和艺术美术素养。自此，如何彰显人文与传播学院所培养的学生应具有的不同于其他学院学生的气质与品格，成为我们要认真思考的重大问题。

第二，借机破题。

2016年11月1日，我们召开毕业论文指导教师会议，详细查摆了毕业论文工作中存在的问题，提出了应对措施。会议达成一致意见：无论论文形式，还是论文内容，有资格、有能力而且必须成为学校的一面旗帜，即形式和内容都要为"王"，成为"双冠王"。因为无论广告学、编辑出版学，还是汉语言文学，都是既重形式又重内容的专业，尤其是审美能力和写作能力，是这些专业学生区别于其他专业学生的最基本的特征。可以说，审美能力和写作能力是这些专业学生的"看家"本领，离开这两种能力，他们就会武功全废，无一技之长。所以，毕业论文必须成为锻炼、检验这些专业学生审美能力和写作能力的重要手段，不可有丝毫懈怠，不可有半点马虎。

借助毕业论文问题，我们把审美能力和写作能力作为人文与传播学院所培养的学生应具有的两大基本特征，给正式提了出来。

第三，思考提炼。

自2016年11月开始，我们提出：要紧紧依靠学校经济管理类办学主体，努力培育专业特色和人才特色。在专业特色上，将广告学专业打造为广告创意策划与管理方向；编辑出版学专业打造为新媒体和财经传播方向；汉语言文学专业打造为商务文秘方向。在人才特色上，针对人文传播类专业属性，突出培养学生的核心能力：审美能力、创造能力、表达能力和感召能力。

这"四大核心能力"的提出可不是我们"灵光乍现"，也不是"随手拈来"，而是班子成员之间多次设问碰撞、反复思考提炼的结果：原先提出的审美能力不变，将写作能力提升为表达能力，因为人文与传播学院的学生不仅要会写，还要会说。此外，汉语言文学专业需要创作，广告学专业需要创意，编辑出版学专业需要策划选题，等等，这些都是专业人才的"核心"或者"灵魂"，所以

"创造能力"被我们提了出来；"圣达立言，化成天下，人文也"，人文人必须具有"教化能力"，但我们认为"教化"两字太传统、太范式、太高大，因而改称"感召能力"。

至此，审美能力、创造能力、表达能力和感召能力被我们确立为人文与传播学院所培养学生应具有的"四大核心能力"，并写进2016年12月28日提交学校的《勤事敬业，砥砺进取，全面推进各项行政工作——山东工商学院人文与传播学院2016年度行政工作述职报告》。

第四，撰文立论。

2017年1月9日，笔者在微信公众号"张嘴直说"里推出了《2017，我们坚持的十二项基本主张》一文，类似新的一年工作"志向"，其中"主张之四：打造特色"提出："我们要紧紧依靠学校经济管理类办学主体，努力培育专业特色、人才特色。在专业特色上，将广告学专业打造为广告创意策划与管理方向；编辑出版学专业打造为新媒体和财经传播方向；汉语言文学专业打造为商务文秘方向。在人才特色上，针对人文传播类专业属性，突出学生的核心能力——审美能力、创造能力、表达能力和感召能力培养。"

早在2016年5月4日，《山东工商学院"十三五"发展规划（2016—2020年）》发布，其中提出："鼓励各院部结合自身历史传统、学科专业特色和时代发展要求，凝练'学院使命'和'学院特色'，形成各具特色的院部文化，促进院部特色发展、个性发展。"为此，2017年3月15日，笔者在微信公众号"张嘴直说"里又推出了《关于特色与使命的构想》一文，文中提出："在人才特色上，我们的构想是针对人文传播类专业属性，突出学生的'四大核心能力'培养，即审美能力、创造能力、表达能力、感召能力。2017年一项重要工作就是修订人才培养方案，在新修订的人才培养方案中，我们力争将这'四大核心能力'培养纳入其中加以体现。我们认为，无论是专业建设还是人才培养，如果没有了这些特色，我们的人文传播类专业教育就会'武功尽废'，一事无成！"这两篇微信公众号文章的主要意图，是公开表明我们已经确立了专业特色和人才特色，将在今后的工作中加以实施。

第五，写入方案。

2017年4月1日，学校印发《关于编制2017版本科专业人才培养方案的实施意见》。据此，我们提出了人才培养方案修订应遵循"七项原则"，其中之一就是突出专业特色和人才特色：在专业特色上，要紧紧依靠学校财经类办学母体，走差异化发展道路，即编辑出版学专业要突出新媒体与财经传播方向，广告学专业要突出广告创意策划与管理方向，汉语言文学专业要突出商务文秘方向；在人才特色上，要紧密结合人文与传播类专业属性，区别于学校其他所有专业，突出培养学生的审美能力、表达能力、创造能力、感召能力等"四大核心能力"。

2017年4月27日，学校召开教学工作会议，会议的主题是："以高水平应用型专业建设为抓手，全面提升我校应用型人才培养质量。"在分组讨论时，笔者作了发言，主要观点是：要提高应用型才培养质量，就得有应用型人才培养方案，所以人才培养方案的修订一定要立足"应用型"。应用型人才的目的在于"应用"，而应用的前提是"能力"。一个人的能力有各式各样，有的是核心能力，有的是非核心能力，但针对人文与传播类专业而言，所培养的学生应具有"四大核心能力"，即审美能力、创造能力、表达能力和感召能力。这"四大核心能力"瞄准的就是应用型人才培养。

2017年5月22日，人文与传播学院召开教学指导委员会会议，审议各专业修订的2017版人才培养方案。人才培养方案是办学的根本性文件，是人才培养的"根本大法"。教指委委员着眼于提高应用型人才培养质量和人才竞争力，对各专业提出的人才培养方案进行了认真审定，并着重考查了"四大核心能力"是否在新修订的人才培养方案中得到体现。

2017年6月8日，学校召开2017版人才培养方案修订工作论证会。会上，各专业负责人就人才培养方案修订原则、课程模块、课程设置、学时学分、方案特点等问题作了汇报，重点介绍了本次人才培养方案修订不仅突出了专业特色，而且突出了核心能力培养，出席论证会的专家学者对此没有提出任何异议。这就意味着，人文与传播学院人才培养的"四大核心能力"，已经写入了人才培养的"根本大法"，并且得到代表学校的专家学者的认可。

第六，充实调整。

2017年6月29日至7月3日，笔者随团出访了俄罗斯高校。

访问间隙，党委书记和我不时讨论办学特色问题。有一次，党委书记问我："人文与传播学院对外宣传或者招生都打什么牌？"我说："打特色牌，有人才特色、专业特色和文化特色。人才特色就是培养学生的'四大核心能力'，即审美能力、创造能力、表达能力和感召能力；专业特色就是走差异化发展道路，广告学凸显广告创意策划与管理方向，编辑出版学凸显新媒体与财经传播方向，汉语言文学凸显商务文秘方向；在文化特色上……"我的话还没说完，党委书记就十分客气地打断了我的汇报说："我知道了。"

在莫斯科地铁站里，党委书记又一次对我说："你再说说人文与传播学院的人才培养特色。"听完我的回答后，他问我："为什么是四个核心能力？能不能再多些？"我说："这是针对人文与传播学院学生所独有的核心能力，如果多了，就不能体现'核心'这个主旨了。当然，我们也知道，这里还缺少点什么，比如学生的批判思维能力等，但我们还没拿定主意，请书记给指点迷津。"说这些时，我们已经走进了地铁车厢。

坐下不久，党委书记再次低声对我说："四个核心能力无法概括人文与传播学院学生的核心能力，你们可否再追加两个？一个是你们认识到的批判思维能力，就叫批判能力。还有一个就是关于人的认知问题的，人的认知影响人的'三观'，尤其对化成天下的人文人更为重要，就叫认知能力。原先的感召能力，就干脆大胆地叫教化能力。这样，人文与传播学院学生的核心能力就增加到六个，这六个有先后顺序，应该是认知能力、批判能力、审美能力、表达能力、创造能力和教化能力。你看怎么样？"

党委书记不顾出访的鞍马劳顿，却在为人文与传播学院的人才培养操心劳神，他这种平等的而不是居高临下的、轻松的而不是严肃压抑的、探讨的而不是盛气凌人的、务实的而不是宽泛空洞的领导作风，实在令人感动和尊重，况且他的看法是真知灼见，贴切非凡。所以，我兴奋异常，急忙用手机备忘录作了记录，结果都错过了莫斯科地铁沿途独有的美丽风光。

回国后，我们即把人才培养的"四大核心能力"——审美能力、创造能力、表达能力和感召能力，充实调整为"六大核心能力"——认知能力、批判能力、审美能力、表达能力、创造能力和教化能力，同时对新修订的人才培养方案2017版作出相应修改。至此，人文与传播学院人才特色——核心能力培养的内容有了重大变化。

第七，最终确定。

2017年8月22日，学校党委组织全校正处级干部赴上海交通大学开展封闭式学习研讨，在分组讨论会上，我作了《站在高峰之巅可以领略无限风光》

的发言，提出我们要立足"应用型"，凸显"特色化"，追求"高水平"，在全面修订完善 2017 版人才培养方案工作中，旗帜鲜明地秉持"三项基本原则"。一是彰显专业特色。将编辑出版学专业设定为新媒体与财经传播方向，将广告学专业设定为广告创意策划与管理方向，将汉语言文学专业设定为商务文秘方向，紧紧依靠学校财经类办学主体，坚定不移地走差异化发展道路。二是凸显人才特色。结合人文传播类专业属性，着力培养学生"六大核心能力"：认知能力、批判能力、审美能力、表达能力、创造能力、教化能力，使所培养的学生能够得到社会的认可与推崇。三是张扬文化特色。人文与传播学院必须有文化，而且文化必须有内涵、有体系，高品位、高颜值，让人文与传播学院的文化独树一帜，并成为超越其他二级学院的一面旗帜。如此这般，专业特色（知识教育）+ 人才特色（能力培养）+ 文化特色（素质教育），就能构建起以立德树人为根本任务的人才培养体系。这样，人才特色——核心能力培养，就可作为重要内容融入人才培养体系之中。

2017 年 9 月 1 日，经过近半年时间的反复修改、论证，新修订的 2017 版人才培养方案最终定稿，并上报学校。在各专业人才培养方案之"能力要求"一项中明确写有"本专业学生具有'六大核心能力'：认知能力、批判能力、审美能力、表达能力、创造能力、教化能力"。标志着"六大核心能力"最终确定，并从 2017 级开始，在日常教学过程中贯彻执行。

第八，简单小结。

上述可见，"六大核心能力"从提出到确立，经历了两年的时间：

（1）2015 年 9 月，提出设想阶段，此时只是个概念性的愿望。虽然有了思辨能力、文字能力、编辑能力等提法，但还不明确和具体。标志性事件：2015 年 9 月 9 日，学校党委书记到人文与传播学院调研工作并与班子成员座谈。

（2）2016 年 11 月，形成雏形阶段，此时提出了审美能力和写作能力，并把它们作为人文与传播学院学生区别于其他专业学生的最基本的专业特征。标志性事件：2016 年 11 月 1 日，人文与传播学院召开毕业论文指导教师会议。

（3）2016 年 12 月，凝练规范阶段，确立审美能力、创造能力、表达能力、感召能力为人文与传播学院学生所应具有的"四大核心能力"。标志性事件：2016 年 12 月 28 日形成的《勤事敬业，砥砺进取，全面推进各项行政工作——山东工商学院人文与传播学院 2016 年度行政工作述职报告》。

（4）2017年6月，写入方案阶段，把审美能力、创造能力、表达能力、感召能力作为人文与传播学院学生所应具有的"四大核心能力"，写入2017版人才培养方案初稿。标志性事件：2017年6月8日，学校召开2017版人才培养方案修订工作论证会。

（5）2017年7月，充实调整阶段，把人文与传播学院培养的学生所具有的审美能力、创造能力、表达能力、感召能力"四大核心能力"，充实调整为认知能力、批判能力、审美能力、表达能力、创造能力、教化能力"六大核心能力"。标志性事件：2017年6月29日至7月3日，笔者随团出访俄罗斯高校。

（6）2017年9月，最终确定阶段，把人文与传播学院所培养的学生应具有认知能力、批判能力、审美能力、表达能力、创造能力、教化能力"六大核心能力"，正式写入2017版人才培养方案并实施。标志性事件：2017年9月1日，新修订的2017版人才培养方案最终定稿并上报学校。

第九，对标验证。

"六大核心能力"有没有学理依据和实践理由？

首先，从国内学者层面来讲，2019年4月7日，微信公众号"中国大学教育"发布一篇文章：《今天的商学院要被"消灭"了？教育部又要推出新商科！》，其中提到："澳大利亚前几年做的调查，要在未来生存，从商业和职业需要的能力，最近几年最重要的是这些能力：表达能力、解决问题能力、创造能力、数字素养。"作者姜澎还提到："人工智能在未来是做一些人类过去做不了的事情，还有就是创造一些过去没有的新行业。所有的这些都给人类未来的生存能力提出了新的挑战，面对这样一些挑战，我们要思考人工智能对于传统教育的挑战到底是什么？其中一个挑战主要是思维问题。如果机器也可以有思维，那我们需要培养学生什么能力？自主学习的能力？提出问题的能力？人际交往的能力？创新思维的能力？谋划未来的能力？……""现在不管学什么专业，进入学校都是选一个专业学习……社会一直抱怨学校培养的学生综合能力不够，要求大学能够对学生进行模块化教育跨专业学习。但是，即便如此，学生还是不能适应未来社会，原因是少了很多未来社会人的基本能力，比如说沟通、领导、创新这些能力，这些能力有了才有可能适合未来的人。"可见，我们的"六大核心能力"与文中观点相契合。

其次，从国外学者层面来看，哈佛大学前校长德雷克·博克写有一部著作

《回归大学之道——对美国大学本科教育的反思与展望》（华东师范大学出版社，2012年8月第2版），通过分析美国大学的发展历史，剖析美国本科教育的成败得失，作者提出了"几个特别重要的大学教育目标"：表达能力、批判思维能力、道德推理能力、公民意识、适应多元文化的素养、全球化素养、广泛的兴趣、为就业做准备等。作者进一步指出，这些"大学教育目标不仅适合于所有学生，也同样适合所有大学"。他还说，"看了我所列出的大学教育目标，一些读者会指出我遗漏了一些有价值的目标，如培养学生的想象力、创造力、领导能力、判断能力和智慧等。对于任何有能力实现这些目标的大学来说，它们肯定都是有价值的"。另据哈佛大学教育学博士托尼·瓦格纳（Tony Wagner）的研究显示（新浪看点：《哈佛学者：未来学生应具备七大生存技能，如何培养？》）：人类在21世纪生存和兴盛需要七项技能：批判性思维和解决问题的能力、协作能力和领导力、灵活性和适应性、主动性和创业精神、有效的口头和书面沟通能力、获取和分析信息的能力、好奇心和想象力。可见，我们的"六大核心能力"与哈佛大学前校长及其教育学博士的观点相重叠。

再次，从校内校外实践层面来看，"六大核心能力"提出后，我们曾经在校内外多个场合、通过不同方式做过交流与咨询，不仅得到了学校领导和其他学院教师的高度认可，也得到国内高校同人的高度评价。

第十，最后结论。

综上所述，"六大核心能力"的提出与形成是经过认真思考和反复推敲的，不仅紧扣人文与传播类专业人才特点，而且与国内外高等教育发展大势同频共振。

2016年12月8日，习近平总书记在全国高校思想政治工作会议上指出："办好我国高校，办出世界一流大学，必须牢牢抓住全面提高人才培养能力这个核心点，并以此来带动高校其他工作。"

2018年5月2日，习近平总书记在北京大学师生座谈会上再次强调："学生在大学里学什么、能学到什么、学得怎么样，同大学人才培养体系密切相关。目前，我国大学硬件条件都有很大改善，……关键是要形成更高水平的人才培养体系。"

2018年6月21日，教育部部长陈宝生在新时代全国高等学校本科教育工作会议上指出："建设高等教育强国需要各类人才，我国有一大批应用型高校，要根据办学传统、区位优势、资源条件等，紧跟时代发展，服务地方需求，在应用型人才培养上办出特色、争创一流。""对照四个回归，高校要广泛开展教育思想大讨论。……要通过大讨论，思想上再认识、观念上再调整、人才培养再定位，明确学校、院系、教师的根本使命是什么，人才培养的目标定位是什么，学生的知识、能力、素质要求是什么。"

所以，如果我们在全员、全过程、全方位育人过程中，按照"六大核心能力"的设定坚定不移地走下去，就会"培养一代又一代拥护中国共产党领导和我国社会主义制度、立志为中国特色社会主义奋斗终身的有用人才"。

（2019年4月17日）

具有"六大核心能力"必成一流人文人才
——在 2019 级新生见面会上的讲话

各位同学，大家好！

欢迎来到山东工商学院人文与传播学院！

看到你们是件非常开心和美好的事儿！因为你们是人文与传播学院的新生力量，你们为人文与传播学院又带来了新的希望。所以，感谢你们为老师、为师哥师姐带来的新的欣喜！

山东工商学院，出身高贵，原为中国煤炭经济学院，是中华人民共和国原煤炭工业部直属的 14 所高校中唯一的一所财经类高校。只是 2003 年把名字改得"谦虚"了些。

山东工商学院，血统纯正，既不是合并高校，也不是升格高校，出生当日即为普通本科高等学校，2008 年获得硕士学位授予权。

山东工商学院，坐落于胶东半岛东段的中国最佳魅力城市——烟台。比同处一城的烟台大学多了一项优势——依山，比同处一城的鲁东大学也多了一项优势——傍海，我们则是依山傍海——身依凤凰山，面迎黄海潮。由于地势缘故，我们比这两位兄弟还多了一项优势——每天能最早看见跃出海面的太阳。

山东工商学院，春有百花秋有月，夏有凉风冬有雪。无论是你，还是你的父母，无须闲事挂心头，四序都是好时节！

人文与传播学院诞生于 2015 年山东工商学院建校 30 周年之际，肩负着三项使命：一是所设专业汉语言文学、编辑出版学和广告学人才培养使命，为社会输送合格的人文与传播类应用型人才；二是面向全校各专业开展人文通识教育使命，全面提升大学生的人文素养、人文情怀和人文精神；三是大学文化建设使命，为学校有特色开放式高水平工商类大学建设贡献才智。这三项使命共聚一身，在全校二级学院中绝无仅有。

毋庸讳言，山东工商学院不是一流大学，人文与传播学院也不是一流学院。但是，我们没有一流的名分，必须要有一流的气质。何为一流气质？以下"七个坚守"便是人文与传播学院一流气质的主要内涵：

第一，坚守一流的行为理念。

这就是：崇仁贵和，尚德利群。这是清华大学国学研究专家陈来教授提出的中国文化的基本价值，我们用以作为行为理念，即无论思想意识、言行举止、职业操守，还是课程建设、专业建设、学科建设等各个方面，人文与传播学院的每一位师生员工都要有仁爱之心、和谐之象、德行之美、群体之识，以此加强凝聚力、向心力建设，营造清新儒雅、惠风和畅的立德树人氛围。

第二，坚守一流的教育良知。

大学的良知即大学的初心和本分，这就是立德树人。在院风层面，集中人力、物力、财力，拿出每一位教师的看家本领，精心培育好前来求学的莘莘学子，让他们享受应该享受的教育资源，让他们得到应该得到的知识熏陶；在教风层面，不抓教学就是对教学行为的放任自流，不抓教学就是对学生和家长的极端不负责任，对教学要常抓，且要常抓常紧，常抓常新；在学风层面，在日常教学和管理的全过程、全方位、全环节中，以标准第一、质量第一为原则，决不能为了迁就学生而降低培养要求，也决不能以降低培养要求来换取功利性指标。

第三，坚守一流的培养目标。

紧跟时代步伐，对接社会需求，培养"有思想、有智慧、有创意、有使命、有担当"的高水平应用型专门人才。

汉语言文学专业：培养具有良好的人文素养、敬业精神和创新意识，能够在党政机关、企事业单位、社会团体，从事办公室管理、行政管理、档案管理、商务管理等工作的高水平应用型专门人才。

广告学专业：培养具有开阔视野和创新精神，能够在党政机关、教育机构、文化传媒企事业单位、互联网公司以及其他经济组织、社会团体，从事广告创意策划、设计制作和市场营销、经营管理等工作的高水平应用型专门人才。

编辑出版学专业：培养具有宽广的文化和科学知识背景，能够在党政机关、新闻出版企事业单位、文化教育机构、互联网公司以及其他经济组织、社会团体，从事传统及新媒体编辑出版、营销策划、宣传推广和管理工作的高水平应用型专门人才。

第四，坚守一流的办学特色。

充分考虑学生的成长、社会的需求，立足应用型，凸显特色化，追求高水平，努力彰显专业特色，突出人才特色，张扬文化特色，凝练研究特色，形成团队特色。

专业特色：紧紧依靠学校经济管理类办学母体，将编辑出版学专业设定为新媒体与财经传播方向，广告学专业设定为广告创意策划与管理方向，汉语言文学专业设定为商务文秘方向，坚定不移地走差异化道路，让学生具有"一专多能"的生存本领。

人才特色：结合人文传播类专业属性，着力培养学生"六大核心能力"，即认知能力、批判能力、审美能力、表达能力、创造能力、教化能力，使所培养的学生能够得到社会的认可与推崇，让学生具有立命于世的竞争能力。

文化特色：结合专业、学科特性，积极构建以韵美的物态文化、优质的教学文化、奋进的学习文化、理性的学术文化、规范的制度文化、儒雅的行为文化、清新的环境文化、鲜明的特色文化、高尚的精神文化、平和的心态文化为主要内容的文化体系，让学生接受高品位、高颜值的文化浸润，使他们成为真正有文化、有内涵的高素质劳动者。

研究特色：与专业方向相匹配，编辑出版学专业以融媒体与区域传播为研究特色，广告学专业以企业形象与品牌传播为研究特色，汉语言文学专业以中华商务文化为研究特色，文化传播教学部以文化传播为研究特色，让学生接受学术的熏陶，使学生具有思考与探索的精神追求。

团队特色：围绕专业和学科方向，聚焦文化传播、品牌传播、融媒体传播，加强学术性人才团队建设，开展有组织性科研，使学术成果能够相互支撑、相互借力，以此提升专业和学科实力，使学生接受更高水平的教育。

第五，坚守一流的价值追求。

人文人要有天下胸怀，能够大任担当。这就是：学在人文，爱在人文，美在人文；文质彬彬君子也（做人），化成天下人文也（做事）；学人文做君子（做人），用人文担道义（做事）。

第六，坚守一流的学风建设。

以制度"框"学风，以管理"严"学风，以考纪"促"学风，以文化"化"学风，以教风"带"学风，以社团"浓"学风，以考研"引"学风，以技能"提"学风，以榜样"树"学风，以环境"造"学风，努力形成健康、优雅、文明、进取的学习风气，让身临其中的学子好学向上，奋发成才。

第七，坚守一流的文化品牌。

紧紧围绕专业与学科属性，突出"人文"与"传播"特色，打造一流的文化品牌。一是以"专业力、表达力、传播力、影响力"为着力点，打造大学生自媒体中心，全方位历练人文学子的能力与素质。二是以学生为主导，开展"古韵今声·国学浸校园系列活动"，让学子接受中华优秀传统文化的浸润。三是以专业教师为依托，开展"悦读勤思·书香润校园系列活动"，让校园弥漫浓郁的油墨清香。四是开设"人文讲堂之青年博士论坛"，让青年博士面向青年学子举办学术报告，给青年学生以思想、以学术、以智慧、以信心。

以上"七个坚守"，可以归结为五大类，即理念教育、知识教育、能力教育、素质教育和创新教育。如此一来，理念教育＋知识教育＋能力培养＋素质教育＋创新教育，就能全面提高人才培养能力，形成以立德树人为根本任务的人才培养体系，进而达到一流水平！

从9月7日报到那天开始，你就正式加入人文与传播学院这个团队，成为专业的、正宗的"人文人"。中国的先贤早有名言："刚柔交错，天文也；文明以止，人文也；观乎天文以察时变，观乎人文以化成天下。""国之华彩，人文化成。""圣达立言，化成天下，人文也。""言圣人观察人文，则诗书礼乐之谓，当法此教而化成天下也。""人文，人理之伦序，观人文以教化天下，天下成其礼俗，乃圣人用贲之道也。""人文，人之道也。"所以，人文是崇高的使命和神圣的事业，能够与人文携手，就踏上了通往崇高和神圣的道路。所以，你要与众不同，你要气度非凡！

为此，我们提出人文与传播学院所培养的学生应具有认知能力、批判能力、审美能力、表达能力、创造能力、教化能力等"六大核心能力"。这是人文人的根本色，也是辨别色，还是生命力，更是人文人所应具有的核心竞争力。

第一，关于认知能力。

认知能力，是指一个人对大千世界所有事物、现象、关系、规律的认识和处理能力。优秀的认知能力可以使人在获取外部信息时，清晰地辨别是非、美丑和善恶，可以很容易地分清主次、好坏和黑白。无论是谁，认知能力是融入大千世界的首要能力，是一个人成功与否的最重要的心理条件。一个人如果没有正确的认知，在通往成功的路上就会走弯路，甚至邪路，正如《教父》里所言："花半秒钟就看透事物本质的人，和花一辈子都看不清事物本质的人，注定是截然不同的命运。"同时，认知能力还影响一个人的人际关系，没有正确的认知，就无法与人正常交往，不是让人"不可理喻"，就是让人"敬而远之"。尤其是人文人，如果没有优秀的认知能力，就无法勇立云端，引领风向，就无法化育天下。

第二，关于批判能力。

批判能力的全称是批判性思维能力，是指运用理性、通过一定的标准对事物、现象进行分析、评判、反思的能力。批判能力绝不是总把别人放在对立面而加以鞭挞、驳斥，也就是通俗所说的"好斗"，它是一种复杂的逻辑思维能力，是理性的核心素养，要求人必须具有"认知美德"，具有人格品性和高境界。"真实可靠的批判性思维者可以成为一个改变世界的人！"所以，人文人对于从外部获取的知识、信息，一不能盲目迷信，要有自己的判断、选择，要能够提出问题，敢于反思；二不能妄加否定，要有理有据，合情合理。只有这样，才能使自己的心智不至于迷失在信息泛滥的世界。

第三，关于审美能力。

审美能力，是指人感受、鉴赏、评价和创造美的能力，分为审美感受能力、审美评价能力和审美创造能力等。美学家张世英说："人生有四种境界：欲求境界、求知境界、道德境界、审美境界。审美为最高境界。"人不会审美或者没有审美能力，他的内心就装着一个俗不可耐甚至丑陋无比的世界，有人甚至说："只有拥有审美力的人，才能活出人的样子，真正品尝到人生中最甜的那部分滋味。"所以，会审美，就会生活；不会审美，生活就是苟且，就是低俗。人文，通俗地讲就是人的文化，文化就要与美相生相伴。没有没有美的文化，也没有没有文化的美。人文，化成天下的"利器"就是美，所谓"国之华彩，人文化成"就是此意。我们的文学作品要美，广告设计要美，图书报刊要美，人文要美，传播也要美，而且这些美都是从内到外的既讲内容又讲形式的美，既要爽心悦目的美，还要涤荡心灵的美。所以，世上任何人都有理由不美，而唯有人文人必须美，且人文人的美不仅要高品位、高内涵、高意境，还要能引领和化育风尚，因为人文人从事的是美的事业，就必须具有不同凡响的审美能力！

第四，关于表达能力。

表达能力，是指一个人把思想、情感、想法和意图等，用语言、文字、图形、表情和动作等清晰明确地展现出来，并让人理解、体会和掌握的能力。表达能力是人立命于世的最基本的能力，但对人文人来说，它还是行走江湖、引领潮流，让"秦皇汉武，略输文采；唐宗宋祖，稍逊风骚"的"绝技"，是"毛先生以三寸之舌，强于百万之师"的才略，无论是内涵还是外延，无论是层次还是水平，都必须具有专业水准或职业素养，都必须高人一筹，化育世风。当然，不管是汉语言文学专业，还是编辑出版学、广告学专业，所要求的表达能力是全方位的，包括内容表达、形式表达，包括口语表达、文字表达，包括行为表达、思想表达，包括视觉表达、情感表达，等等，一切可以作为传播载体和传播内涵的所有行为，且这些行为不仅能让人欣赏，还能让人信服，不仅能启迪智慧，还能传播真理，让世界在人文的沐浴与熏陶中变得更加民主、文明、和谐和美丽。

第五，关于创造能力。

创造能力，是指人开展能动的思维活动并产生具有一定社会价值的新观点、新理论、新产品、新工艺、新方法的能力，包括创新、创作、创意、创举、创业、创建、创设、创立等等一切能产生新生事物的行为。当今社会的竞争，与其说是人才的竞争，不如说是人的创造能力的竞争。创造能力，就是生存能力、前进能力和引领能力；失去了创造能力，就会墨守成规，停滞不前，落于人后。尤其是汉语言文学、编辑出版学、广告学3个专业，需要创作，需要创意，需要策划，需要选题，哪一个都来不得半点平庸，可见，我们的人文人必须是一个创造能力很强的人，能够超脱具体的知觉情景、思维定式、传统观念和习惯势力的束缚，在习以为常的事物和现象中发现新的联系和关系，提出新的思想，产生新的作品，为感召世界，化育众生，提供和传播有思想、有智慧、能够引领时代的新作品。

第六，关于教化能力。

教化能力，是指教育感化能力。"教，上所施下所效也；化，教行于上，化成于下也。"所以，教化能力更多地表现为由高而下、由内而外、由己而人的感召能力和引领能力，也即"化成天下"的能力，这就是人文！人文与天文相对，天文是自然；人文是文化。人文区别于自然，有人伦之意，区别于神理，有精神教化之义；区别于质朴、野蛮，有文明、文雅之义，区别于成功、武略，有文治教化之义。人文，标志着人类文明时代与野蛮时代的区别，标志着人之所以为人的人性。由此可见，人文，责任重大，使命光荣。别人以利益为天下，人文人则以天下为利益！所以，人文人必须是有品位、有胸怀、有雅量、不随波逐流的人，浑身上下散发出一种与众不同的"人文气息"，清新而典雅，光鲜而靓丽，应该而且必须成为人类文明的"脊梁"和教化世界的"精英"，正所谓"为天地立心，为生民立命，为往圣继绝学，为万世开太平"。

以上"六大核心能力"，认知能力，回答的是如何认识这个世界；批判能力，回答的是如何反思这个世界；审美能力，回答的是如何共享这个世界；表达能力，回答的是如何呈现这个世界；创造能力，回答的是如何推动这个世界；教化能力，回答的是如何赞誉这个世界。总而言之，这"六大核心能力"是人文人所具有的区别于其他人的最显著的特征。虽然山东工商学院不是一流大学，人文与传播学院不是一流学院，但是，只要你具有了这"六大核心能力"，你必成一流人文人才！

高中时，老师说上了大学就好了。这是高中老师糊弄高中生的"伎俩"，结果你相信了；上了大学你如果还相信这个"伎俩"，那是你自己糊弄自己，反正大学老师不信。所以，老师要劝诫你：

——不要以为学习是件快乐的事儿，学习要吃苦。什么快乐学习或者学习快乐，都是安慰人的寄语与勉励，因为"凿壁穿光""头悬梁锥刺股""书山有路勤为径，学海无涯苦作舟""挑灯夜战""寒窗苦读""十年寒窗"等等，都是说学习要刻苦的！学习并不快乐，但通过学习而获得了丰富的知识会使人快乐；通过学习而洞悉了大千世界会使人快乐；通过学习而走上了成功之路会使人快乐；通过学习而成就了幸福人生会使人快乐！

——不要以为上大学就能轻松过关，大学更不易。上大学必须敏而好学、学而不厌。大学生的学业挑战度在提升，课程难度在加大，课程深度在拓展，课程的可选择性在扩大，对大学生的约束在增强，大学生轻轻松松就能毕业的状况在改变。所以，大学不是欢乐谷，也不是伊甸园，不要指望柳荫湖畔、花前月下就可完成大学四年的学业。

——不要以为做好自己就行，大学是群体。大学是集体生活，而且接触的老师、同学来自天南地北，地域文化、风俗习惯、饮食起居等等千差万别，要学会包容、学会适应、学会忍让。哈佛大学校长福斯特曾说："在接下来的四年里，你们遇到的最重要想法中有很多不会来自教授、实验室、书籍或在线作业，它们会来自此刻坐在你们身边的人。"日本实业哲学家稻盛和夫也说："通过集体生活，人才能真正学到社会规则和遵守社会秩序的必要性。"崇尚个人自由的西方世界尚且如此，更何况强调集体主义的中国大学！所以，你要善待你的同学、善待你的老师、善待你的学校，他们会给你无穷的智慧和力量。

——不要以为光学习成绩好就万事大吉，大学讲素质。学习是大学的主业，但大学不仅仅是学习，大学生活需要你全面发展，既要有知识，还要有素质，素质才是一个人的全面体现。爱因斯坦说过："如果你把学校教授给你的一切知识都忘记了以后，剩下的那部分内容就是教育。我们的生活就是去运用剩下的内容去思考，去迎接并战胜困难，去开创我们的事业，去追求我们的美好生活。"其实，"剩下的那部分内容"就是素质，包括我们的"六大核心能力"。可见，知识诚可贵，素质价更高。若为前程故，两者不可抛！

——不要以为读书无用，这是骗人的鬼话。上人学一定要好好读书，因为大千世界，芸芸众生，乔布斯与比尔·盖茨仅仅是特例！喧嚣读书无用的人无非有三种，一是没有资格读书，只有靠苦力打拼养家糊口的人；二是没怎么读书，但是凭着自己的努力或者聪明有了点小成就的人；三是虽然读了书，但是没读出什么名堂，于是就哀叹的人。所以，"读书无用"是居心叵测"拉人下水"的大骗局！我们上大学就是要读书，而且要全面地读书，读各种各样的书。只有这样，在人际交往中，你就能以谈吐、学识和修养来赢得他人的尊重。

——不要以为上了大学就是个大人，你仍然是学生。虽然你已是法定年龄上的"成年人"，但你还不是真正意义上的独立的"大人"，你的学费还离不开父母，你的学识还离不开老师，你的成长还离不开学校，你的身体还处于成长期，你的心智还处于完善期，你仍然是名在校接受教育的学生。所以，不要以为上了大学就可以自由无边，不但要有纪律意识、规矩意识，做到自我约束、自我加压，还要服从师长的管理，听从师长的规劝，来不得特立独行，我行我素。

——不要以为上了大学就是天之骄子，这是自欺欺人。天外有天，山外有山，人上有人。上了大学你就会知道，身边的同学、师哥师姐、师弟师妹，有许许多多才华横溢难以逾越的人，那时候你就会感到自己要学习的东西还很多，还必须努力。知不足，会使你永远谦虚；不知足，会使你永远前行。

——不要以为老师会教会你一切，路在自己脚下。老师不是救世主，也不是神仙皇帝，老师只不过是个知识的先行者。别指望老师能在大学四年教会你一切，也别指望老师能包办你的一生。老师站在讲台上的滔滔不绝，都是不断地学习得来的。所以，无论是谁，就是天才也要有终生学习的习惯，正所谓生命不息，修行不止！

——不要以为大学雕栏玉砌洁白无瑕，大学也有死角。任何大学都有瑕疵，都有你意想不到的B面，你就是考上清华大学、北京大学、哈佛大学、耶鲁大学，也有让你失望或反差很大的地方。不信你可去四川大学校园走一走，不信你可到吉林大学校园看一看。

——不要以为上了本科就登上了人生学海的彼岸，这才刚刚出发。高中以下是基础教育，大学本科是高等教育，但仅仅是高等教育的基础，其上还有硕士，还有博士。读了本科，还要读硕士，读博士，这不仅可以提高你的就业质量，还会提升你的人生层次。

以上"十项规劝"，可能语调过于沉重，扫了你刚上大学的雅兴，凉了你刚上大学的心气。但是，请你相信，老师所说皆是实话、真话，都是激励你走好大学之旅的每一步；也请你相信，人文与传播学院是一个最具有爱心和文化的集体，在这里你会感受到人文之美和人文之爱。同时，你也要相信：

山商足够大，足以让你驰骋天涯；

山商足够高，足以让你登顶远眺；

山商足够纯，足以让你学理求真；

山商足够广，足以让你行走远方；

山商足够美，足以让你理想放飞；

山商足够好，足以让你人生骄傲。

我们来自天南地北，四面八方，相聚在凤凰山下，黄海岸旁，是我们之间莫大的缘分。愿我们相互珍惜，相互尊重，携手并肩，踏歌而行！

山商，我选择，我加油！

衷心祝愿各位同学顺利平安，学业有成！

（2019年9月22日）

"老师，你们的学生是不是很幸福？"

2019年8月底9月初，按照学校东西校区功能布局调整方案的要求，人文与传播学院整建制地由山东工商学院东校区第六教学楼搬迁到西校区逸夫楼一号楼教学和办公。

11月6日上午，第四节课后，在逸夫楼大门口，我被邻院的一位同学拦住："老师您好！请问您是人文与传播学院的老师吗？"

我说："是的。"

"我经常看你从那边那个办公室出来。您不会是人文与传播学院的院长吧？"她又问。

"我是院长，但我更是老师。同学，你有什么问题？"我不解地回答。

"我真有问题，老师，第一，你们人文与传播学院搬来以后，逸夫楼整个楼都变了，且不说净化、美化程度了，一进这个楼就被浓郁的人文气息给吸引住了，又有文化又有内涵。你们搬来以后为什么会有这样的变化？"她仿佛抑制不住自己的兴奋。

我不假思索地说："谢谢你的肯定！人文是我们的本分，又是我们的责任；人文不仅是我们的名，更是我们的魂。人文本身就是文化，就是美化。我们的信念是：人文所到之处皆文化！否则，我们就失去了存在的意义，就对不起全校师生对我们的期望。"

"老师，我还有第二个问题，是我最最想问也是最最想知道的：你们人文与传播学院的学生是不是很幸福啊？"她合着双手放在脸前，有些急切。

"哈哈，这个问题问得有水平，有高度，有苏格拉底的风范。我们人文与传播学院的学生幸不幸福我不敢肯定，但是，我看到他们很阳光、很开心、很上进。虽然我不肯定他们到底幸福不幸福，但让他们幸福是我们人文与传播学院全体教师共同努力的目标。"我回答道。

"真的老师，有这么好的环境和老师，我太羡慕你们学院的小孩儿了！"

她毫不掩饰地评价道，也说明她是高年级的学生。

说到这里，我反问她："同学，既然这样，那我也有个问题想问你，可以吗？"

"老师您请问！"她爽快地应答。

"你既然感到人文与传播学院这么美好，你当初为什么不来我们人文与传播学院呢？人文与传播学院2015年成立，你高考填报志愿时它就已经存在了。"我说道。

"哈哈，老师别提了，当初我脑子抽风了没去你们院儿。反正我是觉得，好事儿都被我躲过去了，一个也没落在我头上，哈哈哈哈。"她真是一位活泼开朗的姑娘。

我马上安慰她道："不用羡慕我们，你们学院也很好的，既来之则安之。有道是：各美其美，美人之美，美美与共，天下大同！"

"是啊，老师，我只有努力才能不负韶华了。谢谢老师能回答我的问题，打扰了。"说着，她欢快地与我道了别，消失在下课的人流中。

学校无小事，处处是教育。看来，教育不用惊天动地，用心去做就能有收获，就能影响你、影响我、影响他。

（2019年11月8日）

学在人文　爱在人文　美在人文　成在人文
——在2020级新生见面会上的讲话

2020级的同学们：

大家好！

在这个天蓝云舒的金秋，在这个万果飘香的季节，我们从祖国的四面八方相聚在凤凰山下、黄海岸旁，这是人生莫大的缘分与荣耀。看到你们这些新世纪出生的"新人"——青春、靓丽、阳光、清新来到面前，老师们感到无比地欣喜与美好。在此，我代表人文与传播学院45名教师、三个年级的600余名高年级同学，对你们的到来表示热烈的欢迎！欢迎你们加入人文与传播学院这个充满爱与美的集体，同时也感谢你们为人文与传播学院带来了新的青春的活力与希望。

山东工商学院的名字虽然不太响亮，但她出身高贵，原名中国煤炭经济学院，是中华人民共和国原煤炭工业部直属的14所高校中唯一一所财经类高校。

山东工商学院的名字虽然不是大学，但她血统纯正，国立、省属、公办，既不是合并高校，也不是升格高校，出生即为普通本科高等学校，自诞生之日起伴随着我国改革开放的步伐而一路前行，如今已成长为具有硕士学位授权单位和博士学位授予权培育建设单位。

山东工商学院身依凤凰山，面迎黄海潮，铸就了她山的坚毅、海的宽广的博大胸怀。她，春有百花秋有月，夏有凉风冬有雪；若无闲事挂心头，一年四季好时节！你只要在这里安心读书，潜心修炼，你会享受到时序分明的天然美景。

人文，学渊浩瀚，博大精深，上接天文，下通地理，是人灵魂之所在。无论什么学科，还是什么科学，都要受人文之引领，否则就会走向野蛮。先贤有言:"刚柔交错,天文也;文明以止,人文也;观乎天文以察时变,观乎人文以化成天下";"国之华彩,人文化成";"圣达立言,化成天下,人文也";"人文,人之道也"。人文是崇高的事业和神圣的使命,人文犹如头顶上的太阳,照耀人类行进的方向。能够与人文携手,就踏上了通往崇高和神圣的道路。"人文垂则,盛德有容。"我可以理直气壮地说:凡选择并且能够安心于人文类专业学习的每一位学子,还有尊重、支持你们的家长,都是有品位、有胸怀、有雅量、不随波逐流的人,不世俗、不低俗、不媚俗、不庸俗。所以,你们与众不同,你们气度非凡!在此,我也要通过你们,向你们的家长表示崇高的敬意!

除此以外,你们身上还有着许许多多的与众不同:

——你们是我国全面建成小康社会和全面打赢脱贫攻坚战的收官之年来到山东工商学院的;

——你们是在21世纪头20年是我国改革发展和现代化建设重要战略机遇期之最后一年来到山东工商学院的;

——你们是在因受新冠疫情影响居家上网课并延期高考时间的情况下,在我国取得抗击疫情重大胜利的关键时刻来到山东工商学院的;

——你们是在山东工商学院建校35周年之际来到这所依山傍海、钟灵毓秀的高等学府的;

——你们是在人文与传播学院建院5周年之际来到这个最有文化、最有颜值、最有特色的大学二级学院的;

——你们是在山东省实行"专业+学校"高考志愿填报模式改革元年,懵懵懂懂地选择了96个志愿的情况下,成功突围来到山东工商学院的;

——汉语言文学专业的你们是以全校分数排名第二、新闻传播类专业的你们是以全校分数排名第八的优异成绩来到山东工商学院的;

这一切都说明,你们来的有节点、有波折、有高度,你们的大学之旅既曲折又幸运,既艰辛又伟大。老师们为你们的坚韧不拔、勇往直前、迎难而上、善作善为的拼搏精神而感到无上的光荣与自豪!为此,老师们会对你们再好一点,对你们再关爱一点,当然,对你们的要求也会再高一点,让你们的优秀变成永恒的品质。

毋庸讳言,山东工商学院不是一流大学,但也绝不是末流大学,我们正在建设财商教育特色一流大学;人文与传播学院不是一流学院,但我们有独领风骚之处，我们的培养方案、教育理念、文化颜值、特色发展等各方面都得到全校上下的称颂，也得到全国同类院校的赞誉，更得到社会各界的认可。一直以来，我们的人文学子拥有令人羡慕的快乐指数、幸福指数和魅力指数。

我们正处于全媒体、融媒体高度繁荣发展的时代，全程媒体、全息媒体、全员媒体、全效媒体已成为社会的"新宠"，新媒体无处不在、无所不及、无人不用，时代正大量需要融媒体管理、融媒体策划、融媒体写作、融媒体运营等高端人才，我们迎来了汉语言文学、编辑出版学和广告学专业的"盛世"，一流的学校、一流的学科、一流的专业固然重要，但一流的社会需求更为重要。

山东工商学院已经走过35年的历程，人文与传播学院现有的专业教师中，老教师都是建校初期毕业的受过精英教育的精英，中青年教师绝大多数都是毕业于一流或高水平大学的博士或硕士，他们的教育能力、学术视野、学识水平完全可以担负起培养你们成长成才的光荣使命。

所以，你们的选择物有所值，山东工商学院值得你们拥有，人文与传播学院值得你们珍惜。

2015年，在建校30周年之际，学校党委、行政考虑到专业和学科布局的调整，决定成立人文与传播学院，她肩负着三项使命：一是所设专业汉语言文学、编辑出版学和广告学人才培养使命，为社会输送合格的人文与传播类应用型人才；二是面向全校各专业开展人文通识教育使命，全面提升大学生的人文素养、人文情怀和人文精神；三是大学文化建设使命，为学校建设发展贡献才智。这三项使命共聚一身，在全校二级学院中绝无仅有。为此，我们坚守的信念是：即使没有一流的名分，也必须有一流的气质。何为一流气质？以下"七个坚守"便是人文与传播学院一流气质的主要内涵：

第一，坚守一流的行为理念。

"崇仁贵和，尚德利群"是中国文化的基本价值，我们用以作为行为理念，即无论思想意识、言行举止、职业操守，还是课程建设、专业建设、学科建设等各个方面，人文与传播学院的每一位师生员工都要有仁爱之心、和谐之象、德行之美、群体之识，以此加强凝聚力、向心力建设，营造清新儒雅、惠风和畅的立德树人氛围。

第二，坚守一流的教育良知。

大学的良知即大学的初心和本分，这就是立德树人。在院风层面，集中人力、物力、财力，精心培育好来自四面八方的莘莘学子，让你们享受应该享受的教育资源，让你们得到应该得到的知识熏陶；在教风层面，不抓教学就是对教学行为的放任自流，不抓教学就是对你们和家长的极端不负责任，对教学要常抓，且要常抓常紧，常抓常新；在学风层面，在日常教学和管理的全过程、全方位、全环节中，以标准第一、质量第一为原则，决不能为了迁就你们而降低培养要求，也决不能以降低培养要求来换取功利性指标。

第三，坚守一流的培养目标。

紧跟时代步伐，对接社会需求，培养"有思想、有智慧、有创意、有使命、有担当"的高水平应用型专门人才。

汉语言文学专业：培养具有良好的人文素养、敬业精神和创新意识，能够在党政机关、企事业单位、社会团体，从事办公室管理、行政管理、档案管理、商务管理、新媒体运营等工作的高水平应用型专门人才。

广告学专业：培养具有开阔视野和创新精神，能够在党政机关、教育机构、文化传媒企事业单位、互联网公司以及其他经济组织、社会团体，从事广告创意策划与设计制作、市场营销策划、广告经营与管理、网络与新媒体经营等工作的高水平应用型专门人才。

编辑出版学专业：培养具有宽广的文化和科学知识背景，能够在党政机关、新闻出版企事业单位、文化教育机构、互联网公司以及其他经济组织、社会团体，从事传统及新媒体编辑出版、营销策划、宣传推广和管理工作的高水平应用型专门人才。

第四，坚守一流的办学特色。

充分考虑你们的成长、社会的需求，立足应用型，凸显特色化，追求高水平。

彰显专业特色：紧紧依靠学校经济管理类办学母体，将编辑出版学专业设定为新媒体与财经传播方向，广告学专业设定为广告创意策划与管理方向，汉语言文学专业设定为商务文秘方向，坚定不移地走差异化道路，让你们具有"一专多能"的生存本领。

突出人才特色：结合人文与传播类专业属性，着力培养你们的"六大核心能力"，即认知能力、批判能力、审美能力、表达能力、创造能力、教化能力，让你们具备立命于世的竞争能力，并得到社会的认可与推崇。

张扬文化特色：结合专业、学科特性，积极构建以韵美的物态文化、优质的教学文化、奋进的学习文化、理性的学术文化、规范的制度文化、儒雅的行为文化、清新的环境文化、鲜明的特色文化、高尚的精神文化、平和的心态文化为主要内容的文化体系，让你们接受高品位、高层次的文化浸润，使你们成为真正有文化、有涵养的高素质劳动者。

凝聚研究特色：与专业方向相匹配，编辑出版学专业以融媒体与区域传播为研究特色，广告学专业以企业形象与品牌传播为研究特色，汉语言文学专业以中华商务文化为研究特色，文化传播教学部以文化传播为研究特色，蕴含各专业其中的是中华财富文化教学与研究特色，让你们接受学术文化的熏陶，使你们具有思考与探索的精神追求。

形成团队特色：围绕专业和学科方向，聚焦文化传播、品牌传播、融媒体传播，加强学术性人才团队建设，开展有组织性科研，使学术成果能够相互支撑、相互借力，以此提升专业和学科实力，使你们接受更高水平的教育。

第五，坚守一流的价值追求。

人文人要有天下胸怀，能够大任担当。这就是：文质彬彬君子也（做人），化成天下人文也（做事）；学人文做君子（做人），用人文担道义（做事）。

第六，坚守一流的学风建设。

以制度"框"学风，以管理"严"学风，以考纪"促"学风，以文化"化"学风，以教风"带"学风，以社团"浓"学风，以考研"引"学风，以技能"提"学风，以榜样"树"学风，以环境"造"学风，努力形成健康、优雅、文明、进取的学习风气，让身临其中的你们好学上进，奋发成才。

第七，坚守一流的文化品牌。

紧紧围绕专业与学科属性，突出"人文"与"传播"特色，打造一流的文化品牌。一是以"专业力、表达力、传播力、影响力"为着力点，打造大学生自媒体中心，多方位历练你们的能力与素质。二是以学生社团为主导，开展"古韵今声·国学浸校园"系列活动，让你们接受中华优秀传统文化的浸润。三是以专业教师为依托，开展"悦读勤思·书香润校园"系列活动，让校园弥漫浓郁的油墨清香。四是开设"人文讲堂之青年博士论坛"，让青年博士面向你们举办学术报告，给你们以思想、以学术、以智慧、以信心。五是以专业教学为基础，开展"读历史名篇、识财商之道"等中华财富文化研习活动，提高你们的财商素养与能力。

以上"七个坚守",可以归结为五大类,即理念教育、知识教育、能力教育、素质教育和创新教育。如此一来,理念教育+知识教育+能力培养+素质教育+创新教育,就能全面提高人才培养能力,形成以立德树人为根本任务的人才培养体系;如此一来,一流的社会需求+一流的培养气质,你们一定会成为一流的应用型人才,而你们的一流,才是真正的、现实的一流,这就是我们所坚守和追求的"一流观"。

既然如此,我也要求你们跟老师一道,为着一流、为着肩负"化成天下"的使命,学在人文,爱在人文,美在人文,成在人文。这不仅仅是说来到人文与传播学院,就要学在人文与传播学院,爱在人文与传播学院,美在人文与传播学院,成在人文与传播学院,这很重要,非常地重要,且必须做得到、做得好,但它们还有更加深层次的内涵。那就是,来到人文与传播学院应该知道和懂得为什么学、怎么学、学什么,为什么爱、怎么爱、爱什么,为什么美、怎么美、美什么,为什么成、怎么成、成什么!在这里,因为时间的关系,我只给出学什么、爱什么、美什么、成什么的答案,其他留待我们在今后的工作、学习、生活中慢慢领悟与解答。

第一,学在人文,就是要学会求智。

每一个进入大学的人,不仅怀揣着自己的梦想,还寄托着家人的希望,更肩负着为国家、为社会贡献才智的使命。所以,学在人文,一是要学知识。大学是知识的殿堂,不是游戏的场所,入大学的第一要务就是学知识。无论是课堂听课,还是课下读书,都是你的本分,都是为了获取专业而又系统的知识。只有掌握好了扎实的系统的知识,才能够为日后的工作和生活打下坚实的基础,才能不负家庭的期望,才能服务国家和社会,成为一个有用的人。二是要学本领。学本领,就是提升各种能力。老师们除了传授知识外,还会引导你增进日后所需的人生本领,其中的"六大核心能力"即认知能力、批判能力、审美能力、表达能力、创造能力、教化能力,是人文人的根本色,也是辨别色,还是生命力,更是人文人所应具有的核心竞争力,是区别于其他人的显著标志,定会让你在日后的工作和生活中受益无穷。三是要学智慧。人生需要智慧,尤其人文人更是智慧的载体。不论是古代先哲的伟大思想,还是现代社会的先进理念,这些古今中外的大智慧都会在人文中学到。美好的人生,需要智慧地生活。

要想成就人生大事业，更需要掌握人生大智慧。"有知识无智慧"是对人文的辱没，也是人生的败笔。四是要学人文。来到人文与传播学院，接受的是纯正的人文教育。人文教育的"实质是人性教育，其核心是涵养人文精神"，"这种精神的养成要通过多种途径，包括广博的文化知识滋养、高雅的文化氛围陶冶、优秀的文化传统熏染和深刻的人生实践体验等"。所以，学人文，学的就是一种灵魂、一种高尚、一种品质、一种人生。

第二，爱在人文，就是要学会润心。

人文本身就是"爱"，没有爱，就不成为"人文"。只有内心有"爱"，才能真正尊重"人"的主体地位和尊严；只有内心有"爱"，才能真正懂得理解、尊重与包容；只有内心有"爱"，才会愿意去为之付出和奋斗；只有内心有爱，才会真正懂得感恩。所以，爱在人文，一是要爱自己。只有学会爱自己，才会去爱他人，爱国家，爱世界。爱自己，就要爱惜自己的身体，爱惜自己的人格尊严，爱惜自己的声誉。爱自己，既要学会保护好自己，又要学会为自己的所言所行负责。爱自己，要维护自己的权益，也要认真履行自己的义务，肩负起自己的使命。二是要爱他人。懂得爱，更要懂得爱他人。有人说："爱就像是把镜子放在阳光下一样，你给他温暖，他就会反射回来给你温暖。"人不仅要爱自己，也要心存感恩，发自内心地去爱他人。爱他人，除了心存感恩，懂得去爱自己的父母、爱自己的老师和同学、爱所有关心你的人外，更要用一种普遍的同情、怜悯之心，去爱你身边的每一个人，甚至去爱那些你未曾相识的人。三是要爱党、爱祖国。爱国，是人世间最深层、最持久的情感。爱国也是一个人的立德之源、立功之本。习近平总书记说："对每一个中国人来说，爱国是本分，也是职责，是心之所系、情之所归。对新时代中国青年来说，热爱祖国是立身之本、成才之基。当代中国，爱国主义的本质就是坚持爱国和爱党、爱社会主义高度统一。"所以，作为当代青年的一分子，爱国就要爱党，爱党才能爱国。四是要爱世界，爱人类。当今世界已成为一个地球村，人类已成为一个息息相关的命运共同体。我们不仅爱党、爱国、爱人民，也要关爱世界和人类的发展命运。这种对于世界和人类的"爱"，方是一种大爱。所以，懂得爱并用实际行动去实施爱，才是每个人文人要有的大胸襟、大情怀。

第三，美在人文，就是要学会观世。

美是一种心态、一种境界、一种视野、一种人生、一种世界观，美是看不见的竞争力。以美观世，满目精彩。然而，只有懂得美，才会发现美、欣赏美、创造美、传播美。所以，美在人文，一是要修己之美。懂得美，是人文人所应具备的高品位、高内涵、高意境。美学家张世英说："人生有四种境界：欲求境界、求知境界、道德境界、审美境界。审美为最高境界。"人不会审美或者没有审美能力，他的内心就装着一个俗不可耐甚至丑陋无比的世界，有人甚至说："只有拥有审美力的人，才能活出人的样子，真正品尝到人生中最甜的那部分滋味。"人文就是美，世上任何人都有理由不美，而唯有人文人必须美，且人文人的美是从内到外的既讲内容又讲形式的美，既要爽心悦目的美，还要涤荡心灵的美，更要化育世风的美。二是要观人之美。懂得美，你就会用美的眼睛来看待他人，你就会看到"人"之美。学习人文，你就会理解美，并以审美的眼光来看待你周边每一个人、每一件事，就会在他人身上看到"人生之美""人格之美""人性之美"。此时，你才会发现作为"人"的价值和意义，你才会发现"诗意"生活的难能可贵。正如著名社会学家费孝通先生说的那样："各美其美，美人之美，美美与共，天下大同。"三是要观自然万物之美。懂得美，你就会看到自然万物之美。学习人文，你会发现你眼中的风景与众不同，在别人眼中平淡无奇的景物，在你眼中却是一番美景。走进人文与传播学院的教学楼，看到那一幅幅美丽的照片，你就会明白，原来疫情期间人世间仍然是如此之美。其实，世间并不缺少美，只是缺少了发现美的眼睛。四是要观天地宇宙之美。懂得美，你就会看到天地宇宙之美。天地宇宙之美是一种智慧之美、思想之美、一种天人合一的美，一种难以言说的美。《庄子》云："天地有大美而不言，四时有明法而不议，万物有成理而不说；圣人者，原天地之美而达万物之理。"然而，要想懂得美、发现美、创造美、传播美，需要从自身做起，做到内外兼修，不仅要保持一种美好自静的境界与情怀，在繁闹的世界里，坚守一种平淡的生活和心态，而且还要有一种如同蜡烛一样的奉献精神，燃烧自己，照亮别人，因为奉献之美，才是人间之大美。

第四，成在人文，就是要学会成人。

学有所成，是任何大学学子孜孜以求的目标，但绝大多数人的认识多停留在知识、技能的层面。学有所成还应该有更高层次的含义，那就是：学以成人。所以，成在人文，一是要成人。要想成事、成天下，首先要"成人"。教育的核心特征就是它的人文性，即要使人成为人。与其他专业的人相比，我们处于教育的核心，无论是汉语言文学专业，还是广告学、编辑出版学专业，接受的都是系统的人文学科教育，我们没有理由不成为德智体美劳全面发展的人，尤其我们还担负着"国之华彩，人文化成"的使命，在"化人"之前，首先要"化己"，并对自己有更高的要求，这就是"学人文做君子"。君子，应该是人文人的首选"人格"。二是要成事。成人的目的就是要成事，就是要通过自己的奋斗来实现人生的价值。"大学之道，在明明德，在亲民，在止于至善。"《大学》中的格物、致知、诚意、正心、修身、齐家、治国、平天下之"八目"就是我们人文人"行道于天下"的基本步骤。格物、致知、诚意、正心、修身就是"成人"，而紧随其后的齐家、治国、平天下乃是"成事"，这就是"用人文担道义"。道义，应该是人文人的首选"事格"。三是要成天下。人文的终极目标是"化成天下"。《中庸》说："君子动而世为天下道，行而世为天下法，言而世为天下则。"《孟子》说："穷则独善其身，达则兼善天下。"人文人不仅要关心自己的前途，更要关心国家、世界的命运，这方是一种化成天下的大情怀。要勇于为国家、为天下承担起自己的责任与使命，为人类更加美好的明天而付出，而奉献。所以，人文人必须要立志，且要立大志，正如宋人张载所言："为天地立心，为生民立命，为往圣继绝学，为万世开太平。"

同学们，以上所有内容可以归纳为三句话：为你们的到来表示欢迎和自豪；学校和学院是个什么样；来人文与传播学院要干什么。之所以说了这么多，真心希望你们在人文与传播学院学习进步、快乐成长、生活幸福、身体安康；真心希望你们继续发扬在疫情期间面对困难不退缩、曲折途中不动摇的信念与毅力，不忘初心，牢记使命，朝着成长成才的目标，走好大学之旅的每一步。

泰戈尔说："你今天受的苦，吃的亏，担的责，扛的罪，忍的痛，到最后都会变成光，照亮你的路。"衷心祝福每一位优秀的、美丽的、帅气的、可爱的人文学子与传播精英！

（2020年9月30日）

"人文四事"详解

中国山东烟台有所高校叫山东工商学院；山东工商学院出身高贵，原名中国煤炭经济学院，是中华人民共和国原煤炭工业部直属的14所高校中唯一一所财经类高校；山东工商学院血统纯正，国立、省属、公办，既不是合并高校，也不是升格高校，出生即为普通本科高等学校，如今已成长为具有硕士学位授权单位。

山东工商学院有个二级学院——人文与传播学院，设汉语言文学、编辑出版学、广告学三个本科专业。

来到烟台，走进山东工商学院，成为人文与传播学院的学生，接受人文教育，就要做好四件事：学在人文，爱在人文，美在人文，成在人文，简称"人文四事"。

何为人文？先贤有言："刚柔交错，天文也；文明以止，人文也；观乎天文以察时变，观乎人文以化成天下"；"国之华彩，人文化成"；"圣达立言，化成天下，人文也"；"人文，人之道也"。

学在人文，爱在人文，美在人文，成在人文，不仅仅是说来到人文与传播学院，就要学在人文与传播学院，爱在人文与传播学院，美在人文与传播学院，成在人文与传播学院，这很重要，非常地重要，且必须做得到、做得好，但它们还有更加深层次的内涵。那就是，来到人文与传播学院应该知道和懂得为什么学、怎么学、学什么，为什么爱、怎么爱、爱什么，为什么美、怎么美、美什么，为什么成、怎么成、成什么！

2020年9月28日，已在2020级新生见面会上，撮要解释了"人文四事"中的学什么、爱什么、美什么、成什么的问题，此处为"详解"。

一、学在人文,就是学会求智

(一)学在人文,首先要面对"为什么学"的问题

第一,为自己学。来到人文与传播学院学习,首先就是为了自己。为了自己的梦想,为了自己的学业,也为了自己的未来。《论语》中说:"古之学者为己。"今天入大学学习,说到底,并不是为了学给别人看,而是为了提高、充实自己。只有遵循自己内心的兴趣,扎实地学习,努力地提高自己,才能有"资本"拥抱美好的未来。

第二,为家庭学。来到人文与传播学院学习,你被寄托着整个家庭的梦想和希望。你的父母操劳一生,供你读书,他们将自己的梦想和希望也寄托在了你身上。你的父母不求回报,他们只希望你的未来能够幸福。而你好好学习,勤奋读书,会让你的父母看到希望,就可能实现他们没有实现的梦想,就能少让你的父母为了你的未来再操劳,你的整个家庭也就会变得和谐而幸福。

第三,为国家社会学。来到人文与传播学院学习,就要有决心成为"国之栋梁"。无论在哪里学习,无论学什么,都是为了用自己的所学来服务国家,服务社会,服务人民。要立志"学有所用",将自己的所学转化为实际行动运用到国家经济社会发展当中,为国家社会的发展贡献自己的才能与智慧。

第四,为全人类的发展进步学。来到人文与传播学院学习,就要胸怀全人类。人文本身是"化成天下",学习人文,就要境界高,视野宽,心中要有大志向,胸中要有大情怀,更要有为全人类发展进步贡献自己所学的雄心壮志。只有有了这种大志向、大情怀,未来才会成就一番大事业。

(二)学在人文,其次要面对"学什么"的问题

第一,学知识。大学是知识的殿堂,不是游戏的场所,入大学的第一要务就是学知识。无论是课堂听课,还是课下读书,都是学生的本分,都是为了获取专业而又系统的知识。只有掌握好了扎实的系统的知识,才能够为日后的工作和生活打下坚实的基础,才能不负家庭的期望,才能服务国家和社会,成为一个有用的人。

第二,学本领。学本领,就是提高自己的各项能力。经受四年的人文学科教育,你们所应具备的"六大核心能力":认知能力、批判能力、审美能力、表达能力、创造能力、教化能力是人文人的根本色,也是辨别色,还是生命力,

更是人文人所应具有的核心竞争力，是你区别于其他人的显著标志。虽然山东工商学院不是一流大学，人文与传播学院不是一流学院，但是，无论是谁，只要拥有了这"六大核心能力"，则必成一流人才！

第三，学智慧。人生需要智慧，尤其人文人更是智慧的载体。不论是古代先哲的伟大思想，还是现代社会的先进理念，这些古今中外的大智慧都会在人文中学到。美好的人生，需要智慧地生活。没有智慧的人生，往往是盲目的、无意义的。要想成就人生大事业，更需要掌握人生大智慧。"有知识无智慧"是对人文的辱没，也是人生的败笔。

第四，学人文。自你接到录取通知书那天起，你已经成为人文与传播学院的一员，接受纯正的人文教育。"所谓人文教育，是指对受教育者所进行的旨在促进其人性境界提升、理想人格塑造以及个人与社会价值实现的教育，其实质是人性教育，其核心是涵养人文精神。""这种精神的养成要通过多种途径，包括广博的文化知识滋养、高雅的文化氛围陶冶、优秀的文化传统熏染和深刻的人生实践体验等。这一教育既重视由外而内的文化养成，更强调自我体悟与心灵觉解。归根结底，它使人理解并重视人生的意义，并给社会多一份人文关怀。"所以，学人文，学的就是一种灵魂、一种高尚、一种品质、一种人生。

（三）学在人文，最后要面对"怎么学"的问题

第一，扎实勤奋地学。学习要勤奋刻苦，要踏踏实实，要一步一个脚印。不可漫不经心，也不可好高骛远。"千里之行始于足下"，学习亦是如此。要排除世俗的各种干扰，静心读书，勤于学业，在踏踏实实的学习中，学到真知，学到实学。学习切不可急于求成，只有日复一日地日积月累，才能成就大的学问。

第二，思考批判地学。学习要勤于思考，敢于批判。"学而不思则罔，思而不学则殆。""学"与"思"要相辅相成，不可偏废。埋头苦学，固然可贵，但学而不思，也终是四脚书橱，难以有所创见，有所突破。学习不可迷信权威，迷信经典，大胆而又谨慎地质疑、批判，方可弥补前人的不足，成就自己的学问。

第三，视野开阔地学。学习要有开阔的视野，要有高境界。当今之世，人类所创造的知识财富已相当丰富，这就要求学习要有开阔的视野，大的胸襟，高的境界，不能对各种知识充耳不闻，而自己一味地"闭门造车"，那样只能做

"井底之蛙"。要通过各种途径开阔自己的视野，拓展自己的眼界，提升自己的境界，这样方可"会当凌绝顶，一览众山小"。

第四，同实践结合地学。学习要同实践相结合，要学以致用。学问不能停留于书本，要与现实的实践相结合。实践之中方可见真知，如果没有现实的实践，很多知识就是纸上谈兵，没有多少实用价值。进入大学，你既要扎实地学习书本知识，也要多参与实践，在与实践的结合中学到真知。

二、爱在人文，就是学会润心

（一）爱在人文，首先要面对"为什么爱"的问题

第一，因为爱是一种人文情怀。只有内心有"爱"，才能真正尊重"人"的主体地位和尊严，才懂得欣赏人与人之间的个性差异，才会真正关心周围人丰富而多样的个体需求。爱的实质是一种人文情怀，或者说人文本身就是"爱"，没有爱，就不成为"人文"。正因为人类有了"爱"，彼此尊重，彼此理解，彼此关心，所以才激发出了每个人的主动性、积极性、创造性，最终促进整个人类社会的自由全面发展。

第二，因为只有爱，才会真正懂得理解、尊重与包容。理解、尊重与包容是爱的前提，但反过来，也因为有爱，才可以真正地去理解、尊重与包容他人。没有爱的理解、尊重和包容，往往不是发自内心的，缺了一个"真"字，只有学会发自内心地去爱一个事物，爱一个人，爱一个群体，才会真正地懂得理解，懂得尊重，懂得包容。

第三，因为只有爱，才会愿意去为之付出和奋斗。很多东西，人们之所以愿意去为之付出，为之奋斗，往往就是因为真正地喜欢它、爱好它。无论是谁，只有真正爱自己，爱人生，才会愿意为自己的未来付出；只有真正爱这个国家，才会愿意为之奉献自己的学识与青春；只有真正爱全人类，才会愿意为人类的发展进步奋斗一生。

第四，因为只有爱，才会真正懂得感恩。只有内心有爱的人，才真正懂得感恩，才不会变得自私，才会真正感激他人为你的付出。你会感激你的父母，感激你的老师、同学，感激所有关心你的人。进入社会后，你若内心有爱，就不会只知道一味索取，而是懂得用自己的知识和才能回报社会，回报国家，回报这个世界。

（二）爱在人文，其次要面对"爱什么"的问题

第一，爱自己。只有学会爱自己，才会去爱他人，爱国家，爱世界。不懂得爱自己的人，很难真正理解爱的真谛。爱自己，就要爱惜自己的身体，爱惜自己的人格尊严，爱惜自己的名誉与声誉。爱自己，既要学会保护好自己，又要学会为自己的所言所行负责。爱自己，要维护自己的权利，也要认真履行自己的义务，肩负起自己的使命。

第二，爱他人。懂得爱，更要懂得爱他人。有人说："爱就像是把镜子放在阳光下一样，你给他温暖，他就会反射回来给你温暖。"人不仅要爱自己，也要心存感恩，发自内心地去爱他人。爱他人，除了心存感恩，懂得去爱自己的父母、爱自己的老师和同学、爱所有关心你的人外，更要用一种普遍的同情、怜悯之心，去爱你身边的每一个人，甚至去爱那些你未曾相识的人。只有懂得爱他人，爱一个个具体的人，你才能真正做到爱祖国，爱人民，爱全人类。

第三，爱党，爱祖国。爱国，是人世间最深层、最持久的情感。爱国也是一个人的立德之源、立功之本。习近平总书记说："对每一个中国人来说，爱国是本分，也是职责，是心之所系、情之所归。对新时代中国青年来说，热爱祖国是立身之本、成才之基。当代中国，爱国主义的本质就是坚持爱国和爱党、爱社会主义高度统一。"所以，作为当代青年的一分子，爱国就要爱党，爱党才能爱国。

第四，爱世界，爱全人类。当今世界已成为一个联系密切的地球村，全人类也都是一个命运息息相关的共同体。我们不仅要爱我们的祖国，我们的人民，也要关注整个世界和全人类的发展命运。要学会爱这个世界，爱全人类。这种对于世界和全人类的"爱"，方是人文之爱。

（三）爱在人文，最后要面对"怎么爱"的问题

第一，真诚地、发自内心地爱。爱，一定要真诚，要发自自己的内心。不管你是爱一个具体的人，一个具体的事物，还是爱抽象的祖国、全人类，你都要懂得，爱一定要真诚，要发自内心。古人云："真者，精诚之至也，不精不诚，不能动人。"爱一定要"真"，不真诚的爱，只能代表你的虚伪，也难以打动他人。只有真诚的爱，发自内心的爱，才真正有意义、有价值。

第二，持之以恒地爱。爱，一定要专一、持之以恒。真正的爱，不在一时，而在一生。不论是面对知识，还是对于人，你都要持之以恒地去爱，要用自己的一生去坚守自己所爱的东西。爱，不可半途而废，不可朝秦暮楚。只有专一地去爱，持之以恒地去爱，你才会收到应有的收获和回报。

第三，有原则地、理性地爱。真正的爱，不是盲目的爱，不是没有底线的爱。爱要讲原则，要用理性来约束。面对很多东西，你都会心生爱意。但是，有时候爱是感性的，盲目的，在决定爱一些东西时，一定要认真分辨，不可盲目，不可不讲原则和底线，也不可一时冲动，被所爱之物蒙蔽了双眼，要善于用自己的理性来约束爱。爱只有为理性所加持，才不会让你误入歧途，才会让你的人生始终在正确的轨道上。

第四，用实际行动去爱。真正的爱，不能只停留在口头，要用自己的行动去践行。如果你爱一门学问，你就要用心学好它，就要矢志不渝地去发扬光大它。如果你爱人文与传播学院这个大家庭，你就要通过自己的奋斗成就自我，让人文与传播学院以你为荣。如果你爱我们的祖国、我们的世界，你就要用你的一生去为之呵护与奉献。

三、美在人文，就是学会观世

（一）美在人文，首先要明白"为什么美"的问题

第一，因为懂得美，才会发现美。只有真正懂得美，你才会发现人世间的美。学习人文，你会慢慢懂得何为美，哪些属于美，美的标准是什么。只有明白了这些，你才会发现生活中的美和世间万物的美。不懂得美，你的眼睛就发现不了美，你的心灵就感受不到美。

第二，因为懂得美，才会欣赏美。只有懂得美，理解美，你才会用审美的眼光去看待自己的人生和世间的一切。学习人文，有了人文的底蕴，你就慢慢懂得美，理解美，你就会明白什么是"诗意"的人生，就会知道如何用审美的眼光来看待这个世界。只有美在心中，你才会拥有一双审美的眼睛，用它来欣赏人世间的一切美。

第三，因为懂得美，才会创造美。懂得美，不仅可以发现美、欣赏美，还可以创造美。有人说："人生就是要创造美。"如果想拥有一双创造美的手，就首先得拥有一颗懂得美的心。学习人文，你就会慢慢懂得用你的心灵去构思美，用你的双手去创造美。在人文，不论是广告的设计、书籍的出版，还是文学的创作，这些都是创造"美"的过程。最终你会发现，因你的努力，世界会多一

份"美"。

第四,因为懂得美,才会传播美。美是一种心态,一种境界,一种视野,一种人生,一种世界观。以美观世,满目精彩。我们是"人文",人文本身就是关于美的学问。"国之华彩,人文化成",我们要"化成天下",美,就是化成天下的"利器"。尤其是汉语言文学专业、广告学专业、编辑出版学专业,其重要的职责,就是传播美,让美遍布天下。

(二)美在人文,其次要明白"美什么"的问题

第一,修己之美。懂得美,是人文人所应具备的高品位、高内涵、高意境。美学家张世英说:"人生有四种境界:欲求境界、求知境界、道德境界、审美境界。审美为最高境界。"人不会审美或者没有审美能力,他的内心就装着一个俗不可耐甚至丑陋无比的世界。有人甚至说:"只有拥有审美力的人,才能活出人的样子,真正品尝到人生中最甜的那部分滋味。"人文,通俗地讲就是人的文化,文化就要与美相生相伴。没有没有美的文化,也没有没有文化的美。所以,世上任何人都有理由不美,而唯有人文人必须美,且人文人的美是从内到外的既讲内容又讲形式的美,既要爽心悦目的美,还要涤荡心灵的美。

第二,观人之美。懂得美,你就慢慢学会用美的眼睛来看人,你就会看到"人"之美。学习人文,你就会理解美,并以审美的眼光来看待你周边每一个人、每一件事,就会在他人身上看到"人生之美""人格之美""人性之美"。只有懂得了人生之美、人格之美、人性之美,你才会发现作为"人"的价值和意义,你才会发现"诗意"生活的难能可贵。正如著名社会学家费孝通先生说的那样:"各美其美,美人之美,美美与共,天下大同。"

第三,观自然万物之美。懂得美,你就要看到自然万物之美。学习人文,你慢慢就会发现你眼中的风景与众不同,在别人眼中平淡无奇的景物,在你眼中却是一番美景。走进人文与传播学院的教学楼,看到那一幅幅美丽的照片,你就会明白,原来疫情期间人世间仍然是如此之美。其实,世间并不缺少美,只是缺少了发现美的眼睛。

第四,观天地宇宙之美。懂得美,你就要看到天地宇宙的大美。观天地宇宙之美,是一种大境界,是一种大情怀。天地宇宙之美是一种抽象的大美,只有领悟到人生之美、自然万物之美,才能升华出一种观天地宇宙之美的境界。天地宇宙之美是一种智慧之美、思想之美,一种天人合一的美,一种难以言说的美。《庄子》云："天地有大美而不言，四时有明法而不议，万物有成理而不说。圣人者，原天地之美而达万物之理。"

（三）美在人文，最后要明白"怎么美"的问题

第一，美需内外兼修。要想懂得美，发现美，创造美，传播美，就需要从自身做起，做到内外兼修。一个真正懂得美、理解美的人，他不仅要形象美，而且还要心灵美、人格美、人性美。学习人文，你会慢慢懂得，外在的美固然重要，内在的美更为重要。

第二，平淡即美。平淡即美，不为物欲所动，沉浸于知识，安心于学业，在繁闹的世界，保持一种平淡的生活和平淡的心态，这就是一种美好自静的境界与情怀。将那份悠然和静观带入生活，便有心境把目光投向无暇顾及的小情小景，美油然而生。很喜欢一个词"且听风吟"，当心安静下来，感官会变得格外敏锐，捕捉到生活中俯拾皆是的美。

第三，奉献即美。人世间最大的美，就是甘于奉献。学习人文，你会慢慢学到一种如同蜡烛一样的奉献精神，甘愿燃烧自己，而去照亮别人。只有这样，你才会在他人危难时，舍己为人；在国家和民族危难时，挺身而出。奉献之美，是人间大美，是一种大的人文情怀。无私奉献的人，是人世间最美的人。

四、成在人文，就是学会成人

（一）成在人文，首先要明晓"为什么成"的问题

第一，只有有所"成"，才不负青春，不负韶华。青春易逝，不能被辜负。只有成就自我，才可不负韶华。要通过人文之学习，让目标点亮你前进的火炬，在艰难困苦的泥洼中匍匐前行，尽最大的努力去成就自己的青春。只有这样，你才会懂得青春的价值，你才会领略到青春的美好。浑浑噩噩，一事无成，那就是浪费青春，浪费生命。学有所成，学以成人，这是成在人文的第一目标。

第二，只有有所"成"，才不辜负关心你的人。只有成就自我，才能感恩他人，回报社会。进入大学，来到人文与传播学院，你被寄托了很多人的希望，你只有学有所成，才可以不辜负大家对你的期许，你也才有能力去回报他们。一个碌碌无为的人，即使他有心回报他人，回报社会，他也没有能力做到。因此，只有自己有所成就，方可谈感恩，方可谈回报。

第三，只有有所"成"，才可造福这个世界。《周易》云："观乎人文，以化成天下。"即言注重人事伦理道德，用教化推广于天下。在中国古人看来，"人文"与"化成天下"浑然一体。今天，你学习人文，对于"人文"的理解会更加宽泛、科学，但是中国古人心中那种"化成天下"的至大情怀，却依旧是我们人文学科的终极追求。对于一个人而言，人生也只有有所成就，才可以真正地造福世界，才可以真正地"化成天下"。

（二）成在人文，其次要明晓"成什么"的问题

第一，成人。要想成事、成天下，首先要"成人"。教育的核心特征就是它的人文性，而教育的人文性，就是要使人成为人。与其他专业的人相比，我们处于教育的核心，直接接受的是人文教育，无论是汉语言文学专业、还是广告学、编辑出版学专业，接受的都是系统的人文学科教育，我们没有理由不成为德智体美劳全面发展的人，尤其我们还担负着"国之华彩，人文化成"的使命，在"化人"之前，必须首先"化己"，并对自己有更高的要求，这就是"学人文做君子"。君子，应该是人文人的首选"人格"。

第二，成事。成人的目的就是要成事，就是要通过自己的奋斗来实现人生的价值。"大学之道，在明明德，在亲民，在止于至善。"《大学》中的格物、致知、诚意、正心、修身、齐家、治国、平天下之"八目"就是我们人文人"行道于天下"的基本步骤。格物、致知、诚意、正心、修身就是"成人"，而紧随其后的齐家、治国、平天下乃是"成事"，这就是"用人文担道义"。道义，应该是人文人的首选"事格"。成人必须成事，成事首先成人。成人成事包含两方面的含义，一方面指"不断完善和壮大自己，更好地服务于他人和社会"；另一方面指"只有不断完善和发展壮大自己，才能更好地为他人和社会服务，才能帮助和促成别人实现价值"。

第三，成天下。人文的终极目标是要"化成天下"。《中庸》说君子"动而世为天下道，行而世为天下法，言而世为天下则"，孟子说"穷则独善其身，达则兼善天下"。来到人文，便是人文人，人文人不仅要关心自己的前途，更要关心国家、世界的前途，这方是一种化成天下的大情怀。要勇于为国家、为天下承担起自己的责任与使命，为了全人类更美好的明天而付出，而奉献。

（三）成在人文，最后要落实到"怎么成"的问题

第一，心有大志。要想有大的成就，首先就要有雄心壮志。宋人张载说"为天地立心，为生民立命，为往圣继绝学，为万世开太平"，讲的是古代读书人的大志向、大抱负。来到人文，学习人文，你就要有这种平天下的理想抱负。它会吸引你为之奋斗，亦涵养浸润了你的家国情怀、天下情怀，更凝铸为你的价值信念与思维方式。胸中有大志，方可成大事。

  第二，谦卑包容。成大事者，需要有一颗谦卑的心，才能收纳人心。眼高于顶、待人傲慢的话，会将别人拒于千里之外。即便别人有心亲近你，也会被你的态度寒了心。作为人文之人，你要待人谦卑有礼，能让人对你心悦诚服。要保持宽广的胸怀，包容他人的缺点。与人交往时，切不可因对方的一点缺点，就全盘否定这个人。懂得欣赏人之所长，同时包容他的短处，才是成大事者所为。

  第三，持之以恒。心无杂念，持之以恒，方能成大事。不能因为挫折而放弃，不能因为困难而气馁。做事情，要矢志不渝，永不言弃。学习人文，你要磨炼自己的意志，无论做什么事情，都要专心致志，坚持不懈，要努力做到尽善尽美。只要决定了一个事情，就要朝着那个目标去努力，就算遇到再多的困难，你也不要轻易地放弃，有一种不撞南墙不回头的精神，这样，你方可成就一番事业。

  第四，胸怀天下。成大事者，胸怀天下，不拘小节。成大事者，必须要有胸怀天下的眼界，心怀天下苍生的胸怀。自古以来，在青史留名的大人物，无一不是心怀天下的伟人。作为人文人，你要慢慢培养你的心胸，让自己胸怀天下。未来进入社会之后，你会发现，当你的能力和事业达到一定程度后，你的眼界、心胸会决定你的上限，而胸怀天下的人，才能站上人生的最高峰。

  人文，学渊浩瀚，博大精深，上接天文，下通地理，是人灵魂之所在。无论什么学科，还是什么科学，都要受人文之引领，否则就会走向野蛮。所以，人文是崇高的事业和神圣的使命，她犹如头顶上的太阳，照耀人类行进的方向。能够与人文携手，就踏上了通往崇高和神圣的道路。"人文垂则，盛德有容。"凡选择并且能够安心于人文类专业学习的每一位学子，还有尊重、支持你们的家长，都是有品位、有胸怀、有雅量、不随波逐流的人，不世俗、不低俗、不媚俗、不庸俗。所以，你们原本与众不同，你们必将气度非凡！

（2020 年 10 月 18 日）

上大学　立大志　做大人　成大事
——在2021级新生见面会上的讲话

亲爱的2021级的同学们

　　大家好！很高兴在这里与你见面！

　　首先代表全体老师和老生，对你的到来表示欢迎、感谢和祝贺！

　　欢迎你来到山东工商学院人文与传播学院，因为你远离父母和家乡，来到凤凰山下，黄海岸旁，加入人文与传播学院这个集体，让老师又有了新学生，让原本的师哥师姐又有了新的师弟师妹，让原本的师弟师妹变成了你的师哥师姐。这些都是值得欢欣鼓舞的事，早就盼望着用热情的双臂拥抱你的到来，今天终于如愿以偿。

　　感谢你选择山东工商学院人文与传播学院，因为山东工商学院以经济管理学科见长，人文与传播学院的三个专业不是学校的核心和强势专业，你的选择是对人文与传播学院的青睐和所学专业的延续，给人文与传播学院带来了新的力量，为人文与传播学院增添了新的希望。

　　祝贺你被录取到山东工商学院人文与传播学院，因为人文与传播学院的汉语言文学专业和新闻传播类专业，几年来的录取分数或位次都排在整个学校所有专业的前列，能够录取到人文与传播学院是件不容易的事儿，说明你的实力不凡。

　　山东工商学院的名字虽然不太响亮，但她出身高贵，原名中国煤炭经济学院，是中华人民共和国原煤炭工业部直属的14所高校中唯一一所财经类高校。

　　山东工商学院的名字虽然不是大学，但她血统纯正，国立、省属、公办，既不是合并高校，也不是升格高校，出生即为普通本科高等学校，自诞生之日起伴随着我国改革开放的步伐而一路前行，如今已成长为具有硕士学位授权单位和博士学位授予权培育建设单位。

2015年，在建校30周年之际，学校考虑到专业和学科布局的调整，决定成立人文与传播学院，现有广告学系、编辑出版学系、汉语言文学系、文化传播教学部、大学美育教研室、全媒体实验教学中心等6个教学单位，有教职工47人，具有博士学位的教师占专任教师的54%，学生822人，包括在座的你们。

虽然学院的历史较短，但我们的三个专业却有着相当的办学历史，广告学专业2004年招生，至今已18届；编辑出版学专业2005年招生，至今已17届；汉语言文学专业2009年招生，至今已13届。

我们正处于全媒体、融媒体高度繁荣发展的时代，全程媒体、全息媒体、全员媒体、全效媒体已成为社会的"新宠"，新媒体无处不在、无所不及、无人不用，时代正大量需要融媒体管理、融媒体策划、融媒体写作、融媒体运营等高端人才，我们迎来了汉语言文学、编辑出版学和广告学专业的"盛世"，一流的学校、一流的学科、一流的专业固然重要，但一流的社会需求更为重要。为此，我们必须坚守一流的培养气质，把你塑造成一流的应用型人文人才。

第一，我们的行为理念。

崇仁贵和，尚德利群。这是中国文化的基本价值，我们用以作为行为理念，即无论思想意识、言行举止、职业操守，还是课程建设、专业建设、学科建设等各个方面，人文与传播学院的每一位师生员工都要有仁爱之心、和谐之象、德行之美、群体之识，以此加强凝聚力、向心力建设，营造清新儒雅、惠风和畅的立德树人氛围。

第二，我们的教育良知。

大学的良知即大学的初心和本分，这就是立德树人。在院风层面，集中人力、物力、财力，精心培育好来自四面八方的莘莘学子，让你享受应该享受的教育资源，让你得到应该得到的知识熏陶；在教风层面，不抓教学就是对教学行为的放任自流，不抓教学就是对你和家长的极端不负责任，对教学要常抓，且要常抓常紧，常抓常新；在学风层面，在日常教学和管理的全过程、全方位、全环节中，以标准第一、质量第一为原则，决不能为了迁就你而降低培养要求，也决不能以降低培养要求来换取功利性指标。

第三，我们的培养目标。

紧跟时代步伐，对接社会需求，培养"有思想、有智慧、有使命、有担当"

的高水平应用型专门人才。

汉语言文学专业：培养具有良好的人文素养、敬业精神和创新意识，能够在党政机关、企事业单位、社会团体，从事办公室管理、行政管理、档案管理、商务管理、新媒体管理及运营等工作的高水平应用型专门人才。

广告学专业：培养具有开阔视野和创新精神，能够在党政机关、教育机构、文化传媒企事业单位、互联网公司以及其他经济组织、社会团体，从事广告创意策划与设计制作、市场营销策划、广告经营与管理、网络与新媒体经营等工作的高水平应用型专门人才。

编辑出版学专业：培养具有宽广的文化和科学知识背景，能够在党政机关、新闻出版企事业单位、文化教育机构、互联网公司以及其他经济组织、社会团体，从事传统及新媒体编辑出版、营销策划、宣传推广和管理工作的高水平应用型专门人才。

第四，我们的教育特色。

充分考虑你的成长、社会的需求，立足应用型，凸显特色化，追求高水平。

彰显专业特色：紧紧依靠学校经济管理类办学母体，将编辑出版学专业设定为新媒体与财经传播方向，广告学专业设定为广告创意策划与管理方向，汉语言文学专业设定为商务文秘方向，坚定不移地走差异化道路，让你具有"一专多能"的生存本领。

突出人才特色：结合人文与传播类专业属性，着力培养你的"六大核心能力"，即认知能力、批判能力、审美能力、表达能力、创造能力、教化能力，让你具备立命于世的竞争能力，并得到社会的认可与推崇。

张扬文化特色：结合专业、学科特性，积极构建以韵美的物态文化、优质的教学文化、奋进的学习文化、理性的学术文化、规范的制度文化、儒雅的行为文化、清新的环境文化、鲜明的特色文化、高尚的精神文化、平和的心态文化为主要内容的文化体系，让你接受高品位、高层次的文化浸润，使你成为真正有文化、有涵养的高素质劳动者。

凝聚研究特色：与专业方向相匹配，编辑出版学专业以融媒体与区域传播为研究特色，广告学专业以企业形象与品牌传播为研究特色，汉语言文学专业以中华商务文化为研究特色，文化传播教学部以文化传播为研究特色，蕴含各专业其中的是中华财富文化教学与研究特色，让你接受学术文化的熏陶，使你具有思考与探索的精神追求。

形成团队特色：围绕专业和学科方向，聚焦文化传播、品牌传播、融媒体传播，加强学术性人才团队建设，开展有组织性科研，使学术成果能够相互支撑、相互借力，以此提升专业和学科实力，使你接受更高水平的教育。

第五，我们的价值追求。

人文人要有天下胸怀，能够大任担当。这就是：文质彬彬君子也（做人），化成天下人文也（做事）；学人文做君子（做人），用人文担道义（做事）。

第六，我们的学风建设。

学在人文，爱在人文，美在人文，成在人文。以制度"框"学风，以管理"严"学风，以考纪"促"学风，以文化"化"学风，以教风"带"学风，以社团"浓"学风，以考研"引"学风，以技能"提"学风，以榜样"树"学风，以环境"造"学风，努力形成健康、优雅、文明、进取的学习风气，让身临其中的你好学上进，奋发成才。

第七，我们的文化品牌。

突出专业特色与学科属性，打造一流的文化品牌。一是以"专业力、表达力、传播力、影响力"为着力点，打造大学生自媒体中心，多方位历练你的能力与素质。二是以学生社团为主导，开展"古韵今声·国学浸校园"系列活动，让你接受中华优秀传统文化的浸润。三是以专业教师为依托，开展"悦读勤思·书香润校园"系列活动，让校园弥漫浓郁的油墨清香。四是开设"人文讲堂之青年博士论坛"，让青年博士面向你举办学术报告，给你以思想、以学术、以智慧、以信心。五是以专业教学为基础，开展"读历史名篇、识财商之道"等中华财富文化研习活动，提高你的财商素养与能力。

以上七个方面，可以归结为五大类，即理念教育、知识教育、能力教育、素质教育和创新教育。如此一来，理念教育＋知识教育＋能力培养＋素质教育＋创新教育，就能全面提高人才培养能力，形成以立德树人为根本任务的人才培养体系；如此一来，一流的社会需求＋一流的培养气质，你一定会成为一流的应用型人才，而你的一流，才是真正的、现实的一流，这就是我们所坚守和追求的"一流观"。

毋庸讳言，山东工商学院不是高水平大学，但也绝不是末流大学，我们正在建设财商教育特色高水平大学；人文与传播学院不是高水平学院，但我们有独领风骚之处，我们的教育理念、培养方案、文化颜值、特色发展等各方面都得到全校上下的称颂，也得到全国同类院校的赞誉，更得到社会各界的认可。人文与传播学院现有的专业教师中，老教师都是建校初期毕业的受过精英教育的精英，中青年教师绝大多数都是毕业于一流或高水平大学的博士或硕士，他们的人格魅力、教育能力、学术视野、学识水平，完全能够担负起培养你成长成才的光荣使命。一直以来，人文与传播学院都是一个最具爱心和文化的集体，在这里你会感受到人文之美和人文之爱，你会拥有令人羡慕的快乐指数、气质指数和幸福指数。

所以，你的选择物有所值，山东工商学院值得你拥有，人文与传播学院值得你珍惜。

既然如此，老师希望你静下心来，安放好魂灵，在这里好好学习，天天向上。当然，进入大学，来到人文与传播学院，要学会的东西很多，唯有以下几点是你必须认真思考和努力实践的，也算是老师对你的期许：

第一，读书与成人。读书是大学生的责任和本分，是修身养性、淬炼成长的必经之路。汉语言文学、广告学、编辑出版学三个专业同属文学门类，同属人文学科，要读比别人多得多的书。读书是大学生活的风花雪月，不读书才是大学生活的一地鸡毛。读书是为了成长，更是为了成人。何为成人？就是成长为"大人"，成长为德行高尚、志趣高远的人，有独立思想、和言雅行的人，对世界观、人生观、价值观及身边事物有自己独立的深入的思考和系统的成熟的观点的人。人文与传播学院所倡导的"学人文做君子"，就是要让人文人既要学会读书，又要学做君子。人文与传播学院是最理想的读书之地，因为我们学习、研究和实践的就是"经史子集"，"经史子集"是我们的终身伙伴。人文与传播学院也是最理想的成人之所，因为我们学习、研究和实践的就是人文教育，人文教育就是"成人"教育。所以，人文与传播学院的学子书比谁读得都要多，人比谁做得都要好。

第二，尊重与关爱。人文，是指人类文化中的先进和核心部分，即先进的价值观及其规范，集中体现是重视人、尊重人、关心人、爱护人。所以，尊重与关爱，是人文人典型的内在气质和外现品行。尊重是尊敬与重视，是平等待人的心态及言行。尊重意味着接纳、平等、信任、真诚和谦逊，是一种人生涵养、一种人生规范。尊重的进一步表现就是关爱。所谓关爱，就是关心和爱护，是激励他人的心态和言行。关爱就是善待、仁慈、包容、温暖和祝福，是一种人生品格、一种人生境界。无论尊重还是关爱，都是双向的，它会给人以信心，也会给自己以力量。只有尊重和关爱，才能集聚一群志同道合的人，一起奔跑在梦想的路上；只有尊重与关爱，才能教化天下，让世界变得更加和谐与美好。人文与传播学院一再倡导和塑造的仁爱之心、和谐之象、德行之美、群体之识，莫不是尊重与关爱的倡导与塑造。

第三，灵魂与智慧。碎片化时代更加珍贵、稀缺的是灵魂与智慧。然而，真正供养生命的，正是思想，是精神，是灵魂，是内心的繁花似锦。人的一生不应在物欲中消磨时光，而是在求知和思索中淬炼灵魂，做一位有灵魂的人。当然，灵魂需要智慧的支撑，没有智慧的人很难让自己的灵魂升华。宽恕、平和、沉静、乐观，当一个人拥有了这些人生智慧的时候，他同时也就站在了灵魂的最高处。毕淑敏说，所谓幸福，就是灵魂的成就。周国平说，所谓人生的圆满，就是把命照看好，将灵魂安顿好。高尚的人生，崇拜的既不是权贵，也不是金钱，而是灵魂。一直以来，人文与传播学院都在通过人文专业教育和人文学科教育来培养人文学子的智慧，淬炼人文学子的灵魂，努力使人文学子成为文质彬彬的君子。

第四，思辨与批判。我们处在一个信息泛滥、思想观念多元的时代，要想有独立的人格，就需要具备思辨能力和批判能力。面对纷纷扰扰的世界，我们不能依附如风，人云亦云，要学会思考，学会辨析，并做出科学、独立的判断，辨识出世间万事万物的对错与差异，甄别出自己认同什么、不认同什么。思辨不是狡辩，更不是强词夺理，而是思考与探索。批判能力同样是智慧人生所必备。《孟子》云："尽信书不如无书。"我们不能迷信书本、迷信权威，要学会质疑，学会批判，只有这样，才能获得正确的认知和深邃的见解。但是，批判不是驳斥，更不是全盘否定，而是证明与建构。人文与传播学院一直把认知能力和批判能力作为人文学子的核心能力加以培养，目的就是要使人文学子养成独立思考、大胆探索的习惯，努力使人文学子成长为既有活跃思维又有正确认知的高素质人文人才。

第五，精神与价值。这是一个物欲横流的世界，功利主义泛滥，利己主义盛行，更加需要人文的精神与价值，让世界少一些物欲，多一些精神，少一些功利，多一些价值。所谓精神，是人内心具有及其所表现出来的一种信念和信仰，是一种昂扬向上、催人奋进的力量。在汉代，我们的老祖宗就曾说过："夫人之所以为人者，非以此八尺之身也，乃以其有精神也。"所谓价值，就是一个人存在于世及其所倡导的意义。爱因斯坦说："人的价值应该体现于他能给予什么，而不在于他能获得什么"，"要使学生对价值有所理解并产生热烈的感情。他必须获得对美和道德上的善有鲜明的辨别力。否则，他连同他的专业知识就更像一只受过很好训练的狗，而不像一个和谐发展的人"。无论精神还是价值，人文人应该有两个方面的涵养，一是精神和价值的输入，即人文人必须有超越一般的崇高的精神境界和价值理想，能吸引或团结社会大众；二是精神和价值的输出，即人文人必须有超越一般的正确的精神引领和价值导向，能教化或纠正社会风尚。人文与传播学院的专业及其师生，无不是在塑造、构建、呈现、传播着这样的精神和价值，并以此去推动社会的文明与进步，让社会变得更加美好。

第六，责任与担当。责任就是职责和任务，包括一个人不得不做的事或一个人必须承担的事，体现一个人的心智、格局和胸怀，也体现一个人的世界观、人生观和价值观。责任心或责任感是衡量一个人契约精神和道德品质的重要指标，还是一个人的社会信誉和通行证。有了责任心或者责任感，无论是工作、学习还是生活，就有了真正的含义和灵魂。托尔斯泰说："一个人若是没有热情，他将一事无成，而热情的基点正是责任心。"他还说："有无责任心，将决定生活、家庭、工作、学习的成功和失败。"美国人刘易斯更加露骨地说："尽管责任有时使人厌烦，但不履行责任，只能是懦夫，不折不扣的废物。"我们每一个人都想得到尊重和信任，都想收获成功和价值，都不想当懦夫和废物，就必须为家庭、为集体、为国家负起责任。然而，负责任就得有担当，有担当就得有付出，有付出就得有奉献。人文的终极目标是"化成天下"，所谓"国之华彩，人文化成"。人文与传播学院所倡导的"用人文担道义"，就是要我们的人文人能担负起天下之责。《中庸》说："君子动而世为天下道，行而世为天下法，言而世为天下则。"人文人不仅要关心自己的前途与命运，更要关心"天下"的前途和命运，为天下的更加美好而付出，而奉献，正如宋人张载所说："为天地立心，为生民立命，为往圣继绝学，为万世开太平。"这才是人文人的大情怀、大使命、大担当、大作为。

第七，真理与意义。我们读书、求学的目的在于追求人间的真理，探寻人生的意义。真理令我们敬畏，也让我们甘愿为之奋斗终生。我们追求真理，就是寻找人世间的"大道"，就是通过不断地求知来扫除那些人生中曾经有过的谬误，最终获得对人生、对世界的正确认知。追求真理是人生最大的意义，人生的意义也就是追求真理。追求生命的真理，探寻人生的意义，知道自己为什么活着，知道自己人生的目标和追求，才会激励自己不断地去追寻、去攀登。爱因斯坦曾说："一个人的真正价值首先取决于他在何种程度与何种意义上实现了自我的解放。"他认为，"凡是将其自身的生命及同类的生命视作无意义的人，不仅是不幸的，而且几乎不适于生存"。来到人文与传播学院，研习人文学科，传播人文价值，弘扬人文精神，就是不断地追求人间真理，探寻人生意义。

第八，进取与奋斗。这个时代有两种侵害青年人健康成长的倾向：一种是佛系，一种是躺平。我们是凡夫俗子，生活在凡间尘世，要吃喝拉撒睡，要衣食住行劳，要婚丧嫁娶养，不仅要与世俗"随波逐流"，还要与世俗"和光同尘"，我们无法做到与世无争，六根清净。佛系，是自我陶醉、自欺欺人的"自我安慰"。我们要成长，要进步，更要幸福，就要有进取、有追求。我们还没有达到功德圆满、功成名就的境界，财富不自由，生活不自由，我们没有资格、没有条件躺平，必须站着去争斗、去拼搏，否则，我们连立锥之地都没有，更甭说要化成天下了。躺平，是自不量力、自以为是的"自暴自弃"。人文人具有"化成天下"的使命，无论是佛系，还是躺平，都与这种品格格格不入。人文与传播学院"学在人文、爱在人文、美在人文、成在人文"学习风气、行为习惯的养成与固化，无一不靠进取与奋斗获得。

第九，创造与进步。创造力是一个人脱颖而出的重要"法宝"，也是一个人是否能够被视为"人才"的重要标志。当今社会的竞争，与其说是人才的竞争，不如说是人的创造力的竞争。创造力，就是生存力、前进力和引领力。创造力包括创新、创作、创意、创举、创业、创建、创设、创立等等一切能产生新生事物的行为。过去人们常言"不进则退"，现今社会瞬息万变，竞争激烈，已经到了"慢进则退""不进则亡"的程度。所以，我们要想立足社会、成就人生，必须要有"大进步"，而这个"大进步"不仅是知识、能力的"大进步"，更是思想、智慧的"大进步"，也就是说，必须具有推动不断前进的创新性思维和创造性能力。进入人文与传播学院，研习和传播人文学科，我们就不能沉迷于没有创新和创造的"不进步"或"慢进步"之中，那是在无为地流逝时光、消磨人生、辱没人文。我们一直倡导的创造能力，就是让人文人具有追求"大进步""快进步"的时不我待的拼搏精神，为感召世界，化育众生，提供新的思想、新的创意、新的视角和新的作品。

第十，引领与教化。"文明以止，人文也"，"人文，人之道也"。引领与教化是人文的神圣使命。人文人应当是社会中最先进、最具朝气和活力的群体，要通过不断地学习和实践来淬炼自己，敢于引领时代风气，争当时代先锋。我们响亮地喊出"人文人都是人上人"的口号，正是基于这样的使命。然而，真正的人文人不仅要自己进步，更重要的还要社会进步，还要勇于担负起"教化"的责任，所谓"观乎天文以察时变，观乎人文以化成天下"。所以，人文人还必须用自己的所学所思、所言所行教育感化身边的每一个人，让新时代的凛凛正气、缕缕清风沐浴社会的每一个角落。出版前辈邹韬奋就教诲我们："自己无论怎样进步，不能使周围的人们随着进步，这个人对社会的贡献是极其有限的，绝不以'孤独'、'进步'为满足，必须负担责任，使大家都进步，至少使周围的人都进步。"大文豪莎士比亚也说："我们的使命是照亮整个世界，熔化世上的黑暗。"来到了人文与传播学院，就成为专业的、正宗的"人文人"，人文有崇高的使命，也是神圣的事业，能够与人文携手，就踏上了通往崇高和神圣的道路。

以上几点，要求可能高了些，也理想了一些。然而，志不强者智不达，言不信者行不果。作为普通人，"你可以不爬山，但心中一定要有座山，它起码可以让你抬头辨清方向"，但作为人文人，承担着"化成天下"的使命，要求自然要高，理想自然要有，作为大学生，我们只有立大志，方能做大人，然后成大事！

请随时记住：我们是人文人！文质彬彬，我们超凡脱俗；化成天下，我们大任担当！

最后，我还想用哈佛大学校长福斯特的话号召同学们："代表你我，负起责任；代表国家，肩挑重担。同时，也要代表人文学科，走在前列——因为人文学科代表着人类经验和人性洞见的传统。"

衷心祝愿2021级的同学们快乐成长，学业有成！

（2021年9月19日）

做一名顶天立地、名副其实的人文人
——在2022级新生见面会上的讲话

2022级的同学们：

大家好！

很高兴，老师又迎来了你们这些新面孔，也感谢你们为老师带来新的期望和新的动力。往后的四年，我们一起度过，无论风雨，无论艳阳，请我们且行且珍惜。

也感谢已经走出校门的校友孙莉同学回来出席今天的见面会，你让今天的见面会更加充实和有意义。

我们身依凤凰山，面迎黄海潮，头顶湛蓝天，眼望洁白云。这里的青山会让你信念坚毅，这里的大海会让你心胸宽广，这里的蓝天会让你志存高远，这里的白云会让你神思遐想。

山东工商学院的名字虽然不太响亮，但她出身高贵，原名中国煤炭经济学院，是中华人民共和国原煤炭工业部直属的唯一一所财经类高校。山东工商学院的名字虽然不是大学，但她血统纯正，国立、省属、公办，既不是合并高校，也不是升格高校，出生即为普通本科高等学校，自诞生之日起伴随着我国改革开放的步伐而一路前行，如今已成长为具有硕士学位授权单位和博士学位授予权培育建设单位。

先贤有言："刚柔交错，天文也；文明以止，人文也；观乎天文以察时变，观乎人文以化成天下"；"国之华彩，人文化成"；"圣达立言，化成天下，人文也"；"人文，人之道也"。人文不仅是消解野蛮、战争、仇恨、掠夺、自私、丑陋等等一切邪恶的良药，也是弘扬和平、发展、公平、正义、民主、自由全人类共同价值的灵魂。我们正面临世界百年未有之大变局，正处世界新的动荡变革期，科技越发达、经济越发展、社会越复杂、世界越多元，越要发挥人文的力量。习近平总书记2022年4月在中国人民大学提出的"世界怎么了""人类向何处去"的时代之问，不仅是向哲学社会科学工作者提出的世界之问、人类之问，更是人文人和人文学科需要回答好的"人文之问"。"止物不以威武，而以文明，人文也"，"观人之文，则化成可为也"，世界须臾不能没有人文，人类也须臾不能离开人文。人文不仅能改变人类，还能改变国家，更能改变世界。所以，人文是崇高的事业和神圣的使命，能够与人文携手，就踏上了通往崇高和神圣的道路。

2015年，在建校30周年之际，学校调整专业和学科布局，决定成立人文与传播学院，她肩负三项使命：一是汉语言文学、广告学和编辑出版学专业人才培养使命，为社会输送合格的人文与传播类应用型人才；二是面向全校各专业开展人文通识教育使命，全面提升大学生的人文素养、人文情怀和人文精神；三是大学文化建设使命，为有特色、开放式、高水平大学建设贡献才智。这三项使命共聚一身，在全校二级学院中绝无仅有。

就山东工商学院范围而言，能够读上人文与传播学院的汉语言文学专业、广告学专业、编辑出版学专业的每一位学子都不是平庸之辈，都具有"一流"水平。以在山东省的招生为例，自2020年实行"专业＋学校"志愿填报模式以来，汉语言文学专业录取最低位次连续三年位居全校所有招生专业（类）第2位或第3位（前3%～5%），新闻传播学类专业位居全校所有招生专业（类）第9位或第11位（前16%～18%）。你们的到来，使人文与传播学院所有专业在全校具有了一流生源，并位列全校所有国家级、省级一流专业前茅。所以，老师以你们为荣，你们也应以自己为豪。

我们之所以能够在非主干学科、非核心专业的前提下脱颖而出，是因为我们有着诸多与众不同。

第一，行为理念。

崇仁贵和，尚德利群。这是中国文化的基本价值，我们用以作为行为理念，涵养每一位师生员工的仁爱之心、和谐之象、德行之美、群体之识，这是我们人文与传播学院师生的特质。

第二，教育良知。

大学的良知即大学的初心和本分，这就是立德树人。集中人力、物力、财力，发挥好每一位教师的作用，精心培育好来自四面八方的莘莘学子，让你们享受应该享受的教育资源，让你们得到应该得到的知识熏陶。

第三，培养目标。

紧跟时代步伐，对接社会需求，培养"有知识、有智慧、有使命、有担当"的高水平应用型人才。

第四，办学特色。

充分考虑你们的成长、社会的需求，立足应用型，凸显特色化，追求高水平。

彰显专业特色：紧紧依靠学校经济管理类办学母体，将编辑出版学专业设定为新媒体与财经传播方向，广告学专业设定为广告创意策划与管理方向，汉语言文学专业设定为商务文秘方向，坚定不移地走差异化道路，让你们具有"一专多能"的生存本领。

突出人才特色：结合人文与传播类专业属性，着力培养学生的"六大核心能力"，即认知能力、批判能力、审美能力、表达能力、创造能力、教化能力，让你们具备立命于世的竞争能力，并得到社会的认可与推崇。

张扬文化特色：结合专业、学科特性，积极构建以优质的教学文化、奋进的学习文化、理性的学术文化、儒雅的行为文化、高尚的精神文化为主要内容的文化体系，让你们接受高品位、高层次的文化浸润，使你们成为真正有文化、有涵养的高素质劳动者。

凝聚研究特色：与专业方向相匹配，编辑出版学专业以融媒体与区域传播为研究特色，广告学专业以企业形象与品牌传播为研究特色，汉语言文学专业以中华商务文化为研究特色，文化传播教学部以文化传播为研究特色，让你们接受学术文化的熏陶，使你们具有思考与探索的精神追求。

第五，价值追求。

人文人要有天下胸怀，能够大任担当。这就是：文质彬彬君子也，化成天下人文也；学人文做君子，用人文担道义。文质彬彬，是君子的本色；化成天下，是人文的担当。学人文做君子，强调的是做人，离开人文无以为君子；用人文担道义，强调的是做事，担道义是人文的价值所在。

第六，学风建设。

学在人文，爱在人文，美在人文，成在人文。以教风"带"学风，以制度

"框"学风，以管理"严"学风，以考纪"促"学风，以考研"引"学风，以技能"提"学风，努力形成健康、优雅、文明、进取的学习风气，让身临其中的你们好学上进，奋发成才。

第七，文化品牌。

突出"人文"与"传播"特色，打造一流的文化品牌。一是以"专业力、表达力、传播力、影响力"为着力点，打造大学生自媒体中心，多方位历练你们的能力与素质。二是以学生社团为主导，开展"古韵今声·国学浸校园"系列活动，让你们接受中华优秀传统文化的浸润。三是以专业教师为依托，开展"悦读勤思·书香润校园"系列活动，让校园弥漫浓郁的油墨清香。四是开设"人文讲堂之青年博士论坛"，让青年博士面向你们举办学术报告，给你们以学术、以智慧。

以上七个方面，融合了理念教育、知识教育、能力教育、素质教育和创新教育。这样一来，我们就能全面提高人才培养能力，形成以立德树人为根本任务的人才培养体系。这样一来，就造就了我们的文质彬彬超凡脱俗（做人）、化成天下大任担当（做事）。

习近平总书记指出，语言是人类心灵沟通的桥梁，汉字是中华文明的重要标志，一个国家的魅力，一个民族的凝聚力，主要通过语言表达和传递。鲁迅说：文以感人情，学以启人思。情思结合便是文学，文学即人学。美国前总统罗斯福有言："如果我能重新选择生活，任我挑选职业，我想我会进广告界。若不是有广告来传播高水平的知识，过去半个世纪各阶层人民现代文明水平的普遍提高是不可能的。"孙中山指出："一切人类大事皆以印刷纪述之，一切人类知识以印刷蓄积之，故此为文明一大因子。世界诸民族文明之进步，每以其每年出版物之多少衡量之。"这就是我们汉语言文学、广告学、编辑出版学的专业价值。

我们正处于全媒体、融媒体高度繁荣发展的时代，全程媒体、全息媒体、全员媒体、全效媒体已成为社会的"新宠"，新媒体无处不在、无所不及、无人不用，时代正大量需要融媒体管理、融媒体策划、融媒体写作、融媒体运营等高端人才，我们迎来了汉语言文学、广告学和编辑出版学专业的"盛世"。一流的学校、一流的学科、一流的专业固然重要，但一流的社会需求更为重要。这就是我们汉语言文学、广告学、编辑出版学的时代价值。

山东工商学院已经走过 37 年的历程，已经具备完备的办学条件和较强的办学实力；人文与传播学院现有的专业教师中，老教师都是建校初期毕业的受过精英教育的精英，中青年教师都是毕业于一流或高水平大学的硕士、博士，他们的职业素养、教育能力、学术视野等完全可以担负起培养你们成长成才的光荣使命。

所以，你们来到了一个该来的地方，你们的选择物有所值，山东工商学院值得你们拥有，人文与传播学院值得你们热爱，所学专业值得你们珍惜，这个时代值得你们奋进。

你们的学兄学姐大胆而又响亮地向全校师生宣示："人文人，人文魂，人文人都是人上人。"这是因为人文人有着突出的人格品质，这些人格品质我名之曰"人文标签"，在这里，我郑重地呈现给你们，希望你们在大学四年及以后的人生旅途中能够修得"正果"。

一是自律。自律是一种修养，更是一种人生态度。自律的本质是生活、学习和工作中的"自觉"，不需要他人的提醒和监督。大学不同于高中，自由支配的时间多了，自由活动的空间大了，学习和生活的自主性增强了，这个时候更需要自律。自律不是痛苦的煎熬，而是一种自然的习性，是自己管理好自己的能力。作为人文人，自律还是一面向我看齐的旗帜、一种无为而化之的力量，正如邹韬奋先生所教诲的那样："自己无论怎样进步，而不能使周围的人们随着进步，这个人对社会的贡献是极其有限的，绝不以'孤独'、'进步'为满足，必须负担责任，使大家都进步，至少使周围的人都进步。"所以，人文的学子放纵不得、懒惰不得、安逸不得，要利用一切可以利用的时间去读书、去学习、去实践。

二是教养。教养是一种素质，一种品行，一种发自于内心的"善"，是一个人的文化和品格的修为。一个有教养的人，一定品行端正，言行有度，待人接物谦和自信。任何人都要有教养，而唯有人文人的教养层次更高、韵味更足，且能成为效法之典范，化成之楷模。"人文垂则，盛德有容。"学人文，做君子，教养就是谦谦君子最美的模样。大学本就是教养之地，人文本就是教养之义，大学四年，你们一定要在这片教养之沃土里，把自己修炼成一位谦逊守矩、和言雅行的人。

三是思考。思考，是力量的源泉，是成功的法宝。思考，代表着理性与涵养,是一个人有智慧的模样。人们都在说网络化、信息化、数字化时代的一大弊端是学习的碎片化。其实,碎片化不是事物的本质,事物的本质是人们不思考、不辨析,如果思考、辨析,就会把碎片化的事物去粗取精、去伪存真拼接成一个完整的"拼图"。哈佛教授约翰逊说:"我们必须时时进行思考。今天这个世界,总是让人感到陌生和压力,甚至有些恐惧。只有深思熟虑,才能战胜愚昧,在积极的思考中勇敢地走向未来。"尤其是人文人,要具有批判能力,就必须学会思考,学会思辨。思考尤其是系统化思考是碎片化时代最为可贵的品质,也是人文人最显著的特征。

四是智慧。智慧是集合了一个人所有优秀特质的综合能力,是一个人心灵层次的升华。但是,智慧不等于聪明,也不等于知识。杨福家说:"'智慧'比'知识'更重要,'知识'会过期,而'智慧'永恒。"一个有智慧的人,学习、做事善动脑,善思考,善体悟;一个有智慧的人,具备很多优秀的品质,他们为人低调、待人宽容、懂得倾听,并且具有强烈的美感和独特的审美能力。虽说智慧的获得不能一蹴而就,但只要用心探索、用心思考、用心体悟,任何人都会离智慧的殿堂越来越近。尤其是人文,不仅仅是人义知识,知识是人文的表层与现象,更多的是智慧,智慧才是人文的本质与精髓,所以人类才普遍强调人文素养、人文精神、人文情怀、人文关爱等等。作为人文学科的学子,在接受人文教育、掌握人文知识的同时,要不断增长自己的智慧,做一名用"人理之伦序以教化天下"之人。

五是灵魂。灵魂,是思想的独立、人格的高洁、精神的自由。一个有灵魂的人,面对漫长的人生和复杂的世界,一定有自己的思考和体悟,一定有自己的理想和追求,一定有自己的坚守和执着。柏拉图说:"奴隶之所以为奴隶,就是因为他的行为并不代表自己的思想,而是别人的思想。"进入大学,尤其是来到人文与传播学院,就是要淬炼自己的思想,修炼自己的灵魂。一名人文学科的学子,如果没有思想,没有灵魂,那求学的意义就会大打折扣。所以,四年的人文学科的学习,一定要让人文之光照进自己的内心深处,做一名有灵魂的人。

六是善良。善良是人性最光辉、最闪亮的特质,是最高洁、最美好的品格、品行和品德,也是对他人的真诚、仁慈和尊重。孟子说:"君子莫大乎与人为善。"一定要相信善良的力量,善良是老天赐予人的通行证,邪恶是魔鬼递给人的掘墓铲。人文的集中体现是重视人、尊重人、关心人、爱护人，这就是人文的博大之善。"止物不以威武，而以文明，人文也。"没有善良，就没有人文，邪恶、野蛮等都是人文的反面。以善做事，以善为人，都是人文之教化所必须。希望同学们一定要坚守好人文之心，用自己的真诚、善良去弘扬人类之共同价值。

七是正直。正直是做人的根本，是立身之道、处世之基。正直的人，有信念，有良知，能规避人生之歧途，就如美国文学家德莱塞说的那样："你如果要避免永远的刑罚，就必须走正直而狭窄的路。"作为人文人，作为化成天下之君子，正直乃是最基本的品行，所以才有"正人君子"之称呼，才有"君子坦荡荡，小人长戚戚"之形象。唐代文学家元结说："汝若全德，必忠必直；汝若全行，必方必正。终身如此，可谓君子。"因此，人文人必须是"富贵不能淫，贫贱不能移，威武不能屈"的大丈夫，必须是"仰不愧于天，俯不怍于地"的正人君子，把大公无私、爱憎分明、自强不息、厚德载物作为自尊自爱的人格追求。一定要相信高尔基说的话，"走正直诚实的生活道路，必定会有一个问心无愧的归宿"。

八是价值。价值，是一个人立命于世的意义，也是衡量一个人贡献社会的砝码。一个人无论在哪里，都应该让人感到有存在的意义，有与之携手共进的愿望，即做一名被需要的人：有好事想着你、有问题咨询你、有困难求助你、有倾诉面对你。如果你的存在可有可无或者有不如无，那真是做人的失败。人文者，化成天下之谓也。作为人文人，不仅要有超越一般的价值理想，能够吸引或团结社会大众，而且还要有超越一般的价值导向，能教化或纠正社会风尚，用自己的所学所思、所言所行教育感化身边的每一个人，让凛凛正气、缕缕清风沐浴社会的每一个人、每一个角落，这才是人文人最大的价值。

九是合众。合众，是为人处世的状态，是个体适应社会的智慧。合众，可以让个体获得比自身更大、更强的力量，所谓"人心齐，泰山移"，所谓"万夫一力，天下无敌"，所谓"众人拾柴火焰高"，等等，都是强调集体的力量。无论是谁，都要积极而又主动地融入集体，切不可事不关己，高高挂起。否则，事若关己，谁来帮你？在集体中，维护别人、维护团队利益，其实就是维护自己。我们是人文人，人文人的"合众"还有更高一层含义，那就是"教化天下"，这是人文人的大事业、大目标、大职责、大担当，更要走进大众，融入大众，团结大众，然后才能化育大众，正如大文豪莎士比亚所说："我们的使命是照亮整个世界，熔化世上的黑暗。"

十是责任。责任是使命，是担当，是彼此的承诺与信任，体现了一个人的心智、格局和胸怀，也是一个人人生观、价值观和世界观的体现。自古以来，中国人十分看重责任，讲"天下兴亡，匹夫有责"，这是"担兴亡"的责任；讲"士不可以不弘毅，任重而道远"，这是"行道义"的责任；讲"鞠躬尽瘁，死而后已"，这是"守信诺"的责任；讲"请党放心，强国有我"，这是"兴大业"的责任。在社会的舞台上，每个人都肩负着不同的角色，而每种角色都意味着一种责任。作为人文学科的学子，其责任就是"为天地立心，为生民立命，为往圣继绝学，为万世开太平"的担当，就是"天将降大任"的气度，就是"舍我其谁"的魄力，就是"当仁不让"的勇气，就是"国之华彩，人文化成"的使命。

除上述十项之外，诸如读书、立志、有趣、自信、真诚、底线等等，无一不是人生之"必需品"，而唯有上述十项是人文人最为典型的人生品质，他们会使你成为顶天立地、名副其实的人文人。真心希望你们在以后的学习、生活和工作中能够用心体悟、切身实践、完全拥有这些人生"护身符"。

同学们：山东，齐鲁之邦，孔孟之乡；烟台，山海仙境，烟波浩荡；山商，凤凰山麓，黄海岸旁；人文，厚德载物，君子自强；你我，在这里相逢，我们一起成长！

衷心祝愿所有的人文学子梦想成真！

（2022 年 10 月 9 日）

第五章

特色润育

建设应用型人才培养特色名校的关键因素

早在2011年2月，山东省教育厅、山东省发展和改革委员会、山东省经济和信息化委员会、山东省财政厅、山东省人力资源和社会保障厅联合下发了《山东省高等教育内涵提升计划（2011—2015年）》，把在全省高校范围内着力打造10～15所应用型人才培养特色名校，作为山东省高等教育发展目标任务之——名校建设工程的重要组成部分。这是山东省贯彻落实《国家中长期教育改革和发展规划纲要（2010—2020年）》和《山东省中长期教育改革和发展规划纲要（2011—2020年）》的重要内容，是加快高等教育内涵发展、增强服务经济社会发展能力的重要举措，其意旨在深化教育教学改革、提高人才培养质量、创新人才培养模式、提高社会服务能力、创建办学特色等方面发挥示范、辐射、带动作用。

2016年4月，山东省委办公厅、山东省政府办公厅又印发了《关于推进高等教育综合改革的意见》，再一次提出："实施应用型高水平高校建设工程和优势特色专业发展支持计划，支持高校向应用型转型发展，提升应用型人才培养能力。"

一、建设应用型人才培养特色名校的意义

山东工商学院作为应用型人才培养特色名校立项建设单位，对于这所建校历史不长的发展中高校而言，是一项利在当代、功在千秋的工作，具有十分重大的现实意义和长远意义，至少体现在以下八个方面：

一是有利于进一步明确办学指导思想、办学方向和办学目标；

二是有利于进一步强化应用型办学定位并安于这个定位；

三是有利于进一步突出教学的中心地位和人才培养的根本任务；

四是有利于进一步深化教学改革，提高教育质量，充实办学内涵；

五是有利于进一步培育、凝练和彰显办学特色；

六是有利于进一步确立在全省高等教育格局中的地位；

七是有利于进一步推进建设有特色开放式高水平工商大学事业；

八是有利于进一步扩大社会影响力，提高社会知名度。

建设应用型人才培养特色名校，是我们当前和今后几年前进的旗帜，是建设有特色开放式高水平工商大学的奠基性工程。我们要站在高等教育发展大势的高度，从决定山东工商学院兴旺发达的高度，不仅要在战术上而且要在战略上提高对建设应用型人才培养特色名校的认识，努力构建一切为了特色名校建设，一切服务于特色名校建设，一切服从于特色名校建设的教学、科研、管理、服务工作体制和机制。

二、建设应用型人才培养特色名校的关键因素

建设应用型人才培养特色名校的关键因素主要有三个：一是"应用型"；二是"人才培养"；三是"特色"。

"应用型"属于学校的定位属性。在三十多年的办学实践过程中，我们从来没有否认过我们自己"应用型"高校的定位，而且当前这种理念还在某种程度上得到进一步固化。

"人才培养"属于学校的本质属性。学校的根本任务是培养人才，没有人才培养或培养不出合格的人才，学校也就失去了存在的意义。三十多年来，我们已为社会输送了数万名"基础扎实、作风朴实，实践能力强、动手能力强"的毕业生，他们中成千上万人已经成为商界精英、知名学者和业务骨干。

"特色"属于学校的标志属性。没有特色就没有优势，没有优势就没有水平。有特色就有发展，有特色就有实力，有特色才能提高办学效率，形成办学活力，进而使学校产生强大的生命力。"特色"不仅影响应用型定位的固化，而且还决定人才培养质量的高低。

由此可见，上述三个关键因素中，前两个毋庸赘述，关键之关键在"特色"，由于它与"应用型""人才培养"紧密相连，故这里的"特色"就是我们通常所说的"办学特色"。

三、特色和办学特色的内涵与特质

尽管人们对办学特色重要性的认识十分到位，但什么是特色，什么是办学特色，在不少人头脑中仍有模糊认识。所以，要想推动应用型人才培养特色名校建设，就必须把握好特色和办学特色的内涵与特质。

百度百科对"特色"的解释为："一个事物或一种事物显著区别于其他事物的风格、形式，是由事物赖以产生和发展的特定的具体的环境因素所决定的，是其所属事物独有的。"

《现代汉语词典》对"特色"的解释是："事物所表现的独特的色彩、风格等。"

《新华词典》对"特色"的解释是："格外突出的风格或特点。"

《辞海》《中华现代汉语词典》对"特色"的解释是："事物表现出的独有的色彩、风格等。"

《现代汉语辞海》对"特色"的解释是："事物的特殊色彩、风格等。"

《现代汉语规范词典》对"特色"的解释是："事物的特殊色彩、风格等；独具特点的；与众不同的。"

《康熙字典》对"特色"的解释是："特别优胜处也。"

综合以上概念，我们可以对"特色"的主要特征作以下归纳：

第一，特色是一事物区别于他事物显著的风格、色彩和形式；

第二，特色是事物所表现出来的独有的风格、色彩和形式；

第三，特色是事物独具特点的、与众不同的、格外突出的风格、色彩和形式；

第四，特色是事物特别优胜的风格、色彩和形式。

所以，能称为有"特色"的事物，必须是独具特点的、与众不同的、格外突出的、特别优胜的，具有鲜明的差异性、特殊性、独有性、显著性和优越性。

由"特色"的概念和特征，我们可以对"办学特色"作以下定义：

所谓办学特色，是指一所高校在办学过程中所表现出来的本校独有的、与众不同的、格外突出的风格和品质。具体有以下三层含义：

（1）特色是指在长期办学过程中积淀形成的，本校特有的，优于其他学校的独特优质风貌，即有区别于同类的特征，有明显高于同类的优势。

（2）特色应当对优化人才培养过程，提高教学质量作用大，效果显著，即有突出的实践效果。

（3）特色有一定的稳定性并应在社会上有一定影响、得到公认，即有应用、推广价值和示范作用。

根据教育部颁布的《普通高等学校本科教学工作水平评估指标等级标准及内涵》的解释，办学特色可以体现在不同层面：

一是体现在总体上的特色——治学方略、办学观念、办学思路；

二是体现在教育上的特色——教育模式、人才特色；

三是体现在教学上的特色——课程体系、教学方法以及解决教改中的重点问题等；

四是体现在教学管理上的特色——科学先进的教学管理制度、运行机制等。

因此，任何可以称得上"办学特色"的东西，除了要符合以上条件外，还有一个最为关键的因素：就是必须能直接作用于人才培养，不能直接作用于人才培养的"特色"不能称其为"办学特色"。

四、准确把握办学特色必须处理好的关系

办学特色必须与办学历史、办学传统、办学指导思想、办学理念、办学层次、办学定位以及人才培养方案与目标相适应。综合方家观点，要准确把握办学特色，还必须处理好十个方面的关系：

一是办学特色与办学成绩的关系。办学特色与办学成绩是有区别的，办学成绩不一定能成为办学特色。某些方面的工作做得好是成绩，但别人也做得好就不是特色了。

二是办学特色与改革探索的关系。办学特色不等于办学的改革探索。适应高等教育发展变化的大势，各个学校都在进行改革的探索，有的改革探索在社会上影响很大，但这不一定就能成为办学特色。

三是办学特色与改革成果的关系。办学特色不能简单地与改革成果画等号。有一些改革成果值得学习和借鉴，但不一定能归纳为办学特色，特别是一些阶段性的改革探索经验和成果。

四是办学特色与办学经验的关系。有些办学特色其实就是办学经验，这些办学经验要上升为办学特色，需要有一个长时间的积淀过程。

五是办学特色的多与少的关系。一所学校办学特色过多，就等于没特色。相反，如果办学特色过少或过弱，缺乏足够的内涵支撑，也就形成不了特色。

六是办学特色的积淀与总结的关系。办学特色更多的是历史积淀，是不用挖空心思来"总结""提炼"的。办学特色更多的是"过去时"，而不是"未来时"。

七是办学特色与办学水平的关系。办学特色可以构成一定的办学水平，但是办学水平不完全表现为办学特色。特色主要体现在横向的差别上，水平主要是纵向层次的高低。办学特色往往构成一个学校的办学优势，而不一定是水平最高。

八是办学特色与特色学科和特色专业的关系。办学特色主要不是特色学科和特色专业。因为单科性学校一般都有某种学科专业特色和优势，如把他们合并成综合性学校其特色和优势就不明显了。

九是办学特色与服务面向的关系。办学特色不是服务面向等共性的东西，如把办学特色概括为"立足地方，面向全国，培养地方经济社会建设需要的具有创新精神和实践能力的应用型人才"，这是地方学校的共性要求。

十是办学特色与学校学科类别的关系。不能把学校的理、工、农、医、经、管、法、文等学科类别作为办学特色，也不能把综合性、多科性等作为办学特色。因为学校的学科类别是学校的办学属性，同一类别的学校全国有许多所，都把类别作为办学特色就不成为办学特色了。

综上所述，办学特色不仅孕育着丰富的理论色彩，而且从根本上指向怎样办学的问题，关乎一所大学的生存和发展，尤其在高等教育日趋激烈的竞争态势下，办学特色是一所大学的竞争战略，更被视为大学的核心竞争力。

所以，全面、准确、客观、完整地概括学校三十多年来所形成的办学特色，矢志不渝地坚守、打造、彰显这种办学特色，已经成为建设应用型人才培养特色名校、提升学校发展内涵的关键之关键。

（2016年11月9日）

何为有特色、开放式、高水平

2018年1月8—9日,山东工商学院第三次党代会召开,会议提出了建设"有特色开放式高水平财经类大学"的目标。

如此一来,在学校发展历史上,学校共召开过三次党代会,提出了三个奋斗目标:

第一个是2004年7月3—4日,山东工商学院第一次党代会提出的建设"山东高水平财经大学"的目标。

第二个是2010年6月21—22日,山东工商学院第二次党代会提出的建设"有特色开放式工商大学"的目标。

此次"有特色开放式高水平财经类大学"目标,是第一、二次党代会提出的目标的继承与发展。

与第一次党代会提出的目标相比较,在空间区域上,突破了"山东"并发展为不限特定地域的表述;在水平高低上,继承了"高水平"的表述;在学科属性上,继承了"财经"并发展为"财经类"的表述;在层次定位上,继承了"大学"的表述。

与第二次党代会提出的目标相比较,在空间区域上,继承了不限特定地域的表述;在风格品质上,继承了"有特色"的表述;在办学模式上,继承了"开放式"的表述;在水平高低上,增加了"高水平"的表述;在学科属性上,突破了"工商"并发展为"财经类"的表述;在层次定位上,继承了"大学"的表述。

显然,山东工商学院第三次党代会提出的建设"有特色开放式高水平财经类大学"的目标,凝结着山东工商学院人孜孜以求、一以贯之的奋斗理想。

那么,这样的奋斗目标或者奋斗理想,有无可行性和科学性?答案是肯定的。

所谓目标,是指组织或个人想要达到的境地或标准,是一个组织或个人希望在一段时间内通过一系列的措施所要达到的目的。目标决定动力,动力来自目标,目标与动力成正比。目标越大,动力越足;目标越低,动力越小。世界上,任何组织、任何人都有自己的发展目标。

一所高等学校的发展目标包含很多方面,有近期目标、中期目标和长期目标;有办学目标、定位目标、人才培养目标;有战略目标、战术目标,等等。这些目标的确立,不仅是高校自身办学实力、办学性质等诸要素作用的结果,也是全体师生员工思想认识统一的结果,更是全体师生员工共同努力所要实现的价值追求和精神所在。没有明确的目标引领,师生员工就会迷失方向,丧失前进的动力。一所高校的发展目标具有四个最基本的特征:

一是激励性。发展目标要有拉动力和驱动力,要能激发师生员工为之奋斗的欲望,激励师生员工的斗志。唾手可得或缺乏激励,不叫发展目标。

二是时限性。发展目标的实现要有一定的期限,是经过一段时间的努力才能达到的。随时可取或永远无解,就失去了设定目标的意义。

三是清晰性。发展目标是什么,指向性必须清晰,不能模糊;发展目标的标志有哪些,必须有确定的内涵,有可衡量的标准。含糊不清或模棱两可,成为不了发展目标。

四是简洁性。发展目标是对学校未来发展走向的总概括,要朗朗上口,便于记忆,因而要求语言简洁,能一语道来。绝大部分人记不住、只沉睡在文件里的发展目标,很难发挥应有的作用。

由此可见,建设"有特色开放式高水平财经类大学",不仅有历史经验、实践基础,更有理论依据、现实意义。

但是,何为有特色?何为开放式?何为高水平?这些概念深究起来,恐不是所有人都能够理得清楚的问题。

一、关于"有特色"

通常所言,凡能称为有"特色"的事物,必须是独具特点的、与众不同的、格外突出的、特别优胜的,具有鲜明的差异性、特殊性、独有性、显著性和优越性。由此推论,作为一所高校的特色即办学特色,是指一所高校在办学过程中所表现出来的本校独有的、与众不同的、格外突出的风格和品质。

具体有以下三层含义：

（1）特色是指在长期办学过程中积淀形成的，本校特有的，优于其他学校的独特优质风貌，即有区别于同类的特征，有明显高于同类的优势。

（2）特色应当对优化人才培养过程，提高教学质量作用大，效果显著，即有突出的实践效果。

（3）特色有一定的稳定性并应在社会上有一定影响、得到公认，即有应用、推广价值和示范作用。

根据教育部颁布的《普通高等学校本科教学工作水平评估指标等级标准及内涵》的解释，办学特色体现在以下四个层面：

一是体现在总体上的特色——治学方略、办学观念、办学思路；

二是体现在教育上的特色——教育模式、人才特色；

三是体现在教学上的特色——课程体系、教学方法以及解决教改中的重点问题等；

四是体现在教学管理上的特色——科学先进的教学管理制度、运行机制等。

其实，办学特色必须与办学历史、办学传统、办学指导思想、办学理念、办学层次、办学定位以及人才培养目标相适应。要准确把握"办学特色是什么"，还必须把握"办学特色不是什么"。

（1）办学特色不是办学成绩。办学特色与办学成绩是有区别的，办学成绩不一定能成为办学特色。某些方面的工作做得好是成绩，但别人也做得好就不是特色了。

（2）办学特色不是改革探索。办学特色不等于办学的改革探索。适应高等教育发展变化的大势，各个学校都在进行改革的探索，有的改革探索在社会上影响很大，但这不一定就能成为办学特色。

（3）办学特色不是改革成果。办学特色不能简单地与改革成果画等号。有一些改革成果值得学习和借鉴，但不一定能归纳为办学特色，特别是一些阶段性的改革探索经验和成果。

（4）办学特色不是办学经验。虽然有些办学特色可以成为办学经验，但办学经验要上升为办学特色，需要有一个长时间的积淀过程。

（5）办学特色不是办学水平。办学特色可以构成一定的办学水平，但是办学水平不完全表现为办学特色。特色主要体现在横向的差别上，水平主要是纵向层次的高低。办学特色往往构成一个学校的办学优势，而不一定是水平最高。

（6）办学特色不是特色学科和特色专业。因为单科性学校一般都有某种学科专业特色和优势，如把他们合并成综合性学校其特色和优势就不明显了。

（7）办学特色不是服务面向。办学特色不是服务面向等共性的东西，如把办学特色概括为"立足地方，面向全国，培养地方经济社会建设需要的具有创新精神和实践能力的应用型人才"，这是地方学校的共性要求。

（8）办学特色不是学校学科类别。不能把学校的理、工、农、医、经、管、法、文等学科类别作为办学特色，也不能把综合性、多科性等作为办学特色。因为学校的学科类别是学校的办学属性，同一类别的学校全国有许多所，都把类别作为办学特色就不成为办学特色了。

除以上八个"不是"外，办学特色还要注意处理好两方面的问题：一是办学特色的多与少的问题。一所学校办学特色过多，就等于没特色。相反，如果办学特色过少或者过弱，缺乏足够的内涵支撑，也就形成不了特色。二是办学特色的积淀与总结的问题。办学特色更多的是历史积淀，是不用挖空心思来"总结""提炼"的。办学特色更多的是"过去时"，而不是"未来时"。

2003年，学校迎接教育部本科教学工作水平评估，其中有一项评估指标是"特色项目"，全校上下绞尽脑汁，提炼、总结了两份特色项目报告：一是《强化实践教学，突出实践能力培养》，二是《自立自强团结奋进——山东工商学院办学精神》。前者因实际表现过弱，没有得到专家的认可；后者仅是办学艰难历程的渲染，只能博得专家的同情。故此，这两项"特色"皆无法成为"特色"加以立足。2004年，建设"平安山东"法治理论研讨会在我校召开，学校主要领导在会议开幕式的致辞中介绍了学校的发展情况，提出了"管理学科见长，煤炭经济研究见强，半岛经济研究见优"的学科优势与研究特色，但从来没有人将此与"办学特色"等同。2011年，学校为了申报山东省应用型人才培养特色名校，又提炼、总结了"煤经渗透，商蓝融合，培养具有新儒商精神的高素质应用型人才"的办学特色，因"煤经渗透，商蓝融合"过于晦涩难懂，也没得到人们的普遍认可。可以这样说，建校三十多年来，全校上下虽无时无刻地不在追求"特色"，但这个"特色"到底是什么，至今没有找到确切的、公认的答案。

所以，全面、准确、客观、完整地概括学校三十多年来所形成的办学特色，矢志不渝地坚守、打造、彰显办学特色，实乃建设"有特色开放式高水平财经类大学"关键之关键。

二、关于"开放式"

所谓开放式办学，是相对于封闭式办学而言的一种多层次、全方位的办学模式，从开放的对象而言，包括向政府开放、向企业开放、向行业开放、向社会开放、向国际开放；从开放的形式而言，包括人才支撑、科技应用、智力支持、资源共享、文化传播等。

高校为什么要走开放式办学之路？"中国高校之窗"网站（www.gx211.com）曾刊有湖南化工职业技术学院党委书记刘望的一篇文章《开放式办学——思路决定出路》，此文章既简练又接地气，与笔者所持观点相吻，主要内容有三：

（1）开放式办学是由高校所承担的基本职能所决定的。现代大学具有四大基本职能：人才培养、科学研究、社会服务和文化传承创新。要实现这些职能，高校都必须走开放式办学之路，尤其是人才培养和科学研究。在人才培养过程中，如果不与产业对接，培养的空间、效果和人才素质都会受到影响。而科学研究本身就是要充分利用资源，如果不开放，不走出校门，不与政府联系、不与企业接轨，没有前沿科学理论为依据来引领和启发，只能是闭门造车、事倍功半。

（2）开放式办学是由我国现有经济形态所决定的。社会主义市场经济条件下，市场对资源配置起着决定性作用。就高校而言，人才培养目标、类型和规模都必须由社会需求来决定。如果不对社会开放，不与人才市场对接，高校培养目标与时代发展要求不一致，办学理念与经济形态相违背，那么，培养的就不是社会所需的人才，而是难容于社会的庸才甚至是废才，办学之路也会越走越窄。只有整合各种资源，结合所处的时代特征，因时因势，顺势而为，抢夺先机，勇立潮头，才能加快发展步伐，从而获得生存空间。

（3）开放式办学是高校自身改革发展的需要。高校要改革要发展，必须借助社会各种资源，向同行、向政府、向社会、向企业开放，广泛交流、学习经验，在人才培养中才能做到有的放矢。如果封闭保守，夜郎自大，就容易使学校发展陷于停滞状态，无法突破自身发展枷锁和瓶颈。特别是在经济全球化背景下，高校还必须与国际接轨，向世界开放。

其实，高校本身是社会的一部分，天然要与社会融为一体。尤其我们处于一个开放的时代，也处于一个开放的世界，无论是时代还是世界，其变化速度之快，前所未有。我们唯有开放才能看清世界，跟上时代，否则会被世界所遗忘，被时代所淘汰。

开放，是一种坚毅的自信。有助于高校汇聚力量，充实内涵，挺起胸膛和脊梁，豪迈地走上社会舞台，彰显自我力量。高校必须坚持国家利益至上，落实立德树人根本任务，不仅要积极投身国家的经济社会建设，更重要的是要培养好青年一代，使其担负起国家昌盛、民族振兴的使命。

开放，是一种博大的胸怀。有助于高校敞开怀抱接纳万方，同时也让万方接纳自己。社会对教育的需求是多层次、多样化的，但教育资源的供给总量和结构与社会需求还存在一定的差距。满足百姓教育需求，办好人民满意教育，必须敞开胸怀，让学校教育接受社会的检验。

开放，是一种生存的模式。有助于高校取之于民，也能用之于民，让自己生于社会，长于社会，最终回馈社会。高校受环境资源、资金设施、专业师资等多种因素的制约，要加快发展，必须集聚各方力量，借梯登高。

开放，是一种进取的姿态。有助于高校积极、主动地迎合社会需求，顺应社会发展方向，与社会同呼吸，共进步。无论课程建设还是专业建设，都必须是开放式的，要紧跟经济社会发展大势，适应经济社会发展对人才提出的要求，即人才培养必须以经济社会需求为导向。

开放，是一种创新的意识。有助于高校融入社会创新发展的大势，向社会汲取创新的灵感、创新的方向、创新的动力。大学不仅要为企业、社会提供智力支持，还要加强成果转化，或受企业委托，或与企业联合创新，研制开发新技术、新产品、新服务。

开放，是一种发展的理念。有助于高校厘清为什么发展、如何发展、为谁发展这几个根本问题，推进自我进化，自我发展，走出封闭、僵化、迂腐的自娱自乐的象牙塔。

开放，是一种优秀的文化，有助于高校从办学理念、办学思路、规章制度、教学行为、人才培养、科学研究等多方面，形成一种共同的文化自觉和价值追求，在每一个人、每一件事、每一个环节上，都以开放的思维来想事、行事。

山东工商学院作为坐落于烟台的一所省属财经类高校，首先应扎根烟台，从烟台的经济社会发展中汲取营养，为烟台经济社会发展作出贡献，只有这样才能赢得烟台人民的青睐，才能赢得烟台各界的支持，由此，才能立足烟台，服务山东，面向全国，甚至走向世界。

总而言之，现代高校，一个重要的办学理念就是开放，只有开放办学才能让学校充满生机与活力，才能不断提升核心竞争力。

三、关于"高水平"

当前，一个必须做出明确回答的问题是：高水平大学的标准是什么？是学科高水平，还是科研高水平？答案是：人才培养的高水平！

佐证一：习近平总书记在2016年12月8日全国高校思想政治工作会议上的讲话指出，我国高等教育肩负着培养德智体美全面发展的社会主义事业建设者和接班人的重大任务，必须坚持正确政治方向。高校立身之本在于立德树人。只有培养出一流人才的高校，才能够成为世界一流大学。办好我国高校，办出世界一流大学，必须牢牢抓住全面提高人才培养能力这个核心点，并以此来带动高校其他工作。

佐证二：教育部部长陈宝生表示，立德树人要落实在提高本科教学水平上。提高教学水平，基础在本科，基础不牢，地动山摇；没有高质量的本科，就建不成世界一流大学。陈宝生还提出"四个回归"，即回归常识，教育的常识就是学生读书；回归本分，教师的本分就是教书育人；回归初心，教育工作者的初心就是培养人才；回归梦想，教育梦就是报国梦、强国梦。陈宝生说，教学决定生存，学校为教学而建；离开教学，校长就不是校长，教授就不是教授，大学就不是大学；质量决定兴衰。

佐证三：教育部高教司司长吴岩指出，建设高等教育强国，要做好"四个一流"的统筹，即一流大学是目标。一流大学是中国硬实力、软实力、巧实力的象征，国家发展需要一流大学的支撑和引领。一流学科是条件。但是，一流学科不等于一流大学，一流学科的总和也不等于一流大学。一流本科是根本。没有一流本科，建设一流大学是自娱自乐。一流专业是基础。一流专业是一流人才培养的基本单元。只有真的把课程、教师、教学、学生及教学方法技术都在这个专业平台上整合好，把专业建扎实，把一流本科办好，培养一流人才的目标才可能实现。

然而,事实并非如此,教学与科研倒挂或者说重科研轻教学的现象存在于各级各类高校,人们对"教学工作始终处于学校的中心地位""科学研究必须能促进教学工作""科学研究与教学工作不可偏废"三个基本观点"揣着明白装糊涂"。原因何在?简而言之,就是"功利"二字!科研呈"显绩",是客观实在,可统计、可衡量,是显性的、现实的,便可"急功近利";教学呈"潜绩",是主观评判,不可统计、不可衡量,是潜在的、长远的,只能"百年树人"。所以,科研工作容易被重视、被关注、被赞誉,而教学工作则往往被轻视、被边缘、被排斥。

好在山东工商学院第三次党代会报告已经明确指出:"遵循'育人是大学的初心,只有培养一流人才,才能建成高水平大学'的观念,牢固树立人才培养中心地位,以学生为主体,以教师为主导,充分调动师生的主动性、积极性。……建立科学的教师评价制度,让教师安心教书育人,增强获得感、成就感。……引导科研与教学紧密结合,将学科优势转化为教学优势,把科研成果转化为教学内容。"这才是建设高水平大学的正途,但愿能延伸到远方!

综上所述,无论是"有特色""开放式",还是"高水平",不仅孕育着丰富的理论色彩,而且都从根本上指向怎样办学的实际问题,关乎一所大学的生存和发展,尤其在高等教育日趋激烈的竞争态势下,它们构成一所大学的竞争战略,更可视为大学的核心竞争力。

(2018 年 1 月 11 日)

特色之路始终伸向远方
——山东工商学院人文与传播学院之特色理念及实践

2015年8月2日,山东工商学院进行学科与专业布局调整,将原工商管理学院广告学教研室、政法学院编辑出版学教研室和汉语言文学教研室、社会科学教学部中文教研室、公共管理学院中外文化经典导修教研室教师归并整合,成立人文与传播学院,设文学门类下的3个专业:汉语言文学、广告学、编辑出版学,同时承担全校"中国传统文化"等人文通识类教育课程。

办学特色是高校的标志性属性,没有特色就没有优势,没有优势就没有水平。特色不仅影响高校定位的固化,而且还决定人才培养质量的高低。我们有追求特色的理想,我们也怀揣特色工作,我们的工作努力凸现特色。

那么,什么是特色?什么是办学特色?人文与传播学院的特色都有哪些?

一、什么是特色?

百度百科对"特色"的解释为:"一个事物或一种事物显著区别于其他事物的风格、形式,是由事物赖以产生和发展的特定的具体的环境因素所决定的,是其所属事物独有的。"

《现代汉语词典》对"特色"的解释是:"事物所表现的独特的色彩、风格等。"

《新华词典》对"特色"的解释是:"格外突出的风格或特点。"

《中华现代汉语词典》对"特色"的解释是:"事物表现出的独有的色彩、风格等。"

《现代汉语辞海》对"特色"的解释是:"事物的特殊色彩、风格等。"

《现代汉语规范词典》对"特色"的解释是:"事物的特殊色彩、风格等;

独具特点的；与众不同的。"

《康熙字典》对"特色"的解释是："特别优胜处也。"

综合以上概念，我们可以对"特色"的主要特征作以下归纳：

第一，特色是一事物区别于他事物显著的风格、色彩和形式；

第二，特色是事物所表现出来的独有的风格、色彩和形式；

第三，特色是事物独具特点的、与众不同的、格外突出的风格、色彩和形式；

第四，特色是事物特别优胜的风格、色彩和形式。

所以，能称为有"特色"的事物，必须是独具特点的、与众不同的、格外突出的、特别优胜的，具有鲜明的差异性、特殊性、独有性、显著性和优越性。

二、什么是办学特色？

由"特色"的概念和特征，我们可以对"办学特色"作以下定义：

所谓办学特色，是指一所高校在办学过程中所表现出来的本校独有的、与众不同的、格外突出的风格和品质。具体有以下三层含义：

（1）特色是指在长期办学过程中积淀形成的，本校特有的，优于其他学校的独特优质风貌，即有区别于同类的特征，有明显高于同类的优势。

（2）特色应当对优化人才培养过程，提高教学质量作用大，效果显著，即有突出的实践效果。

（3）特色有一定的稳定性并应在社会上有一定影响、得到公认，即有应用、推广价值和示范作用。

根据教育部颁布的《普通高等学校本科教学工作水平评估指标等级标准及内涵》的解释，办学特色可以体现在不同层面：

一是体现在总体上的特色——治学方略、办学观念、办学思路；

二是体现在教育上的特色——教育模式、人才特色；

三是体现在教学上的特色——课程体系、教学方法以及解决教改中的重点问题等；

四是体现在教学管理上的特色——科学先进的教学管理制度、运行机制等。

因此，任何可以称得上"办学特色"的东西，除了要符合以上条件外，还有一个最为关键的因素：就是必须能直接作用于人才培养，不能直接作用于人才培养的"特色"不能称其为"办学特色"。

三、人文与传播学院的特色

自建院那天起,人文与传播学院就充分考虑学生的成长、社会的需求,立足"应用型",凸显"特色化",追求"高水平",努力彰显专业特色,突出人才特色,张扬文化特色,凝练研究特色,取得了初步成效。

(一)使命特色

学校党委、行政之所以在建校 30 周年之际组建人文与传播学院,是基于三个方面因素的考虑,这三个因素就成为人文与传播学院肩负的三项使命:

(1)肩负所设专业汉语言文学、编辑出版学和广告学人才培养使命,为社会输送合格的人文与传播类应用型人才。

(2)肩负面向全校各专业开展人文通识教育使命,全面提升大学生的人文素养、人文情怀和人文精神。

(3)肩负大学文化建设使命,为学校有特色开放式高水平工商类大学建设贡献才智。

这三项使命共聚一身,在全校二级学院中绝无仅有。

(二)理念特色

1. 行为理念

"崇仁贵和,尚德利群。"这是清华大学国学研究专家陈来教授在《中华文明的核心价值》中提到的中国文化的基本价值。全院上下无论是思想意识、言行举止、职业操守,还是课程建设、专业建设、学科建设,抑或课题申报、教改立项、奖项评选等各个方面,不仅要讲仁、讲和、讲德,还要"利群",以此全方位提升教职工的组织意识、集体意识、团队意识、规则意识,以此加强人文与传播学院的凝聚力、向心力建设,努力摒弃"文人相轻"习性,营造清新儒雅、和谐顺畅、合作共赢的工作氛围。

在日常工作中,无论是谁,都要秉持"以学术为美、以学术为崇高"之涵养,坚守"四讲四不讲",即:讲学术不讲心术,讲学派不讲帮派,讲学位不讲官位,讲学道不讲权道。这里的"学术"指的是"学之术",包括教学之术、学习之术、学问之术,当然还包括日常所说的学术之术。

2. 价值追求与责任担当

（1）文质彬彬，君子也（做人）；化成天下，人文也（做事）；

（2）学人文做君子（做人），用人文担道义（做事）；

（3）学在人文，爱在人文，美在人文，成在人文。

"文质彬彬，君子也"出自《论语·雍也》："质胜文则野，文胜质则史。文质彬彬，然后君子。"意思是：质朴胜过了文饰就会粗野，文饰胜过了质朴就会虚浮。只有质朴和文饰比例恰当，才可以成为君子，即"学人文做君子"，强调"做人"，培养君子品格。

"化成天下，人文也"出自《周易·贲卦·象传》："观乎天文，以察时变；观乎人文，以化成天下。"意思是：治国家者必须观察天道自然的运行规律，以明耕作渔猎之时序；又必须把握现实社会中的人伦秩序，以明君臣、父子、夫妇、兄弟、朋友等等级关系，使人们的行为合乎文明礼仪，并由此而推及天下，教而化之，普遍受到熏陶，即"用人文担道义"，强调"做事"，具有天下情怀。

人文的集中体现是重视人、尊重人、关心人、爱护人。爱是人文的核心，没有爱无以为人文，人文人必须有爱，且要有大爱。美是人文的本意，懂得美、创造美、传播美是人文人所应具备的高品位、高内涵、高意境。成是人文的目的，成人、成事、成天下。

在此意义上，所谓人文，就是"以文化人"。文质彬彬，化成天下，既是人文的表现，是人文与传播学院的价值追求与使命担当，也是中国文化的理想所在。

3. 良知与本分

（1）集中人力、物力、财力，拿出每一位教师的看家本领，精心培育好前来求学的莘莘学子，让他们享受应该享受的教育资源，让他们得到应该得到的知识熏陶。

（2）不抓教学就是对教学行为的放任自流，不抓教学就是对学生和家长的极端不负责任；对教学要常抓，且要常抓常紧，常抓常新。

（3）在日常教学和管理的全过程、全方位、全环节中，要以标准第一、质量第一为原则，决不能为了迁就学生而降低培养要求，也决不能以降低培养要求来换取功利性指标。

（三）专业特色

1. 设定专业方向

紧紧依靠学校经济管理类办学母体，将编辑出版学专业设定为新媒体与财经传播方向，广告学专业设定为广告创意策划与管理方向，汉语言文学专业设定为商务文秘方向，坚定不移地走差异化发展道路。就是说，此3个专业已不仅仅是一般意义上的编辑出版学、广告学和汉语言文学，而是增加了现代社会需求的诸多元素，使学生经过四年的大学教育，具有"一专多能"的生存本领。

2. 明确培养目标

紧跟时代步伐，对接社会需求，培养"有思想、有智慧、有创意、有使命、有担当"的高水平应用型专门人才。

汉语言文学专业：培养具有良好的人文素养、敬业精神和创新意识，主动适应现代社会发展需要，系统掌握汉语言文学、商务、文秘的基础知识、基本理论、专业技能和现代办公自动化技术，能够在党政机关、企事业单位、社会团体，从事办公室管理、行政管理、档案管理、商务管理等工作的高水平应用型专门人才。

广告学专业：培养具有开阔视野和创新精神，系统掌握广告与营销传播等理论知识和技能，能够在党政机关、教育机构、文化传媒企事业单位、互联网公司以及其他经济组织、社会团体，从事广告创意策划、设计制作和市场营销、经营管理等工作的高水平应用型专门人才。

编辑出版学专业：培养具有宽广的文化和科学知识背景，系统掌握编辑出版学基本理论和专业技能，熟悉新闻与传播方面政策法规，能够在党政机关、新闻出版企事业单位、文化教育机构、互联网公司以及其他经济组织、社会团体，从事传统及新媒体编辑出版、营销策划、宣传推广和管理工作的高水平应用型专门人才。

（四）人才特色

结合人文传播类专业属性，着力培养学生"六大核心能力"，即认知能力、批判能力、审美能力、表达能力、创造能力、教化能力，使所培养的学生能够得到社会的认可与推崇。就是说，无论课堂上还是课堂下，无论理论课还是实践课，在四年的大学生活的全过程、全方位中，都要以学生的成长与发展为中心，让学生具有立命于世的竞争能力。

(五)文化特色

结合专业、学科特性,积极构建以韵美的物态文化、优质的教学文化、理性的学术文化、规范的制度文化、儒雅的行为文化、清新的环境文化、鲜明的特色文化、高尚的精神文化、平和的心态文化为主要内容的文化体系建设,努力使人文与传播学院的文化引领二级学院风尚。就是说,在四年的大学生活中,学生接受的是高品位、高颜值的文化浸润,使他们成为真正有文化、有内涵的高素质劳动者。

(六)研究特色

与专业方向相匹配,编辑出版学专业以融媒体与区域传播(含出版文化、出版产业)为研究特色,广告学专业以企业形象与品牌传播(含品牌传播与管理、视觉传播、广告传播)为研究特色,汉语言文学专业以中华商务文化(含商务伦理、商务文学、商务文秘)为研究特色,文化传播教学部以文化传播(含中华优秀传统文化、革命文化、社会主义先进文化、区域文化、商务文化)为研究特色。以此形成优势,给专业以有力的学术支撑。就是说,四年的大学生活不仅让学生得到知识的熏陶,还要让学生受到学术的感染,使学生具有思考与探索的精神追求。

(七)团队特色

本着"增数量、提质量、调结构、凝方向、强能力、上水平"的原则,围绕专业方向和学科方向,以中青年博士力量为核心,聚焦文化传播、品牌传播、融媒体传播,努力加强学术性人才团队建设,开展有组织科研,使学术成果能够相互支撑、相互借力。

(1) 广告学系:企业形象与品牌传播研究团队;
(2) 编辑出版学系:融媒体与区域传播研究团队;
(3) 汉语言文学系:中华商务文化研究团队;
(4) 文化传播教学部:文化传播研究团队。

为此,成立学术研究机构,搭建学术平台,凝聚学术力量:

(1) 企业形象与品牌传播研究中心;
(2) 融媒体与区域传播研究中心;
(3) 中华商务文化研究中心;
(4) 文化传播研究中心。

（八）特色品牌

紧紧围绕专业与学科属性，突出"人文"与"传播"特色，努力形成文化特色品牌。

1. 大学生自媒体中心

以"专业力、表达力、传播力、影响力"为着力点，打造大学生自媒体中心，并以此为核心，发挥专业优势，充分挖掘和利用校内教学资源，建立长期稳定广泛的实践教学平台或岗位，全方位提高学生的实践应用能力。

大学生自媒体中心容纳了5家大学生自媒体：《漂》《沐风》《人文传真》《新报人》和"山商人文传播微平台"。

《漂》创办于2009年，是由山东工商学院学生工作处主管、人文与传播学院主办的面向全校发行的学生自办杂志。秉承"聚焦新闻热点，引领校园风尚"之理念，旨在为同学们提供一个抒发自我、交流实践的平台，丰富校园文化生活。

《沐风》创办于2012年，是由共青团山东工商学院委员会主管、人文与传播学院汉语言文学系主办的面向全校发行的学生自办纯文学杂志。秉承"笔润我心、如沐春风"之理念，抒发真情实感，培养文学情怀，旨在为同学们提供一个文学交流、展示自我的平台，丰富校园文化生活，传递中国优秀传统文化。

《人文传真》创办于2016年，是由山东工商学院人文与传播学院主办，面向全校师生发行的文选性杂志。秉承"探寻世界本源，剖析人性真谛；传承文化基因，彰显人文魅力；思考大学教育，重塑大学灵魂"之理念，不定期刊登海内外大家论述人文及人文教育的既有韵味，又有思想性、启发性和指导性的精华力作。

《新报人》创办于2005年，是由山东工商学院编辑出版学专业学生自办，人文与传播学院主管，旨在培养学生新闻采写编能力的教学实践型报纸。秉承"展现专业风采，传播新闻精神"之理念，旨在提高学生的实践能力，适应社会发展需求。

"人文传播微平台"创立于2015年，是山东工商学院人文与传播学院官方微信公众号。秉承"内强素质，外塑形象"之理念，搭建学院发展、教师成长、学生成才平台，成为融媒体时代人文与传播学院清新靓丽的名片。

这五种自媒体有传统媒体，也有新媒体；有报纸，也有杂志；有文学创作，也有思想聚焦；有鲜活文字，也有灵动视频；有版式设计，也有摄影采风；有世俗视点，也有人文教育。它们共处一室，相互交流、相互启发、相互依靠、相互融合，促使它们由"自媒体"走向"融媒体"，全方位历练人文学子的能力与素质，多层面展示人文学子的魅力与涵养。

2. 古韵今声·国学浸校园系列活动

以学生为主导，开展"古韵今声·国学浸校园系列活动"，举办包括汉字听写大赛、国学达人挑战赛、诗词大赛、论语大赛等丰富多彩的具有人文气息的文化活动。

3. 悦读勤思·书香润校园系列活动

以专业教师为依托，开展"悦读勤思·书香润校园系列活动"，包括"学人自述""聊聊专业读书那些事儿""奇葩说书主题座谈会""送书进崇文""主题荐书""图书营销大赛"等多种形式的爱书、读书、说书、荐书、销书等书香文化活动。

4. 人文讲堂之青年博士论坛

人文与传播学院有青年博士12人，他们有朝气、有活力、有才华，尤其与青年学生在世界观、人生观、价值观以及生活方式等方面没有隔阂，没有代沟。他们的经验，青年学生能够借鉴；他们的教诲，青年学生能够信服；他们的人生经验，青年学生能够分享。他们有资格、有能力成为青年学生成长路上的"灯塔"。所以，开设"人文讲堂之青年博士论坛"，搭建青年博士进一步施展才华、释放学问的平台，让他们围绕专业特长和研究方向，面向所有专业所有学生举办学术报告。

（1）论坛宗旨：交融思想，启迪智慧，活跃学术，立德树人。

（2）主题选择：围绕教学科研与学生关心的热点问题，结合青年博士专业特长和研究方向，探索前沿问题，突出人文情怀和人生启迪。

（3）遵循原则：站在论坛上，要讲究学术规范，恪守政治规矩，凸显学识涵养。可以借鉴，但必须自成体系；可以引用，但必须标注来源；可以思考，但必须正面引导；可以批判，但必须遵守法纪；可以新颖，但必须符合主流。

（4）预期目的：给青年学生以思想、以学术、以智慧、以信心，让青年学生感受青年博士的风采与魅力，激发青年学生学习的热情与动力，帮助青年学生树立正确的世界观、人生观和价值观。

(九)结束语

以上八项特色,可以归结为四大类,即专业特色,可视为知识教育;人才特色,可视为能力培养;文化特色,可视为素质教育;研究特色,可视为创新教育。如此一来,知识教育+能力培养+素质教育+创新教育,就能构建起以立德树人为根本任务的人才培养体系。

然而,特色之路始终伸向远方,没有终点,只有起点;特色建设总要不断努力,没有结束,只有征程。自 2015 年 8 月成立以来,人文与传播学院无时无刻地不在追求着"特色",打造着"特色",但这些特色还很稚嫩、很脆弱,仍然需要在今后的办学进程中加以精心呵护和培育,使其成长为优势。

(2018 年 10 月 3 日)

我们能做什么和可做什么

——人文与传播学院如何对接财富管理特色建设

2018年12月4日，山东工商学院党委印发了《山东工商学院关于加强财富管理特色建设的意见》（党发〔2018〕78号），其中提出：全力建设以财富管理为特色的高水平财经类大学。同时，对各二级教学院（部）提出了明确要求，最核心的有三条：

（1）合理定位、差异化发展，坚持定特色、定方向、定团队，推动现有学科与财富管理的深度融合。

（2）全面跟进、全员参与特色建设，形成合力兴特色、全员办特色的良好文化氛围，使财富管理特色建设成为全校上下的共同愿景和奋斗目标。

（3）根据自身学科发展特点，聚焦学校整体特色建设，形成一套能保障财富管理特色建设深入、持久、有效开展的长效机制。

对照学校党委的要求，我们一直在追问三个问题：我们在财富管理特色建设上能够扮演什么样的角色？我们在财富管理特色建设上有无文章可做？我们在财富管理特色建设上能做什么和可做什么？

一、我们是做什么的

2015年8月，学校党委、行政在建校30周年之际决定组建人文与传播学院，并赋予三项使命：

一是专业人才培养，肩负所设专业汉语言文学、编辑出版学和广告学人才培养使命，为社会输送合格的人文与传播类应用型人才。

二是人文通识教育，肩负面向全校各专业开展人文通识教育使命，全面提升大学生的人文素养、人文情怀和人文精神。

三是大学文化建设，肩负大学文化建设使命，发挥专业和学科优势，为学校有特色开放式高水平工商类大学文化建设贡献才智。

这三项使命，是我们开展一切工作的出发点和落脚点。围绕此，我们一直怀揣特色工作，工作努力凸显特色，不断探索着人文与传播学院的专业特色、人才特色、文化特色和研究特色，并取得了阶段性成果。

二、我们能做什么和可做什么

带着人文与传播学院的三项使命，带着学校党委的统一部署，我们发动管理人员、骨干教师，就对接财富管理特色建设问题，进行了深入思考，开展了线上线下的"头脑风暴"活动，达成以下共识：

（一）在专业教学上

我们的编辑出版学、广告学、汉语言文学三个专业已经向商科方向靠拢。根据专业方向和特色建设需要，在下一步人才培养方案修订时，可植入财富管理（财富管理文化）相关课程，紧跟时代步伐，对接社会需求，培养"有思想、有智慧、有创意、有使命、有担当"的具有一定财富管理素养的人文传播类高水平应用型专门人才。

（1）编辑出版学专业的人才培养方向是新媒体与财经传播，可培养懂新媒体运行规律，具有较丰富的财经传播知识的财富管理产品及品牌新媒体运营与传播的专门人才。

（2）广告学专业的人才培养方向是广告创意策划与管理，可为财富管理行业或机构培养具有财富管理产品品牌创意策划能力、维护和运营财富管理产品品牌的专门人才。

（3）汉语言文学专业的人才培养方向是商务文秘，可为财富管理行业和机构培养具有系统的商务文秘基础知识和掌握现代办公自动化技术的财富管理文秘专门人才。

（二）在学术研究上

结合专业教学和人才培养需要，结合学术能力和研究方向，开展中华财富文化、财富管理产品品牌传播等方面的研究。

（1）汉语言文学专业的研究方向是中华商务文化，中华财富文化研究是题中应有之义，并以此为圆点扩展开去。

（2）广告学专业的研究方向是企业形象与品牌传播，可将财富管理企业形象、财富管理产品品牌传播、不同时期广告对财富观的影响或者是财富观对广告的影响作为研究内容，并以此为圆点扩展开去。

（3）编辑出版学专业的研究方向是融媒体与区域传播，可将财富管理理念、产品及品牌在新媒体环境中的传播作为研究内容，并以此为圆点扩展开去。

（4）文化传播教学部的研究方向是文化传播，可将中华财富文化（含财富观——财富人生观、财富价值观、财富世界观）传播作为研究内容，并以此为圆点扩展开去。

（三）在通识教育上

将中华财富文化内容融入面向全校的中国传统文化课程，开展中华财富思想、中华财富理念、中华财富传统等教育，同时做好中西财富观比较，回答好什么是财富以及如何创造财富、分配财富、消费财富、传承财富等问题，引导大学生树立正确的财富观，包括财富人生观、财富价值观、财富世界观。

（四）在文化活动上

按照学校部署，成立财富管理研习社分社，以专业方向为依托，以促进专业能力为目的，结合人文学科特性，围绕中华财富文化，开展好财富管理之人文层面的经典著作或篇章的研读活动，了解中华财富文化的历史、现状与未来。同时，利用已有社团，发挥新闻传播学学科的专业优势，通过传统媒体、新媒体，做好中华财富文化、正确财富观之教育与传播工作。

以上就是人文与传播学院对接财富管理特色建设的初步设想，也即我们能做的和可做的工作。

随着学校财富管理特色建设的不断深入，我们的视野会更加开阔、思路会更加清晰，方向会更加明确，理解会更加深刻，我们对接财富管理特色建设的内容也会不断补充与完善。

三、我们的特色观

我们对接财富管理特色建设是基于这样的思考：办学特色是一所学校在办学过程中所表现出来的本校独有的、与众不同的、格外突出的风格和品质。办学特色可以"先立后破"，也可以"先破后立"，但是办学特色必须能直接作用于人才培养，不能直接作用于人才培养的"特色"不能称其为"办学特色"。

（1）办学特色不是硬贴上去的"标签"，要有突出的实践效果，对提高人才培养质量发挥更大的作用。

（2）办学特色不是"一阵风"，也不能一蹴而就，要有一定的稳定性和持之以恒的毅力，在社会上要有一定的影响并得到公认。

（3）办学特色不是"空中楼阁"，不能成为无源之水，无本之木，要有可以使特色生根、发芽、开花、结果的肥沃"土壤"。

（4）办学特色要厚植于办学理念、教育模式、教学体系、管理制度和人才培养之中，必须能与课程、专业、学科建设融为一体，成为人才培养的"血液"与"灵魂"。

特色建设任重而道远。特色之路始终伸向远方，没有终点，只有起点；特色建设总要不断努力，没有结束，只有征程！

（2018年12月13日）

只要肯干就能够取得骄人的成就
——"中华财富文化专题"课程建设思路

2018年12月4日,学校党委印发了《山东工商学院关于加强财富管理特色建设的意见》(党发〔2018〕78号),其中提出:全力建设以财富管理为特色的高水平财经类大学。

2019年3月14日,学校教务处印发了《关于启动2019级本科专业人才培养方案微调工作的通知》,要求各学院、各专业"推进'财富管理'类课程在专业人才培养方案中的嵌入"。为此,人文与传播学院根据专业、学科特性,决定从2019级开始,在编辑出版学、广告学、汉语言文学3个专业中开设"中华财富文化专题"必修课,同时面向全校各专业开设"中华财富文化专题"选修课。

为了建设好这门课程,2019年4月30日,我们召开了系主任及秘书会议,研讨并形成了以下思路,是为"十个一"。

第一,要有一个团队。

这个团队由具有博士学位教师担纲,每个系选出2～3位,共12人。一要形成AB角,二要相互贯通。AB角就是"两两配对",可以在本系中相互"配对",也可以根据选题兴趣与研究能力在12人中寻找"配对"。

第二,要有一个方案。

这门课是新课,在山东工商学院办学历史上是没有过的。讲什么,怎么讲,要有一个设计方案。这是"中华财富文化专题"课程建设的核心与关键,此问题解决好了,课程就成功了一半。

关于讲什么,要先弄清楚这是中华财富文化"专题"课,不是中华财富文化"通史"课,不能讲成"史",不能面面俱到,要符合自己教学、研究的方向和能力。所讲内容有几种线索:一是以商帮为主线;二是以人物为主线;三是以专论为主线；四是以家族为主线；五是以商号为主线，等等。但是，我们所讲的内容是统一于其中的某一点，还是不加设定地在文化与财富、品牌与财富、传媒与财富、人生与财富、伦理与财富、商道与财富、信仰与财富、家族与财富、商号与财富、商帮与财富、艺术与财富等领域中选择自己擅长的专题讲解？授课教师面对的是3个专业的学生，是不是不同的专业应有不同的专题，还是都是一个专题？考虑到目前的实际困难，我的建议是分两步走：第一步，先把这门课开出来，不设限，无论讲什么，都是在自己认真准备的前提下能够做得到、讲得好的内容；第二步，每位讲授者至少提出可以作为讲授内容的5个专题，12位讲授者汇集起来至少有60个专题，然后再从这60个专题中梳理出相对系统的讲授方案，作为第二轮课程讲授相对固定的内容。

关于怎么讲，首先要各自为战——各人负责各自的专题，精心准备，拿出与自己博士学历相称的思考和见解，写出有分量的讲稿；其次要协同作战——各个专题都是课程的一部分，要突出财富管理特色尤其是财商教育。

第三，要有一个体系。

这个体系取决于课程建设方案的设计，取决于各位的讲稿。每个专题尽管相对独立，但整个课程又要有一个体系，这个体系就是要有头有尾，既有讲总论的，又有讲结论的，切忌唐突，让人不知这门课是干什么的以及要达到什么目的。打个不恰当的比方，这门课相当于一个"区块链"，每个专题都是这个"区块链"上的一个小"区块"，而连接这些小"区块"的，就是一条"链"即体系。

第四，要有一种思想。

这门课是讲中华财富"文化"的，绝不是"经商"的技术层面的东西。既然讲"文化"，就要有"魂"，就要有"思想"。这个"思想"是健康向上的、正能量的，反映中华民族的精神——勤劳、节俭、爱国、创新、进步等等。所以，这门课程一定要有政治站位，要立德树人。

第五，要有一部教材。

这部教材就是要在各位讲稿的基础上打磨而成，取决于各位讲的是什么。这就要求我们认真思考、相互碰撞，制定出一个相对固定的、完整的、有一条主线贯穿的讲授方案。所以，各位在备课的过程中，讲稿的撰写要着眼于教材的写作模式。

第六，要有一套案例。

这套案例也是我们要做的财富管理特色建设的内容之一，选取中国古代、近代、现代有代表性的财富创造、财富集聚、财富传承等典型案例，通过实地调研考察，撰写案例报告，每个案例2万字，集成案例集，作为"中华财富文化专题"课程教学辅助教材。

第七，要有一个目标。

这个目标就是成为学校"金课"。金课有校级、有省级、有国家级。咱们稳扎稳打，一步一个脚印，先瞄准校级金课，再往更高层次目标努力。但是，"金课"有线上金课，有线下金课，有线上线下混合金课，等等，我的想法是：我们要建设成为线上线下混合金课。这门课一定要汇入学校财富管理特色建设主流，成为叫得响、受欢迎的"金课"。

第八，要有一个组织。

这个组织就是课程建设负责人制。吴树勤博士为"中华财富文化专题"课程建设总负责人，负责课程的组织、协调和实施工作。"中华财富文化专题"课归属文化传播教学部。

第九，要有一种奉献。

这个奉献就是要吃得起苦、吃得起亏，要有一种胸襟。12个人共同"打造"一门课，且是独创性的新课，每一个人都要相互提携、相互照应、相互拾遗补阙，做到共同促进，共同提高。开好"中华财富文化专题"课需要一个团队。在团队中想要站稳脚、受推崇，必须要有奉献精神。那种斤斤计较、拈轻怕重的人，是不受欢迎的合作伙伴。

第十，要有一种意识。

这种意识就是大局意识，要个人服从组织、少数服从多数，要服从调度，服从安排，服从学院、学校财富管理特色建设这一"战略"。万事开头难，我们每一个人都处于零起点，需要我们发挥主观能动性，发挥聪明才智，多提可行性、建设性意见，齐心协力，做好"中华财富文化专题"课建设的各项工作。

总而言之，"中华财富文化专题"这门课是新生事物，由12名学识渊博、魅力四射的博士共同"打造"，我想，只要我们肯干，我们就能发挥自身优势，就能取得骄人的成就！

（2019年5月7日）

办学特色与办学本色关系视角下的财富管理特色建设
——以山东工商学院人文与传播学院的设计为例

引子

2019年5月23日,"张嘴直说"公众号上推送了一篇《办学特色与办学本色之小析》一文。

有人问我:"你推送这篇文章意欲何为?"

我说:"没有任何'意欲何为'之想,只是想阐述一下办学特色的'学理'。"因为2003年,学校迎接教育部本科教学工作水平评估,其中有一项评估指标是"特色项目",全校上下绞尽脑汁,提炼、总结了两份特色项目报告:一是《强化实践教学,突出实践能力培养》,二是《自立自强团结奋进——山东工商学院办学精神》。这两项特色报告皆由我负责起草,再根据各方意见加以修改。后来,我对"特色"及"办学特色"之理论及实践问题作过探究,所以,有些体会与想法。

又问:"那你能举个例子运用一下你提出的这个学理吗?"我答:"完全可以!就以我们是如何设计财富管理特色建设为例吧。"

任何高校的发展及内涵都要有特色,没有特色就没有竞争力,就没有优势。所以,培育和彰显办学特色是古今中外每一所高校孜孜以求的目标。

一、特色与办学特色

何为特色?通常所言,凡能称为有"特色"的事物,必须是独具特点的、与众不同的、格外突出的、特别优胜的,具有鲜明的差异性、特殊性、独有性、显著性和优越性。

由此推论，作为一所高校的办学特色，是指一所高校在办学过程中所表现出来的本校独有的、与众不同的、格外突出的风格和品质。有以下三层含义：

（1）在长期办学过程中积淀形成的，本校特有的，优于其他学校的独特优质风貌，即有区别于同类的特征，有明显高于同类的优势。

（2）应当对提高教学质量作用大，效果显著，即有突出的实践效果。

（3）有一定的稳定性并应在社会上有一定影响、得到公认，即有应用、推广价值和示范作用。

根据教育部颁布的《普通高等学校本科教学工作水平评估指标等级标准及内涵》的解释，办学特色可以体现在以下四个方面：

一是体现在总体上的特色——治学方略、办学观念、办学思路；

二是体现在教育上的特色——教育模式、人才特色；

三是体现在教学上的特色——课程体系、教学方法以及解决教改中的重点问题等；

四是体现在教学管理上的特色——科学先进的教学管理制度、运行机制等。

由上可见，办学特色的指向是人才培养，所以，办学特色必须能直接作用于人才培养，不能直接作用于人才培养的"特色"不能称其为"办学特色"。除此之外，办学特色必须与办学历史、办学传统、办学指导思想、办学理念、办学层次、办学定位以及人才培养目标相适应。具体说来，办学特色应处理和把握好以下四个问题：

第一，办学特色不是硬贴上去的"标签"，要有突出的实践效果，对提高人才培养质量发挥更大的作用。

第二，办学特色不是"一阵风"，也不能一蹴而就，要有一定的稳定性和持之以恒的毅力，在社会上要有一定的影响并得到公认。

第三，办学特色不是"空中楼阁"，不能成为无源之水，无本之木，要有可以使特色生根、发芽、开花、结果的肥沃"土壤"。

第四，办学特色要厚植于办学理念、教育模式、教学体系、管理制度和人才培养之中，必须能与课程、专业、学科建设融为一体，成为人才培养的"血液"与"灵魂"。

二、办学特色与办学本色的关系

综上所述,任何高校的特色建设,都是基于已有学科、专业基础上的特色建设。也就是说,学科还是那个学科、专业还是那个专业,这是"本色","本色"是根基、是物源。正如《篱笆墙的影子》歌词写的那样:"星星还是那颗星星,月亮还是那个月亮,山也还是那座山,梁也还是那道梁,碾子是碾子缸是缸,爹是爹来娘是娘。""特色"一定是"本色"基础上的"特色","特色"不能脱离"本色",或者改变"本色","特色"必须能擦亮"本色"。进一步说,如果"特色"不能擦亮"本色",则"特色"就不是"特色",而是"染色"。如果"特色"改变了"本色",则"特色"也不是"特色",而是"变色"。如果"特色"脱离了"本色",则"特色"更不是"特色",而是"失色"。所以,"特色"必须能与已有学科、专业相融,必须能提升已有学科、专业水平和办学实力,否则,无以为特色。

三、人文与传播学院的财富管理特色建设

2018年12月4日,学校党委印发了《山东工商学院关于加强财富管理特色建设的意见》(党发〔2018〕78号),其中提出:全力建设以财富管理为特色的高水平财经类大学,号召全校各方凝聚财富管理特色发展共识,聚焦财富管理特色建设,全面跟进,全员参与,使财富管理特色建设成为全校上下的共同愿景和奋斗目标,并把特色建设纳入各单位的目标考核,形成一套能保障财富管理特色建设深入、持久、有效开展的长效机制。

人文与传播学院有汉语言文学、编辑出版学和广告学3个本科专业,分布在两个一级学科——中国语言文学学科、新闻传播学学科。

人文与传播学院紧紧依靠学校经济管理类办学母体,坚定不移地走差异化发展道路,在专业建设上,将编辑出版学专业设定为新媒体与财经传播方向,广告学专业设定为广告创意策划与管理方向,汉语言文学专业设定为商务文秘方向;在学术研究上,编辑出版学专业以融媒体与区域传播(含出版文化、出版产业)为研究方向,广告学专业以企业形象与品牌传播(含品牌传播与管理、视觉传播、广告传播)为研究方向,汉语言文学专业以中华商务文化(含商务伦理、商务文学、商务文秘)为研究方向,文化传播教学部以文化传播(含中

华优秀传统文化、革命文化、社会主义先进文化、区域文化、商务文化）为研究方向。

基于专业方向和学科属性，遵循特色、办学特色、办学本色之基本原理，人文与传播学院着力在教育教学、科学研究、学科建设、文化活动等四个方面全面规划和推进财富管理特色建设。

（一）教育教学方面

1. 明确人才培养目标

紧跟时代步伐，对接社会需求，培养"有思想、有智慧、有创意、有使命、有担当"的具有一定财富管理能力的人文传播类专业高水平应用型专门人才。

（1）编辑出版学专业的人才培养方向是新媒体与财经传播，旨在培养懂新媒体运营规律，具有丰富的财经传播知识的财富管理产品及品牌新媒体运营与传播的专门人才。

（2）广告学专业的人才培养方向是广告创意策划与管理，旨在为财富管理行业或机构培养具有财富管理产品品牌创意策划能力、维护和运营财富管理产品品牌的专门人才。

（3）汉语言文学专业的人才培养方向是商务文秘，旨在为财富管理行业和机构培养具有系统的商务文秘基础知识和掌握现代办公自动化技术的财富管理文秘专门人才。

2. 开设必修课和选修课

根据专业方向和特色建设需要，在2019年版人才培养方案修订工作中，三个专业都植入"中华财富文化专题"必修课，同时面向全校逐步开设"中华财富文化专题"选修课，把财富管理特色建设融进课堂，植入人才培养体系与人才培养过程之中。

"中华财富文化专题"必修课要坚持"十个一"：

（1）要有一个团队。这个团队由12位具有博士学位的教师担纲。

（2）要有一个方案。这门课是新课，讲什么，怎么讲，要有一个系统的设计。

（3）要有一个体系。要有头有尾，既有讲总论的，又有讲结论的，让人知道这门课是干什么的以及要达到什么目的。

（4）要有一种思想。要有"魂"，有"思想"。这个"思想"是健康向上的、正能量的。

（5）要有一部教材。这部教材就是要在任课教师讲稿的基础上打磨而成。

（6）要有一套案例。选取中国古代、近代、现代有代表性的财富创造、财富集聚、财富传承等典型案例，集成案例集，作为教学辅助教材。

（7）要有一个目标。这门课一定要汇入学校财富管理特色建设主流，成为叫得响、受欢迎的"金课"。

（8）要有一个组织。这个组织就是课程建设负责人制。"中华财富文化专题"课归属文化传播教学部。

（9）要有一种奉献。12个人共同"打造"一门课，每一个人都要相互提携、相互照应、相互拾遗补阙，做到共同促进，共同提高。

（10）要有一种意识。这种意识就是大局意识，要个人服从组织、少数服从多数，要服从调度、服从安排，服从学院、学校财富管理特色建设这一"战略"。

3. 加强通识教育

将中华财富文化内容融入面向全校的中国传统文化课程，开展中华财富思想、中华财富理念、中华财富传统等教育，同时做好中西财富观比较，引导大学生树立正确的财富观，包括财富人生观、财富价值观、财富世界观。

4. 编写教学案例

在全国范围内选定古代、近代、现代"财富集聚、分配与传承"有代表性的样本，通过收集资料、现场调研，研究、剖析它们是如何认识财富、创造财富、使用财富、分配财富的，形成中华传统财富文化教学案例，与中国优秀传统文化教育相衔接，与品牌传播、文化传播的研究方向相衔接。

（二）学术研究方面

1. 确定研究方向

结合专业方向和学科建设需要，确定中华财富文化、财富管理产品品牌传播等为研究方向。

（1）汉语言文学专业的研究方向是中华商务文化，中华财富文化研究是题中应有之义，并以此为圆点扩展开去。

（2）广告学专业的研究方向是企业形象与品牌传播，将财富管理企业形象、财富管理产品品牌传播、不同时期广告对财富观的影响或者是财富观对广告的影响作为研究内容，并以此为圆点扩展开去。

（3）编辑出版学专业的研究方向是融媒体与区域传播，将财富管理理念、产品及品牌在新媒体环境中的传播作为研究内容，并以此为圆点扩展开去。

（4）文化传播教学部的研究方向是文化传播，将中华财富文化传播作为研究内容，并以此为圆点扩展开去。

2. 规划选题

结合专业教学和人才培养需要，结合学术能力和研究特长，做好选题规划，有计划、有组织地开展中华财富文化和财富管理产品品牌传播研究。这些选题既要保证学科、专业本色，还要突出财富管理特色，选题计划详见下表。

中华财富文化研究选题计划表

序号	项目名称
1	中华财富文化典型案例库建设
2	"中华财富文化专题"课程建设与人文传播类人才培养
3	中西比较视阈中传统儒家的财富伦理思想及其现代转型
4	出版集团知识资本增值及实现机制研究
5	企业形象对企业品牌资产的影响研究
6	大学生财富管理观教育研究
7	明代中晚期财富观念转变的形成原因及影响分析
8	鲁商文化面向"一带一路"国家传播研究
9	财富伦理视域下的先秦儒家义利观研究
10	中华财富文化的"近世转型"及其当代意义研究
11	先秦儒家财富思想研究
12	财富收入对幸福感的影响机制研究：基于奢侈品消费的视角
13	马克思财富观视阈下当代大学生财商的培育——以山东工商学院为例
14	房地产广告的创意表现及财富价值观研究——以烟台市房地产广告为例
15	如何看待财富管理：基于舍勒价值哲学的立场
16	1980年代文学中"财富观"的嬗变
17	探析合伙人制在我国出版企业融资与人力资本管理中的应用
18	我国老字号品牌诚信财富管理的现代创新与转型
19	当代中国财富媒体发展研究
20	基于文化产权交易所下的艺术财富金融化模式研究
21	财富风险频发背景下机构媒体"传播失灵"研究

(续表)

序号	项目名称
22	消费主义思潮下现代财富观的"异化"与"构建"研究
23	后真相时代科学财富观的符号化建构与传播机制研究
24	"她经济"时代家庭财富管理观念研究
25	基于大学生超前消费与财富管理问题研究
26	创新驱动背景下高校教师财富伦理困境及对策研究
27	基于商务汉语教学的中国形象及儒商文化传播研究

3.举办青年博士论坛第二季

举办人文讲堂之青年博士论坛第二季,主题为"中华财富文化"。组织青年博士围绕中华财富文化选题,开展深度研究,面向全校学生举办学术报告。青年博士论坛第二季要做到"五个结合":与学科专业教育相结合、与学术文化活动相结合、与大学生财商教育相结合、与中华财富文化研习社工作相结合、与财富管理特色建设相结合。

人文讲堂之青年博士论坛第二季实施方案（2019年6月11日制定）

1.论坛主题：中华财富文化。

2.论坛宗旨。彰显特色,聚焦人文,分享思想,启迪智慧,活跃学术,立德树人,培育财商,助力成长。

3.目的意义。围绕学校财富管理特色建设,发挥人文与传播学院专业、学科优势,搭建青年博士交流平台,激发青年博士学术热情,促进青年博士快速成长;培养学生学术思维,提升学生人文素养,帮助学生树立正确的世界观、人生观和价值观。

4.活动方式。采取报告人主旨报告和参会人员互动讨论相结合的方式。

5.参加人员。人文与传播学院全体青年博士教师和各专业学生。

6.预期效果。交流学术观点,激发思想灵感,营造积极、严谨、开放的学术氛围,扩大学院影响力,树立人文品牌与人文形象。

7.运行程序。（1）题目选择：围绕"中华财富文化"这一主题,结合自身的研究特长和教学实践,选题着眼于当今学界的前沿问题,具有一定的探索性和创新性,在核心论点上做到见解独到、深刻,以充分体现我院青年博士的研究深度和学术水准。（2）前期准备：每期确定一名报告人,报告人认真撰写讲稿，制作PPT，论坛讲稿要讲政治，守规矩，宣扬正能量，恪守学术规范，遵守国家法律。讲稿审定合格后，确定报告时间，并通过公告、海报以及各种新媒体形式进行预告。（3）主旨报告：报告人紧密围绕主题展开论述，对报告题目所涉及的相关研究背景、研究进展作简明扼要的介绍，提出讨论话题，使得与会人员了解报告题目并积极参与讨论。论坛报告做到主旨鲜明，内容充实，逻辑清晰，富有启发性，突出人文情怀和人生启迪，充分体现报告人的表达能力和思辨能力。

8. 保障措施。为保证论坛的如期、顺利举行，学院将提供相应的学术支持和配套保障，如场地、设备、海报制作、信息发布等。

9. 组织实施。由人文与传播学院办公室、教学管理办公室、学生工作办公室和中华财富文化研习社负责论坛的具体组织与实施。

人文讲坛之青年博士论坛第二季讲次与题目

讲次	题目
第一讲	以德为本的儒家财富观
第二讲	如何看待财富管理：基于舍勒价值哲学的立场
第三讲	当代中国财富媒体发展研究
第四讲	创新驱动背景下高校教师财富伦理困境及对策研究
第五讲	财富收入对幸福感的影响机制研究：基于奢侈品消费的视角
第六讲	财富观视野下看合伙人制在我国出版企业中的应用
第七讲	1980年代文学中"财富观"的嬗变
第八讲	财富伦理视域下的先秦儒家义利观研究
第九讲	基于商务汉语教学的中国形象及儒商文化传播研究
第十讲	中华财富文化的"近世转型"及其当代意义研究
第十一讲	张爱玲及其文学世界中的财富观念
第十二讲	鲁商文化面向"一带一路"国家传播研究
第十三讲	后真相时代科学财富观的符号化建构与传播机制研究
第十四讲	财富风险频发背景下机构媒体"传播失灵"研究
第十五讲	明代中晚期财富观念转变的形成原因及影响分析

（三）学科建设方面

根据现有实力及未来发展的可能性，人文与传播学院集中力量建设新闻传播学一个学科。

1. 聚焦学科标志成果，凝练学科研究方向

根据一级学科硕士学位授权点申报的基本条件和实际情况、标志性成果，在新闻传播学一级学科下确定建设"广告学与传媒经济学""传播学""文化传播学"3个方向，研究特色分别为"品牌传播""融媒体传播"和"文化传播"。

2. 强化学科融合发展，明确特色发展定位

强化新闻传播学学科与财富管理的融合发展，着力推进"学科＋财富管理"融合发展，打造财富管理学科特色主色调，开展特色研究。具体如下：

学科、学科方向及特色

学科（方向）	学科（方向）特色	财富管理特色
新闻传播学	融媒体与财经传播	融媒体与财富文化研究
广告学与传媒经济学	品牌传播	品牌与财富研究
传播学	融媒体传播	财富传媒产业研究
文化传播学	文化传播	中华财富文化及其传播研究

（四）文化活动方面

将财富管理研习社分社更名为中华财富文化研习社，积极开展研习活动。中华财富文化研习社的工作要与"中华财富文化专题"课堂教学相衔接、与青年博士论坛第二季相衔接。

（1）以专业特长为依托，以促进专业能力为目的，发挥人文学科优势，围绕中华财富文化，开展财富管理之人文层面的经典著作或篇章的研读活动，了解中华财富文化的历史、现状与未来，做好正确财富观之教育与传播工作。

（2）紧密依靠课堂教学，开展"讲出你的财富观"沙龙活动。

（3）依托专业优势，深入发掘传统民俗文化中"招财、聚财""五福临门"等财富象征背后的故事，以大学生喜闻乐见的方式将财富观教育深入人心。

（4）通过邀请已经毕业的从事财富管理工作相关毕业生回校交流，分享他们在学习工作期间的经验心得。

四、简单的结语

做好这些工作，打造财富管理特色，都是基于已有学科、专业基础上的特色建设，都是学科、专业建设的其中项，做到"三个厚植于"，即把特色建设厚植于学科与专业建设之中，厚植于学术研究之中，厚植于人才培养之中，把

财富管理特色建设变成教学、科研、学科、文化活动的题中应有之义，让财富管理特色建设能够焕发持久的生命力，以贡献于学科、专业水平和办学实力的提升。

（2019 年 6 月 17 日）

"一体两翼三方向"为财商教育特色大学助力

2018年12月,山东工商学院党委印发了《山东工商学院关于加强财富管理特色建设的意见》(党发〔2018〕78号),提出了建设以财富管理为特色的高水平财经类大学的奋斗目标。为落实学校的特色建设发展规划,并基于自身的专业设置、学科属性和师资力量,经反复思考与探索,人文与传播学院选定"中华财富文化"作为落实党委财富管理特色建设部署的切入点,以"一体两翼三方向"为根本,着力在教育教学、学术研究、学科建设和文化活动等各个方面,为财商教育特色大学建设助力。

一、关于"中华财富文化"

高校细分有多个专业和学科,也需要办学特色。但是,专业和学科是"本色",必须把握好特色与本色的关系,无论办学特色,还是学科特色,我们一直坚持"五色论":一是特色不能使本色"变色";二是特色不能使本色"失色";三是特色不能使本色"染色";四是特色不能使本色"无色";五是特色必须使本色"增色"。离开这"五色"任何一"色","特色"就不成为其特色。基于此,我们选定"中华财富文化",作为"学科+财富管理"融合发展的立足点。

一是因为中华财富文化与我们的中国语言文学学科、新闻传播学学科2个一级学科和汉语言文学、编辑出版学、广告学3个本科专业既相契合又相吻合,既是学科、专业的其中项,又能为学科、专业增色。二是中华民族五千多年的文明史形成了独具特色的财富文化,而中华财富文化自形成之初就蕴含有"人文"的底色。中华财富文化尊重财富自身的发展规律,主张在运用财富的过程中,注重人文关怀和道德指引,反对人们成为金钱的奴隶。三是中华财富文化在注重财富的经济价值的同时,也注重财富的社会文化价值——促进人类社会与自然环境之间的和谐共生。

中华财富文化以中国传统道德伦理为基础，积极引导人们树立起正确的财富世界观、财富人生观和财富价值观。弘扬中华民族优秀的财富文化，对高校人文学科的人才培养意义重大。

二、关于"一体"

人文教育，包括人文学科教育、人文专业教育，使人成为有思想、有智慧的人。而财商的"商"，不是商业的"商"，它与智商、情商的"商"相同，可以根据字义引申为素质、能力或者谋略、智慧。因此，财商教育离不开人文教育，人文教育是财商教育的基础和前提，是财商教育的沃土和滋养，为财商教育提供智慧和灵魂。建设财商教育特色高水平大学，应该包含高水平的人文教育，如果没有人文的浸润，财商教育恐怕会走向金钱至上或纸迷金醉。我们开展人文教育，通过中国语言文学、新闻传播学2个一级学科和汉语言文学、编辑出版学、广告学3个专业来实现，而2个一级学科、3个本科专业则是人文与传播学院的"本体"，更是办学主体。

立足于学校财富管理和财商教育的办学特色，紧紧依靠学校经济管理类办学母体，人文与传播学院将编辑出版学专业设定为新媒体与财经传播方向，广告学专业设定为广告创意策划与管理方向，汉语言文学专业设定为商务文秘方向，坚定不移地走差异化发展道路，坚定不移地依靠学院自身的"本体"来进行特色建设和发展，以最终实现学校财商教育办学特色与自身学科、专业的深度融合。

三、关于"两翼"

一翼为中国传统文化教育教学。

2017年，为了落实中央文件精神，学校将"中国传统文化"课纳入人才培养方案，以各专业必修课加以开设，为此，我们集聚了一批以博士为主的专兼职结合师资队伍，"中国传统文化"以"中国智慧——走近儒释道"为题，2019年即成为线上课程，同时也被评为学校首批建设的"金课"。2021年，借人才培养方案修订之际，继续将"中国传统文化"作为各专业必修课开足、上好。没有中国优秀传统文化的滋养，财商教育就缺乏灵魂；没有人文的引领，财商教育就会走向功利。"中国传统文化"教育教学负责学生的文化修养，也即人文修养，最终目的是培育"人之为人"的灵魂和智慧。

另一翼为中华财富文化教育教学。

一是开设"中华财富文化专题"必修课。自2019起，在国内没有任何借鉴的情况下，我们首次在广告学、编辑出版学、汉语言文学3个本科专业中开设"中华财富文化专题"必修课，该课由11名博士按照既定的教学大纲轮流担任主讲。

二是编写《中华财富文化专题》教材及案例集。《中华财富文化专题》教材分绪论、上篇（理念篇）、中篇（实践篇）、下篇（机制篇）、结语5个部分。同时，为配合"中华财富文化专题"必修课的讲授，编写《中华财富文化典型案例集》。

三是以"中华财富文化"为主题，开设"人文讲堂之青年博士论坛"，共设15讲，由中青年博士教师担任主讲和主持，面向全校学生开展中华财富文化学术交流。

四是以"中华财富文化研习社"为平台，开展好"读历史名篇，识财商之道"等多种形式的财商文化教育活动。自2018年以来，先后开展了《钱本草》《钱神论》《史记·货殖列传》读书征文活动；"枕典席文"——范蠡篇和吕不韦篇的读书征文活动；"古韵'咏'流芳，今律'财'颂扬"经典诵读会。

中华财富文化教育教学负责学生的财富观教育，培养学生的财经素养，也即财商教育，最终目的是树立正确的财富人生观、财富价值观和财富世界观。

四、关于"三方向"

根据现有实力及未来发展的可能性，人文与传播学院目前集中力量建设新闻传播学一个学科。

一是聚焦学科属性，凝练学科研究方向。根据新闻传播学一级学科硕士学位授权点申报的基本条件和实际情况、标志性成果，在新闻传播学一级学科下确定3个方向：广告学与传媒经济学、传播学、编辑出版学，并围绕这3个方向开展学术研究。

二是培育学科特色，着力推进"学科+财商教育"融合发展。

（1）新闻传播学学科+财商教育——融媒体与财富文化研究。

（2）广告学与传媒经济学方向＋财商教育——品牌与财富研究。

（3）传播学方向＋财商教育——中华财富文化及其传播研究。

（4）编辑出版学方向＋财商教育——财富传媒产业研究。

做好上述各项工作，我们都是基于已有学科、专业基础上的特色建设，把财商教育变成教学、科研、学科和文化活动的题中应有之义，让财商教育焕发持久的生命力，以贡献于学科、专业水平和办学实力的提升。可以说，人文与传播学院在山东工商学院建设财商教育特色高水平大学进程中肩负着"三项使命"：一是肩负所设专业汉语言文学、编辑出版学和广告学的人才培养使命，要为社会输送合格的、具有良好财商素养的人文与传播类应用型人才；二是肩负面向全校大学生进行人文通识教育和财富文化教育的使命，全面提升大学生的人文修养和财商素养；三是肩负大学财富文化建设的使命，为提升财商教育特色高水平大学文化内涵贡献人文智慧。

山东工商学院作为一所财经类院校，加强财商教育，建设财商教育特色高水平大学，是办学演进的逻辑结果。为此，人文与传播学院在建设财商教育特色高水平大学进程中，要积极贡献人文的力量。

（2021年6月10日）

后　　记

　　本书所有观点，皆是基于普通高等学校——山东工商学院（原中国煤炭经济学院）非主干学科性学院——人文与传播学院这样一个平台基础上的所思、所想、所悟，肯定存在层次低、视野窄等问题，甚至还有谬误或错讹，真诚欢迎各界人士批评指正。

　　本书所集文章大多形成于2016年至2022年七八年的日常工作实践之中，对参考或借用他人观点之处没有随手标明出来，也因时间过长无从查考，实属遗憾和不严谨。在此，向那些观点的原创者致以崇高的敬意。

　　感谢燕山大学出版社的接纳才有了这本小书出版的机会；特别感谢责任编辑张岳洪老师对本书所付出的辛勤劳动，她洞察秋毫的工作素养、严谨细致的工作作风、明快高效的工作方法、谦和温润的工作态度令我十分钦佩！

张开祝

2022年10月12日